조영남

趙英男

2002년부터 현재까지 서울대학교 국제대학원 교수로 재직하고
있다. 서울대학교 동양사학과를 졸업하고 정치학과에서 석사 및
박사 학위를 받았다. 중국 베이징대학(北京大學) 현대중국연구센터
객원연구원(1997-1998년), 난카이대학(南開大學) 정치학과
방문학자(2001-2002년), 미국 하버드–옌칭연구소(Harvard-Yenching
Institute) 방문학자(2006-2007년)를 역임했다. 연구 성과로는
『중국의 꿈』(2013), 『용(龍)과 춤을 추자』(2012), 『중국의 법치와
정치개혁』(2012), 『중국의 민주주의』(2011, 공저), Local People's
Congresses in China (Cambridge University Press, 2009), 『21세기
중국이 가는 길』(2009), 『후진타오 시대의 중국정치』(2006) 등 모두
열네 권의 저서와 많은 학술 논문들이 있다. 현재는 거시적 관점에서
개혁기 중국의 정치변화를 분석하기 위해 중국 정치의 전개와 발전,
중국의 권력 구조와 운영, 중국과 동아시아 국가의 정치발전을
연구하고 있다.

파벌과 투쟁 　　　　　 덩샤오핑 시대의 중국 2

1983~1987

파벌과 투쟁

덩샤오핑 시대의 중국 ❷

1983-1987

1983

1984

1985

조영남

민음사

이 저서는 2012년 정부(교육부)의 재원으로 한국연구재단의 지원을 받아 수행된 연구 [NRF-2012S1A6A021486]이다.

사랑하는 어머니께

중국은 어떻게 개혁 개방에 성공했을까?

지난 10년 동안 나는 이 질문에 답하려고 노력해 왔다. 21세기에 들어 중국이 강대국으로 부상했다는 점은 누구도 부정할 수 없는 사실이 되었다. 이는 중국이 30여 년 동안 추진해 온 개혁 개방이 성공한 결과다. 그렇다면 소련과 동유럽 사회주의 국가는 실패한 개혁 개방을 중국은 어떻게 성공할 수 있었을까? 정치학자로서 이것을 어떻게 설명해 낼 수 있을까?

몇 년간의 연구를 통해, 정치적인 측면에서 중국만이 개혁 개방에 성공할 수 있었던 요소를 세 가지 추려 낼 수 있었다. 덩샤오핑을 중심으로 하는 강력하고 통찰력 있는 정치 리더십의 형성, 효과적인 정치제도의 수립과 유능한 당정간부의 충원, 적절하고 실현 가능한 개혁 전략과 정책의 선택이 바로 그것이다. 즉 중국은 이러한 정치적 요소들을 갖추었기 때문에 개혁 개방에 성공할 수 있었다. 이제 남은 과제는 이를 설득력 있게 설명하는 일이다.

원래는 개혁 개방을 성공으로 이끈 세 가지의 정치적 요소를 하나하나 논리적으로 분석하는 방식으로 책을 쓸 생각이었다. 이렇게 하는 것이 중국의 성공 이유를 간단명료하게 설명하는 지름길이라고 판단했기 때문이다. 그런데 문득 이런 생각이 들었다. '지난 30여 년 동안 중국에서 벌어진 수많은 사건들을 그렇게 단순화시켜 설명하는 것이 과연 잘하는 걸까?' 단순한 논리는 복잡한 현상을 설명하는 데는 효과적일 수 있지만 살아 움직이는 현실, 얽히고설킨 현실을 제대로 설명하는 데는 한계가 있기 때문이다. 자칫 잘못하면 몇 개의 학술 용어로 현실을 왜곡할 위험도 있다.

　　사실 개혁 개방은 어려운 상황에 직면한 중국이 국가의 생존을 위해 무수히 많은 시행착오를 겪으면서 추진했던 일종의 정치적 생존 전략이었다. 당시에는 덩샤오핑을 포함하여 그 누구도 분명한 개혁 정책을 제시할 수 없었고, 개혁 과정을 일사분란하게 지도할 수도 없었다. 심지어 그 누구도 개혁 개방의 성공을 장담할 수 없었다. 이것이 현실이고 사실이다. 그렇다면 어떻게 설명하는 것이 좋을까?

　　오랜 고심 끝에 설명 방식을 바꾸기로 결정했다. 즉 원래의 설명 방식은 이 책의 서론에서 간단히 소개하고, 그 대신 중국이 개혁 개방을 추진하면서 벌어졌던 여러 가지 일들을 최대한 생생하고 사실적으로 전달하기로 마음먹은 것이다. 그래서 안후이성의 농촌 개혁과 쓰촨성의 기업 개혁이 어떻게 시작되었고, 광둥성과 푸젠성의 경제특구가 어떻게 결정되었는지를 자세히 설명하기로 했다. '개혁파'와 '보수파'가 어떻게 등장했고, 자신의 정책을 관철시키기 위해 이들이 어떻게 투쟁했는지도 사실대로 쓰기로 했다. 공산당이 당정 기구를 개선하고 젊고 유능한 신세대 지도자를 육성하기 위해 어떤 노력을 기울였는지, 일반 국민은 개혁 개방에 어떻게 참여했고, 비판적 지식인들과 대학생들은 어떤 정치적 요구를 제기하고 투쟁했는지도 상세하게 설명하기로 했다.

처음에는 고향에 돌아온 방랑객처럼 편안하고 즐거운 마음으로 책을 쓰기 시작했다. 내 학문의 뿌리는 역사학이고, 중국 개혁사(改革史)는 내가 언젠가는 연구해야 하는 필생의 과제로 생각했기 때문이다. 그러나 이런 편안함과 즐거움은 오래가지 못했다. 새롭게 규명해야 하는 사실(史實)이 생각보다 훨씬 많은 데 비해 공개된 자료는 턱없이 부족했기 때문이다. 예를 들어, 1976년부터 1978년까지 벌어졌던 일들, 특히 화궈펑의 개혁 개방 정책과 활동, 화궈펑과 덩샤오핑 간의 관계에 대해서는 중국 당국이 관련 자료를 공개하지 않기 때문에 중국의 상투적인 '공식 설명'을 논박하기가 쉽지 않았다.

일부 내용을 집필할 때에는 예상하지 못했던 맘고생을 겪어야만 했다. 1989년 봄 베이징의 톈안먼 광장에서 벌어졌던 민주화 시위와 계엄군의 무력 진압을 집필할 때에 특히 그랬다. 민주화 운동이 끝내 좌절된 사실이 안타까워 밤새 잠을 이루지 못했고, 무자비한 진압 과정에서 희생된 수많은 시민과 대학생들이 머릿속에 맴돌아 독재 권력에 대한 분노와 함께 심한 마음의 고통에 시달려야만 했다. 우리도 1980년대에 비슷한 경험을 했기 때문에 남의 일 같지 않았던 것이다. 이럴 때마다 학문적인 엄격성을 유지하면서 평정심을 찾으려고 노력했지만 소용이 없었다. 결국 몇 달 동안 글을 쓸 수가 없었다. 이런 우여곡절을 겪으면서 약 3년간의 집필과 1년간의 검토를 거쳐 이제 겨우 책을 완성하게 되었다.

이 책은 모두 세 권으로 구성되었다. 1권『개혁과 개방』은 1976년 마오쩌둥의 사망에서부터 1982년 공산당 12차 당대회까지의 시기를 다룬다. 이 시기에 중국은 통치 엘리트의 합의와 전 국민의 지지 속에서 개혁 개방을 시작했다. 또한 개혁 개방을 지도할 새로운 리더십인 덩샤오핑 체제가 확립되었다. 2권『파벌과 투쟁』은 1983년부터 1987년 공산당 13차 당대회까지의 시기를 다룬다. 이 시기에는 정치 엘리트 사이에 개혁 개방을 둘러싼 의견 대립이 본격적으로 표출되면서 '개혁파'와 '보수파'라는 파벌이 형성되었다. 또한 반체제 지식인이 등장하여 민주화를 위한 정치개혁을 요구하면서 공산당과 대립했다. 이런 과정에서 개혁파의 선봉장이었던 후야오방이 보수파의 맹공을 받아 실각했다. 3권『톈안먼 사건』은 1988년부터 1992년 공산당 14차 당대회까지의 시기를 다룬다. 여기서는 1989년에 발생한 톈안먼 사건과 1992년에 있었던 덩샤오핑의 '남순강화(南巡講話)'를 집중적으로 살펴보았다.

이 책은 내게 큰 의미가 있다. 내가 수행한 모든 연구를 집대성하여 중국 정치에 대한 새로운 '고전(classic)'을 쓴다는 생각으로 집필에 매진했기 때문이다. 대개의 학자들이 그렇듯이, 나도 중국 정치와 관련된 전문 주제를 깊이 있게 연구해 왔다. 의회제도의 복원과 발전, 정부기구 개혁과 직능 전환, 법원 개혁과 법치(法治)의 추진, 엘리트 정치의 변화와 공산당 개혁, 대중의 정치참여와 국가-사회 관계의 변화가 내가 십중적으로 연구한 주제들이다. 이런 연구를 토대로 나는 10년 전부터 나만의 통찰력으로 개혁기 중국 정치를 종합하고 체계화하는 새로운 연구를 시작했다. 이 책은 바로 그 새로운 연구의 첫 번째 결과물이다. 조만간 두 번째, 세 번째 연구 결과물들이 세상에 선보일 예정이다.

마지막으로 한국 학계의 중국 연구에 조금이라도 기여할 수 있기를 바라는 마음으로 이 책을 썼다. 최근까지 중국 정치 연구에서는 미시적 관점에서의 연구가 주류를 이루었다. 이는 한편으로 개혁기에 들어 중국 정치에 대한 세밀한 실증 연구가 가능해졌고, 학계도 이런 실증 연구를 중시하면서 나타난 결과다. 그러나 다른 한편으로 거시적 관점에서 중국 정치를 분석하려 해도 타당한 이론이나 분석틀이 없고, 그래서 설득력 있는 연구 결과를 내놓을 수 없는 어려움이 작용한 결과이기도 하다.

이런 이유로 우리 학계에는 "나무는 보되 숲은 보지 못하는 현상", 더 나아가서는 "나무만 보고 숲은 보지 않으려는 현상"이 나타났다. 특정 현상이나 사건, 인물이나 제도 등에 대해서는 불필요할 정도로 세세한 내용까지 잘 알면서도, 정작 상식적이고도 필수적인 핵심 문제에 대해서는 잘 모르는 '전문가 바보'가 이렇게 해서 양산

파벌과 투쟁

되었다. 반면 거시적 관점에서의 연구는 외국 연구자들의 번역물로 대체되었다. 이 책이 이런 편향된 연구 경향을 바로잡고 그동안 부족했던 거시적 연구의 공백을 메우는 데 기여할 수 있기를 바란다. 동시에 우리 사회가 중국을 좀 더 깊이 있고 체계적으로 이해하는 데 이 책이 큰 도움이 되었으면 좋겠다.

이 책을 쓰면서 여러분들로부터 많은 도움을 받았다. 연구 과정에서 중요한 자료를 내어주고 연구 내용에 대해서도 조언을 아끼지 않았던 인천대학교의 안치영 교수께 깊이 감사드린다. 나의 30년 지기(知己) 친구로서, 성실하고 훌륭한 학자로서 안 교수는 이 연구에 큰 도움을 주었다. 만약 안 교수의 도움이 없었으면 이 책의 일부 내용은 세상을 보지 못했을 것이다. 이 책의 초고를 꼼꼼하게 읽고 좋은 논평을 해 주신 한림국제대학원대학교의 김태호 교수, 안치영 교수, 국립외교원 중국연구센터의 구자선 교수께도 진심으로 감사드린다. 언제나 그랬듯이, 이분들은 바쁜 중에도 시간을 내어 방대한 분량의 초고를 자신의 원고처럼 애정을 갖고 세심하게 읽어 주셨다. 이분들의 조언이 있어 책이 지금과 같은 모습을 갖출 수 있었다. 이 책에 있는 많은 통계 자료를 정리해서 도표와 그래프로 잘 만들어 주었을 뿐만 아니라 학생의 입장에서 중요한 조언을 해 준 김지원, 하현지, 백영주 조교에게도 감사한다.

한국연구재단은 이 책의 저술에 필요한 비용을 제공해 주었다. 사실 나의 많은 연구는 한국연구재단의 재정 지원이 있었기 때문에 가능했다. 이 자리를 빌려 다시 한 번 감사드린다. 이번에도 편집을 맡아 준 민음사의 양희정 편집부장과 문정민 편집자에게도 감사드린다. 내 글재주가 형편없는 데다 중국어와 전문 학술용어가 많아 이 책은 편집하기가 쉽지 않았다. 특히 편집 과정에서 이 책 전체의 조판부터 다시 해달라는 '무리한' 요구를 기꺼이 수용하는 등 두 분은 인내심을 갖고 좋은 책을 만들기 위해 노력을 아끼지 않으셨다. 이처럼 여러분들의 도움으로 이 책이 좀 더 좋아질 수 있었다. 다만 이 책의 부족한 점은 선후배 학자들과 독자들의 도움을 받아 계속 보완할 것이다. 많은 분들의 가르침을 고대한다.

2016년 9월
서울대 연구실에서
조영남

과벌과 투쟁

개혁과 개방

덩샤오핑 시대의 중국 I

차례

중국은 어떻게 개혁 개방에 성공했을까?

차례

1 파벌의 분화와 좌우 파동

덩샤오핑 체세는 1982년에 열린 공산당 12차 당대회를 계기로 확고하게 수립되었다. 인적 구성 면에서는 화궈펑을 대신하여 후야오방이 공산당 총서기를, 자오쯔양이 국무원 총리를, 덩샤오핑이 중앙군사위원회(중앙군위) 주석을 맡았다. 지도 이념과 노선 면에서는 '프롤레타리아 독재 하의 계속 혁명' 노선이 폐기되고, '사회주의 현대화 건설' 노선이 본격적으로 추진되었다. 개혁 개방의 전면화가 시작된 것이다.

이와 관련하여 두 가지 문제가 대두되었다. 첫째로 개혁 개방의 방침을 놓고 덩샤오핑 진영 내에서 다른 견해가 나타나기 시작했다. 화궈펑 체제가 와해되어 '공동의 적'이 사라지면서 그동안 덩샤오핑 진영의 주요 세력 간에 잠재되어 있던 견해 차이가 표면화된 것이다. 이것이 소위 '보수파'와 '개혁파'라는 파벌의 등장이다. 이들은 개혁의 속도와 범위를 놓고 서로 다른 견해를 가지고 있었고,

그것은 정책 대립과 정치적 갈등으로 표출되었다.

둘째로 젊고 유능하며 전문 지식이 있는 당정간부가 절실히 요구되었다. 덩샤오핑과 천윈의 등장으로 개혁 개방을 지도할 최상층 지도부는 꾸려졌다. 그런데 이것을 실무 차원에서 지도하고 추진할 젊고 유능한 중간 지도자(간부)는 부족했다. 미래 지도자 양성 방안인 '제3제대(第三梯隊)' 프로젝트가 1983년부터 본격적으로 추진된 것은 이 때문이다. 이를 계기로 장쩌민 등 3세대 지도자들과 후진타오 등 4세대 지도자들이 속속 등장한다.

(1) 파벌과 파벌의 분화

흔히 개혁기 중국의 엘리트 정치 하면 파벌과 파벌 투쟁을 떠올린다. 보수파와 개혁파, 상하이방(上海幫: 상하이 출신 지도자)과 베이징방(北京幫: 베이징 출신 지도자), 태자당(太子黨: 고위 혁명원로의 자제들)과 공청단파(共青團派: 공산주의청년단 출신의 지도자)가 대표적인 파벌로 거론되고, 이들 간에 벌어진 투쟁이 엘리트 정치를 주도했다고 간주된다. 일례로 1987년 1월 후야오방의 퇴진과 1989년 6월 자오쯔양의 숙청은 파벌 투쟁의 산물 혹은 파벌 투쟁과 밀접히 연관된 현상으로 생각한다. 학계에서도 1970년대와 1980년대에는 파벌정치(factional politics) 혹은 비공식정치(informal politics)의 관점에서 엘리트 정치를 연구하는 것이 중국정치 연구의 주된 경향 중 하나였다.[1]

파벌의 정의와 주의사항

파벌(宗派/派系, faction)은 특정 지도자와 추종자 간에 충성과 호혜의 교환으로 맺어진 사적인 관계망(關係網)이 정치적인 목적을 달성하기 위해 동원될 때 나타나는 현상이다. 즉 파벌은 정치적 목적을 위해 동원되는 사적인 관계망이다. 파벌이 형성되는 계기는 다양하다. '칭화방'(清華幇: 칭화대학 출신자)이나 '베이다방'(北大幇: 베이징대학 출신자)처럼 같은 학교 출신(학연)이거나 같은 고향 출신(지연), 상하이방·베이징방·간수방(甘肅幇)·공청단파처럼 같은 근무지나 소속 출신, 혹은 태자당처럼 부모들 간의 긴밀한 관계나 친인척 관계(혈연)가 있다.

그런데 파벌과 관련하여 주의할 사항이 있다. 먼저 덩샤오핑 시기에 특정 정치세력을 보수파 혹은 개혁파로 분류한 것은 그들의 이념 성향이나 정책 지향이 보수적 혹은 개혁적이기 때문이지 그들이 어떤 조직을 결성해 집단적으로 활동했기 때문은 아니었다. 공산당은 마오쩌둥 시기나 개혁기 할 것 없이 모두 사적 친분에 의해서건 정치적 목적 때문이건 당원이 조직을 결성해 활동하는 것을 엄격히 금지했다. 따라서 조직의 형태를 띤 파벌은 사실상 존재할 수 없었다.

또한 정책 지향으로 구분된 파벌은 유동적일 수 있다. 같은 사람이 특정 분야나 정책에서는 보수파였다가 다른 분야나 정책에서는 개혁파가 될 수 있다. 비슷하게 과거 보수파였다가 나중에 입장이 바뀌어 개혁파가 될 수도 있다. 경우에 따라서는 특정 지도자를 추종하면서 정책 지향이 바뀔 수도 있다. 정리하면 정책 지향으로 구분된 파벌은 고정된 것이 아니다. 이는 파벌 구성원이 어떤 조직에 구속된 것이 아니기 때문에 가능했다.

개혁기에는 파벌 투쟁이 반드시 권력투쟁을 의미하는 것도 아니었다. 마오쩌둥 시기에는 주로 마오가 자신과 다른 견해를 가진 지도자를 '계급의 적'으로 규정하여 숙청했다. 문화대혁명(문혁) 시기에 류샤오치와 펑전, 덩샤오핑은 모두 그렇게 숙청당했다. 그러나 개혁기에는 상황이 변했다. 정책 차이로 구분되는 파벌들이 여전히 서로 경쟁했지만, 그렇다고 이런 파벌들이 서로를 제거하려고 시도한 것은 아니다. 덩샤오핑과 천원 간의 관계가 그랬다. 천원은 경제정책과 관련하여 덩샤오핑의 견해에 동의하지 않았지만 덩을 정적(政敵)으로 여겨 몰아내려고 한 적은 없었다. 물론 그렇지 않은 경우도 있었다. 후야오방에 대한 보수파의 공격이 대표적이다. 그러나 모든 파벌 투쟁이 권력투쟁은 아니었다.

덩샤오핑 시기 파벌의 변화

개혁 초기의 정치세력은 매우 유동적이었다. [표 I-I]은 당시의 권력 구조가 불안정했다는 사실을 보여 준다.

1976년 9월에 마오쩌둥이 죽고 문혁이 종결된 직후에는 문혁 시기의 직위와 역할에 따라 네 종류의 정치세력이 존재했다. 먼저 문혁의 '주도자'로서 이들은 마오쩌둥의 지시하에 문혁을 주도한 급진파다. 소위 '4인방(四人幇)'이 급진파였는데 1976년 10월에 체

[표 1-1] 덩샤오핑 시대의 파벌

시기	기준	종류	주요 구성원(원로 중심)
1976년 9월 (문혁 종결 시점)	문혁에서의 역할	주도자	4인방
		수혜자	화궈펑, 왕둥싱
		생존자	예젠잉, 리셴녠
		피해자	덩샤오핑, 천윈
1976년 10월~1981년 6월	화궈펑 체제	지지자	화궈펑, 왕둥싱, 예젠잉
		반대자	덩샤오핑, 천윈
1978년 5월~1981년 6월	진리 기준 논쟁	범시파	화궈펑, 왕둥싱
		실천파	덩샤오핑, 천윈, 예젠잉, 리셴녠
1981년 6월~1993년 말	경제 정책	개혁파	덩샤오핑
		보수파	천윈, 리셴녠

포됨으로써 정치 무대에서 사라졌다. 다음은 문혁의 '수혜자'로서 화궈펑(華國鋒)과 왕둥싱(汪東興)이 대표적이다. 이들은 문혁 기간 에 마오의 정책을 충실히 집행함으로써 마오의 신뢰를 얻어 요직에 기용되었다. 세 번째가 문혁의 '생존자'로서 예젠잉(葉劍英)과 리셴 녠이 대표적이다. 이들은 저우언라이(周恩來) 총리를 보좌하여 특정 업무를 담당했다.(예젠잉은 군을, 리셴녠은 경제 업무를 맡았다.) 마지막 으로 마오에 의해 숙청된 문혁의 '피해자'로서 덩샤오핑과 천윈 등 대부분의 원로가 여기 속한다.[2]

그런데 이들은 1976년 10월에 4인방이 체포된 후 화궈펑 체제 의 인정 여부를 기준으로 다시 2개의 정치세력으로 재편되었다. 하 나는 화궈펑 체제를 지지하는 세력으로서 문혁의 수혜자 집단과 생

파벌과 투쟁

존자 집단이다. 화궈펑 체제는 문혁의 수혜자(화궈펑과 왕둥싱)와 생존자(예젠잉과 리셴녠)가 연합하여 수립한 정권이며, 이들은 4인방 체포에 공을 세웠다. 다른 하나는 화궈펑 체제를 반대하는 세력으로서 덩샤오핑과 천윈을 중심으로 하는 문혁의 피해자 집단이다. 이들은 겉으로는 화궈펑 체제를 인정했지만(예를 들어 덩샤오핑이 1976년 10월과 1977년 4월에 화궈펑에게 보낸 편지를 보라.)[3] 속내는 그렇지 않았다.[4]

이들 두 정치세력은 1978년 5월에 '진리 기준 논쟁'이 시작되면서 재편된다. 하나는 마오쩌둥의 정책과 지시를 절대시하는 양개범시(兩個凡是: 두 가지 무릇)를 제기하고 이를 관철시키려는 '범시파(凡是派)'로 왕둥싱이 대표적이다. 다른 하나는 진리 기준 논쟁을 통해 이를 비판하는 '실천파(實踐派)'로 후야오방과 대부분의 원로가 여기 속한다. 두 파벌은 겉으로는 이론 논쟁을 전개한 듯하나 실제로는 국정 방침과 권력 배분을 놓고 치열한 정치투쟁을 전개했다. 결과는 범시파가 패하고 실천파가 승리하며 끝났다.[5]

이 단계에서 예젠잉이 범시파에서 실천파가 되면서 세력 균형에 변화가 생겼다. 즉 이전의 문혁 수혜자와 생존자의 연합(화궈펑 체제 지지자) 대(對) 문혁의 피해자(화궈펑 체제 반대자)라는 대립 구도에서, 문혁의 수혜자(범시파) 대 문혁 생존자와 피해자의 연합(실천파)이라는 대립 구도로 바뀐 것이다. 흥미로운 사실은 그 무렵 예젠잉은 정책 지향 면에서 실천파를 지지하면서도 권력 구조 면에서는 여전히 화궈펑 체제를 지지했다는 점이다. 예젠잉은 화궈펑을 권좌에서 몰아내려는 덩 진영의 시도에 반대하다가 1981년 6월에 열린 공산당 11기 중앙위원회 6차 전체회의(11기 6중전회)에서 덩의 손을 들어 주었다.[6] 이는 예젠잉이 양 진영을 포괄하는 새로운 정치 체제, 즉 화궈펑을 최고 지도자로 옹립하고, 그 대가로 덩과 천윈이 상당한 권력을 보장받는 체제를 만들기 위해 중재자 역할을 자임했음을 보여 준다.

　마지막으로 1980년대 들어 개혁 정책을 둘러싸고 덩샤오핑 세력 내에 분화가 발생한다. 소위 개혁파와 보수파가 등장한 것이다. 이는 1981년 6월에 열린 공산당 11기 6중전회에서 화궈펑 체제가 붕괴한 이후 덩샤오핑과 천윈 간에 발생했다. 덩과 천윈은 개혁의 큰 방향에는 합의했지만 구체적인 정책에서는 견해가 달랐다. 사실 둘의 차이는 1978년부터 존재했다.[7] 다만 화궈펑 체제를 와해시키려는 공통의 목표를 위해 협력했기 때문에 겉으로 드러나지 않았을 뿐이다. 대신 이들은 각자의 영역을 인정하고 협력하는 타협책을 모색했다. 즉 정치 문제는 덩이 주도하고 천윈이 지지했다. 천윈은 덩이 주도한 역사 평가를 지지했고, 이를 통해 화궈펑 체제를 합법적으로 와해시키는 데 협력했다. 반면 경제 문제는 천윈이 주도하고 덩이 지지했다.[8] 1979년 4월에 화궈펑이 제기한 '신약진(新躍進)' 정책이 폐기되고, 천윈이 주장한 '조정(調整)' 정책이 공식 결정된 사례가 대표적이다.[9]

　양지성(楊繼繩)과 쑤샤오즈(蘇紹智)도 1980년대 초에 보수파와 개혁파로 파벌이 재편되었다고 본다. 1980년 무렵에는 네 부류의 정치세력이 존재했다. 마오의 문혁 이론과 노선을 유지하는 범시파

(화궈펑과 왕둥싱), 1950년대로 돌아가기를 원하는 환원파 혹은 보수파(천윈과 리셴녠), 마르크스주의의 발전과 사회주의 체제의 개혁을 원하는 개혁파(덩샤오핑과 후야오방), 마르크스주의를 부정하고 서구화를 추진하는 '급진 민주파' 혹은 '자유 민주파'가 있었다. 이 중 범시파는 곧 붕괴하고 급진 민주파는 영향력이 제한적이기 때문에 보수파와 개혁파를 중심으로 파벌이 형성되었다. 이때 범시파의 잔여 세력은 천윈의 보수파를, 급진 민주파는 덩샤오핑의 개혁파를 지지했다.[10]

그런데 샤오둥롄(蕭冬連)도 지적했듯, 엄밀히 말해 1980년 무렵에는 개혁파나 보수파와 같은 파벌이 아직 등장하지 않았다. 개혁 방침을 둘러싸고 정치 엘리트 간에 심각한 의견 대립이 표출되지 않았기 때문이다. 단적으로 그 무렵에는 덩샤오핑과 천윈은 말할 것도 없고 화궈펑 세력도 모두 개혁에 동의했다. 따라서 개혁을 어떻게 추진하고 어떤 정책을 실행할 것인지를 놓고 대립하게 된 것은 1981년 6월에 열린 공산당 11기 6중전회에서 화궈펑 체제가 와해된 이후부터다. 이 시기부터 덩샤오핑과 천윈 간의 갈등이 표면화되기 시작했다.[11]

실제로 덩샤오핑은 공산당 11기 6중전회 직후에 완리(萬里), 위추리(余秋里), 구무(谷牧), 야오이린(姚依林) 등 경제담당 부총리를 불러서 경제발전의 속도를 높여야 한다고 촉구했다.[12] 또한 덩은 1981년 7월 초에 개최된 공산당 성·직할시·자치구 위원회 서기 좌담회에 참석하여 대외 경제협력을 더욱 적극적으로 추진하고, 경제발전의 속도를 더욱 빠르게 해야 한다고 참석자들을 다그쳤다.[13] 이런 덩의 촉구는 곧 천원이 주도했던 조정 정책을 끝내고 경제성장에 매진해야 한다는 것을 의미한다.

반면 덩리췬(鄧力群)은 덩샤오핑과 천원의 대립이 1983년 무렵에 나타났다고 주장한다. 즉 이 무렵 덩은 공개적으로 더욱 빠른 경제성장을 주장한 반면, 천은 안정적인 전진을 주장했다.[14] 총서기였던 후야오방에 따르면, 1983년 1월에도 여전히 천원의 조정 정책이 추진되고 있었다.[15] 빠른 경제성장을 강조하는 덩의 입장에서 보면 이는 더 이상 참을 수 없는 일이고, 그 결과 이 무렵에 덩과 천 간의 대립이 겉으로 드러났을 가능성이 매우 높다.

따라서 개혁기 보수파와 개혁파의 분화는 1981년 6월 이후에 표출된 것으로 보아야 한다. 또한 주로 개혁의 구체적인 방법과 정책을 둘러싸고 두 파벌이 대립했으므로 두 세력 간 정책의 차이를 상세히 분석해 볼 필요가 있다.

마지막으로 지적할 점은 보수파와 개혁파 간의 분화가 정치 영역에서는 다른 모습을 보인다는 사실이다. 즉 정치 영역에서는 천원과 덩샤오핑이 모두 보수파로 분류될 수 있으며, 실제로 이들은 중요한 정치적 사건에서 한목소리를 내고 동일한 입장에서 대응했다. 반면 개혁파는 후야오방과 그를 둘러싼 당내 지식인과 언론인, 공산당 밖에서 그를 지지하는 지식인들로 구성된다.

(2) 보수파와 개혁파

앞서 말했듯 덩샤오핑 시기의 파벌은 정치와 경제 등 영역에 따라 구성원이 달라진다. 따라서 보수파와 개혁파의 정책 지향을 제대로 이해하기 위해서는 경제와 정치 영역으로 나누어 분석해야 한다.

경제 영역 1: 보수파

천원으로 대표되는 보수파의 경제관은 한마디로 '균형성장론' 이다. 천원은 자신이 주도한 경제 발전 1차 5개년(1953~1957년) 계획을 모델로 개혁기 정책을 제시했다. 그래서 사람들은 천원을 '환원파'라고 불렀다. 보수파에서는 천원이 중심이고 리셴넨과 야오이린이 지지했으며, 개혁 초기에는 자오쯔양도 이 입장을 지지했다. 3세대 지도자 중에는 리펑이 천원의 입장을 적극 추종했고, 1992년 덩샤오핑의 남순강화(南巡講話) 전까지는 장쩌민도 그의 추종자였다. 대다수 원로들이 경제 전문가로서의 천원을 존경했기 때문에 그의 방침을 지지했고, 중앙과 지방의 경제 부서 책임자들도 마찬가지로 그를 따랐다. 계획경제에 익숙한 그들에게 천원은 최고 권위의 경제이론을 제공했기 때문이다.

천원의 경제원칙은 다음과 같다. 첫째, 천원은 '계획위주(計劃爲主)와 시장조절 보완(市場調節爲輔)'을 주장했다. 그에 따르면, 사회주의는 두 종류의 경제로 구성된다. 하나는 전민소유제(국유)와 집체소유제라는 공유제에 기초를 둔 '계획경제'로서 마르크스 경제 이론의 원칙인 '계획이 있고 비율에 맞는(有計劃按比例)' 발전을 실행한다. 이러한 기본 원칙은 개혁 추진 과정에서도 변함없이 유지된다. 이 점에서 천원은 계획경제주의자다.

다른 하나는 시장의 수요와 공급의 변화에 따라 생신하는 '시장조절'이다. 이 점에서 천원은 시장 허용론자다. 그가 1960년대 초에 농민의 호별영농을 허용해야 한다고 주장한 것도 이 때문이다. 천원에 따르면, 마오쩌둥 시기의 경제 오류는 시장조절을 부정한 점이다. 단 시장은 계획과 동등할 수 없으며 계획을 대체할 수도 없다. 그래서 시장 '경제'가 아니라 시장 '조절'이라고 부른다.[16] 이런 점에서 천원은 시장주의자가 아니다.

천원의 경제 원칙을 비유적으로 표현한 것이 바로 '새장경제론(鳥籠經濟論)' 혹은 '새장과 새 이야기(籠鳥之說)'다. 전자는 외국에서 쓰는 표현이고, 후자는 중국에서 쓰는 표현이다. 여기서 '새장'은 계획을, '새'는 시장을 가리킨다. 즉 '시장(새)'은 허용해야 하지만 그것은 반드시 '계획(새장)'의 범위 내에서 운영되어야 한다는 것이다.

원래 새와 새장의 비유는 황커청(黃克誠)이 처음 사용했다.

경제를 살리려면 과거처럼 그렇게 조여서도 안 되지만, 동시에 질서가 없어서도 안 된다. 마치 한 마리의 새('시장'을 의미)처럼 손으로 새를 꽉 쥐면 죽기 때문에 날게 해야 한다. 그러나 새장('계획'을 의미) 속에서 날게 해야지, 그렇지 않으면 날아서 도망가 버

파벌과 투쟁

린다.[17]

천원은 황커청의 생생한 비유가 마음에 들어 1982년 11~12월에 세 차례나 인용하여 계획과 시장 간의 관계를 설명한다. 예를 들어 그는 같은 해 11월 4일에 계획과 시장의 적절한 조합을 강조한다.

경제를 살리는 것은 맞는데 반드시 계획의 지도하에 살려야 한다. 마치 한 마리의 새처럼, 손으로 꽉 쥐면 죽기 때문에 날게 해야 한다. 그러나 적당한 새장 안에서 날게 해야지 새장이 없으면 날아서 도망간다. 새장의 크기는 적당해야 하지만 어쨌든 새장은 있어야 한다. 이것이 계획경제다. 시장조절은 단지 계획이 허가하는 범위 내에 있어야 한다.[18]

둘째, 천원은 '종합 균형'을 유지하는 안정적인 발전 혹은 '비율에 맞는(按比例)' 발전을 주장했다. 1954년에 제시한 '4대 비율(比例)'과 '3대 균형(平衡)'이 이를 잘 보여 준다. 여기서 4대 비율은 ① 농업과 공업, ② 경공업과 중공업, ③ 중공업 각 부문, ④ 공업 발전과 철로 운송 간의 비율을 말한다. 천원에 따르면, 경제는 이들 간의 비율에 맞추어 발전해야 한다. 3대 균형은 ① 재정수입과 지출, ② 구매력(소비)과 상품 공급, ③ 주요 물자의 공급과 수요 간의 균형을 말한다.[19] 천원은 3대 균형의 내용을 조금 바꾸어 1978년부터 다시 주장한다. 즉 경제 발전은 ① 재정수입과 지출의 균형,

② 은행 수신과 대출의 균형, ③ 물자 수요와 공급의 균형을 유지하면서 발전해야 한다.[20] 나중에 위의 세 요소에 ④ 외환 수지의 균형을 추가하여 '4대 균형'의 유지를 주장한다.

이러한 주장을 근거로 천원은 균형을 상실한 과도한 성장을 반대했다. 예를 들어 재정 적자에 기반한 과도한 중화학공업의 투지, 철강이나 전력 등 전략물자의 공급을 고려하지 않은 지나친 기반시설의 확충, 화폐 발행을 통한 자금 충당과 이를 통한 확장적인 재정의 운영, 과도한 외자와 설비·기술의 도입에 의존한 공업건설 등은 모두 천원이 반대하는 것이다.[21] 그의 관점에서 화궈펑의 '신약진'이나 덩샤오핑의 빠른 경제성장 추진은 바로 이런 문제를 가진 정책이다. 그래서 그는 리셴녠과 함께 1978년 말부터 '신약진' 정책을 본격적으로 비판하기 시작했다. 덩샤오핑이 이 비판을 수용하면서 1979년 4월 중앙공작회의 이후에 '조정' 정책이 실행된 것이다.

천원은 왜 균형성장을 주장했는가? "중국 사회주의의 주요한 특징이 농촌 인구가 전체 인구의 80%를 점한다."라는 사실 때문이었다. 즉 중국은 인구가 많고 경지가 부족하다. 이로 인해 사회주의 혁명에 성공한 지 30년이 되도록 여전히 농민들은 배를 곯고 있고, 도시민들의 생활수준은 향상되지 않았다. 이 같은 "중국의 특수성"을 명확히 인식하며 '네 가지 현대화'를 추진해야 한다. 또한 이런 특수성을 인식한 상태에서 "마르크스와 중국 혁명의 가르침에 따라 농업, 경공업, 중화학공업 순으로" 경제를 발전시켜야 한다.[22] 이를 위해서는 균형 유지가 필요하다. 즉 "재정적자는 안 되고, 과도한 신용대출도 안 되며, 무분별한 외자도입도 안 된다. 이는 마오 시기의 경험이 경고하는 바다. 대신 장기적으로 볼 때, 국민경제는 비율에 맞는 발전이 가장 빠른 속도다."[23]

셋째, 천원은 대외개방을 주장하는 동시에 점진적이면서 제한적인 개방을 주장했다. 1973년부터 1974년까지 천원은 잠시 복직되어 저우언라이 총리를 보좌하여 대외무역 업무를 맡았다. 이때 천원은 외자를 빌려 외국의 선진 설비와 기술을 도입할 것을 주장했고, 실제로 추진했다. 1973년 1월에 결정된 43억 달러 도입 방안에 따라 1973년부터 1977년 말까지 총 39억 6000만 달러의 협정이 체결되었고, 추가 항목까지 포함하면 그 금액은 51억 4000만 달러에 달했다. 이런 그의 방침은 1978년 이후에도 이어져 수출 확대를 통한 외환 수입의 증대, 외국인을 상대로 하는 관광산업의 활성화, 노동력의 해외 수출 등을 적극 주장한다.[24] 이런 점에서 천원은 개방론자다.

다른 한편 천원은 개방에 매우 신중했다.[25] 그는 사실상 개혁 전체에 매우 신중한 태도를 취했다. "돌을 더듬으며 강을 건넌다(摸着石頭過河)."라는 개혁 방침은 그의 생각을 잘 보여 준다.[26] 이는 앞에서 살펴본 그의 균형 이론에 따른 것이지만, 동시에 자본주의(부분적으로는 시장경제와 '제국주의' 세력)에 대한 불신과 사회주의에 대한 강조에서 나온 것이기도 하다. 무엇보다 천원은 지나친 외자 의존에 반대했다. 따라서 대규모 외자를 도입하자는 덩샤오핑과 화궈펑의 주장에 비판적이었다.

또한 천원은 경제특구의 설치는 찬성했지만 확대는 반대했다. 즉 광둥성 선전(深圳) 등과 푸젠성 샤먼(廈門)처럼 상대적으로 경제가 낙후된 지역에 경제특구를 설치하는 것은 동의했지만, 경제가 발전한 저장성이나 상하이시에 경제특구를 설치하는 것에는 동의하지 않았다. 상하이시가 경제특구에서 제외된 결정적인 이유가 바로 천원의 반대 때문이었다. 그래서 1991년 1월에 상하이시를 방문한 덩샤오핑은 상하이시의 푸둥(浦東) 개발이 "5년은 늦었다. 만약 푸둥이 선전처럼 특구가 되었다면 더 일찍 개발되어 좋았을 것이다."라고 말하면서 천원을 간접적으로 비판했다.[27]

실제로 천원은 '건강상의 이유'를 들어 죽을 때까지 한 번도 선전시를 방문하지 않았다. 이는 리셴녠도 마찬가지다. 반면 상하이시는 자주 방문하여 그곳의 발전을 지원했다. 또한 겨울철에는 그곳에 머물면서 설[春節]도 맞고 추위도 피하면서 건강을 챙겼다.(참고로 상하이시는 천원이 태어나서 자라고 활동한 고향이다.)

경제 영역 2: 개혁파

덩샤오핑으로 대표되는 개혁파의 경제관을 한마디로 말하면 '고속 성장론'이다. 개혁 개방은 고속 성장을 위한 수단이었다. 순전히 경제정책만 놓고 본다면 화궈펑은 덩샤오핑과 거의 같은 견해를 갖고 있었다. 또한 후야오방은 시종일관 덩의 경제 방침을 지지하고 실천했다. 이런 이유로 후야오방은 천원의 심한 비판을 받았다. 천원의 눈에 후야오방은 덩의 하수인에 불과했기 때문이다. 따라서 후

과 인 과 누 생

야오방에 대한 비판은 곧 덩에 대한 비판이었다. 당시 천원이 덩을 직접 비판하는 것은 공산당의 단결을 고려할 때나 덩의 권위를 고려할 때 거의 불가능했기 때문에 이 방식을 택했던 것이다.

천원과 달리 덩샤오핑은 경제에 대한 일관되고 세련된 이론을 갖고 있지 못했다. 경제정책만 놓고 논쟁을 벌인다면 덩샤오핑은 천원의 상대가 될 수 없었다. 그렇다고 덩이 경제 운영 경험이 없는 것은 아니다. 예를 들어 그는 1975년에 1년 동안 저우언라이를 대신해서 문혁 시기에 파괴된 경제질서를 바로잡고 경제성장을 도모하기 위해 '정돈(整頓)' 정책을 추진했다. 1976년 4월 '톈안먼(天安門) 사건'으로 덩이 실각하면서 제대로 추진하지 못했지만, 그가 주도한 정돈은 많은 성과를 낸 것이 사실이다. 이후 집권한 화궈펑은 덩의 정책을 거의 그대로 추진했다.[28] 덩샤오핑의 경제관을 정리하면 다음과 같다.

첫째, 덩샤오핑은 높고 빠른 속도의 경제성장을 추구하는 '성장 지상주의자(至上主義者)'다. 그는 천원의 균형성장론에 동의하지 않았다. 화궈펑의 지위를 약화시키고 천원과의 공동 전선을 유지하기 위해 1979년 4월에 천원의 조정 정책을 지지한 것은 사실이다. 그러나 화궈펑이 퇴진하고 조정 정책을 통해 어느 정도 경제가 안정되자 그는 본색을 드러내기 시작한다. 즉 고속 성장을 다시 주장한 것이다. 예컨대 1981년 7월 조정 정책이 한창 진행되던 중 그는 경제성장의 목표가 너무 낮다고 불만을 표시하면서, 최소한 6%의 경제성장률은 유지해야 한다고 주장했다. 천원의 균형성장론을 정

면에서 비판한 것이다.[29]

이와 관련하여 덩샤오핑은 경제성장을 방해하는 마오쩌둥 시기의 평균주의(平均主義)를 깨기 위해 '선부론(先富論)'을 주장한다. 이 점에서도 그는 천원의 균형성장론과 다른 관점을 갖고 있었다. 1978년 12월에 개최된 중앙공작회의 폐막식 연설에서 덩은 다음과 같이 강조했다. "일부 지역, 일부 기업, 일부 노동자와 농민이 열심히 노력하여 큰 성과를 거두어 수입이 먼저 증대되고 생활이 먼저 좋아지는 것을 허용해야 한다."[30] 이런 방침에 따라 그는 1979년 광둥성 선전 등에 경제특구를 설치해야 한다고 주장했고, 1984년에는 연해 14개 지역에 개방도시의 설립을 주장했다. 같은 논리로 그는 자영업자(個體戶)와 사영기업가를 허용했고, 농민의 호별영농을 적극 지지했다.

둘째, 덩샤오핑은 시장경제의 전면적인 도입을 주장하는 '시장주의자'다. 그는 천원의 경제원칙인 '계획경제 위주와 시장조절 보완'을 수용하지 않았다. 천원은 마르크스-레닌주의 이론 혹은 그들의 경전(經典)에 근거해 자신의 경제원칙을 제시했다. 반면 덩샤오핑은 경제 이론가가 아니었기 때문에 원칙을 내세울 만한 능력도 관심도 없었다. 대신 그는 '흑묘황묘론(黑貓黃貓論)', 즉 "검은 고양이건 누런 고양이건 쥐를 잘 잡는 고양이가 좋은 고양이다."라는 자기 고향(쓰촨성)의 속담을 인용했던 실용주의자다. 그의 근거는 현실이다. 피폐한 농촌 경제와 정체된 도시민의 생활을 개선하려면 빠른 경제성장이 필요하고, 이를 추진하기 위해서는 시장제도를 전면적으로 도입해야 한다고 생각했다.

덩샤오핑에 따르면 중국의 '현실(實際)'은 두 가지 특징을 갖고 있다. 하나는 경제적 기초가 매우 허약하다는 점(底子薄)이다. 이는 중국의 사회주의가 자본주의를 거치지 않고 반(半)봉건주의에서 바로 왔기 때문에 발생한 것이다. 이 점에서 중국은 자본주의 국가보다 수준이 낮을 뿐만 아니라 "세계에서 가장 빈궁한 국가 중 하나다." 다른 하나는 인구에 비해 경지가 부족하다는 점이다. 중국에는 10억의 인구가 있는데, 이 중 8억이 농촌에 머물면서 밥도 제대로 먹지 못한다는 것이다.³¹⁾ 이는 천윈과 같은 현실 인식이지만 덩은 천윈과는 다른 처방을 제시한다.

시장제도 도입에 대한 덩샤오핑의 생각은 1979년 11월 《브리태니커백과사전(Encyclopedia Britannica)》 부편집장과의 인터뷰에서 처음으로 드러난다. 그는 주장한다. "시장경제가 자본주의사회에만 존재한다는 말은 분명 잘못된 것이다. 사회주의는 왜 시장경제를 할 수 없는가? 이것[시장경제]은 자본주의가 아니다."³²⁾ 그러나 당시에는 천윈의 조정 정책이 전면적으로 추진되고 있었기 때문에 덩의 이 발언은 대외에 알려지지 않았고, 덩도 이를 공개적으로 주장하지 않았다. 이후 1980년대 말까지 중국 경제는 천윈의 원칙에 따라 운영되었다.

덩샤오핑이 시장제도의 전면 도입을 공개적으로 주장한 것은 1991년 들어서부터다. 그해 1월 상하이시를 방문한 자리에서 다음과 같이 '시장 도구론'을 주장했다. "계획과 시장은 단지 자원 분배의 두 가지 수단과 방법일 뿐이지 사회주의와 자본주의를 나누는 기준은 아니다. 자본주의에도 계획이 있고, 사회주의에도 시장이 있다."[33] 이는 1992년 2월의 남순강화(南巡講話)에서도 반복된다. "계획경제는 사회주의와 같지 않고, 자본주의에도 계획이 있다. 시장경제는 자본주의와 같지 않고, 사회주의에도 시장이 있다. 계획과 시장은 모두 경제 수단일 뿐이다."[34] 결국 덩의 주장은 공산당의 공식 이론으로 채택된다. 1992년 10월에 열린 공산당 14차 당대회에서 "우리나라 경제체제 개혁의 목표는 사회주의 시장경제 체제의 건립이다."라고 선언하면서 '사회주의 시장경제론'을 당론화한 것이다.

셋째, 덩샤오핑은 과감한 대외개방을 주장한 '개방론자'다. 이 점에서 신중한 대외개방을 주장한 천윈과 입장이 분명히 다르다. 그가 과감한 개방을 주장한 이유는 시장제도의 전면적인 도입을 주장한 이유와 같다. 즉 빠른 경제성장에 도움이 되기 때문이다. 경제적 기초가 허약하고 거대한 인구의 다수가 농업에 종사하고 있는 현실에서 급속한 경제성장을 위해서는 대규모로 외자와 설비·기술을 도입하는 수밖에 없다. 또한 노동력은 풍부한 반면 자본과 기술이 부족한 상황에서 고도의 경제성장을 이루기 위해서는 '아시아의 네 마리 용', 즉 한국·대만·싱가포르·홍콩처럼 수출자유무역지대를 설치할 필요가 있다. 그래서 경제특구는 많을수록, 개방 정도는 높을수록 좋다. 1984년에 덩샤오핑이 선전 등 경제특구를 방문한 이후에 연해의 개방도시를 14개로 확대한 것이나, 1988년에 하

파벌과 투쟁

이난다오(海南島)를 광둥성으로부터 분리하여 하이난성(海南省)으로 승격하는 동시에 섬 전체를 경제특구로 지정한 것도 이 때문이었다.[35]

한편 시장제도의 전면 도입과 전방위의 개방을 통한 빠른 경제성장의 추구를 정당화하기 위해 덩샤오핑은 혁명과 사회주의의 본질을 재해석했다. 중국의 많은 학자들은 이 점에서 덩샤오핑이 사회주의 이론에 공헌한 것으로 간주한다.[36] 즉 덩이 사회주의의 본질과 사회주의에 도달하기 위한 방법을 새롭게 해석했다는 것이다. 그에 따르면, "혁명은 생산력 해방이고, 개혁도 생산력 해방이다." 따라서 혁명과 개혁을 위해서는 생산력 해방에 매진해야 한다. 또한 "사회주의의 본질은 생산력 해방이고 생산력 발전이며, 착취의 소멸이고 양극분화의 해소이며, 최종적으로 공동부유(共同富裕)"이다.[37] 사회주의의 최종 목표는 분명 모두가 함께 잘 사는 공동부유이다. 그러나 당면 목표는 생산력의 발전이고 계급 양극화의 해소다. 이 세 가지 목표의 기초가 되는 것이 바로 생산력 발전이다. 생산력의 발전 없이는 계급 양극화의 해소도 공동부유의 달성도 불가능하기 때문이다. 이렇게 해서 '개혁=생산력 해방', '사회주의=생산력 발전'이라는 간단명료한 공식이 등장한다.

정치 영역의 보수파와 개혁파

정치 영역에서도 보수파와 개혁파는 분명히 다른 정책을 지향했다. 그런데 누가 보수파이고 누가 개혁파인지와 관련해서는 경제 영역과 정치 영역이 다르다. 단적으로 덩샤오핑은 경제 영역에서는 철저한 개혁파이지만 정치 영역에서는 시종일관 보수파이다. 그래서 정치 영역에서 개혁파를 대표하는 인물은 덩샤오핑이 아니라 후야오방과 자오쯔양이다.

우선 보수파는 공산당 일당제와 이를 뒷받침하는 현행 정치제도와 사회주의 사상을 고수한다. 이를 가장 잘 보여 주는 것이 1979년 3월에 덩샤오핑이 제시했던 '4항 기본원칙'이다. 이에 따르면 공산당은 향후에도 사회주의의 길, 공산당 영도, 인민민주 독재, 마르크스-레닌주의와 마오쩌둥 사상을 굳세게 견지해야 한다.[38] 보수파는 4항 기본원칙의 어느 것도 약화되어서는 안 된다고 주장하는데, 특히 공산당 영도를 강조한다. 덩샤오핑도 공산당 영도를 몇 차례에 걸쳐 강조했다.

또한 보수파는 4항 기본원칙을 지키기 위해 다양한 정치사상 운동을 전개했다. 1983년에 추진한 '정신오염 제거'와 1986년에 추진한 '부르주아(자산계급) 자유화 반대'가 대표 사례들이다. 톈안먼 민주화 운동(1989) 이후에도 정치사상 운동을 대대적으로 전개했는데, 덩샤오핑과 천윈을 포함한 전체 원로의 지지와 후원 속에서 추진되었다. 마지막으로 이런 보수적인 정치관을 사상적, 이론적으로 대변하고, 개혁파를 선두에서 비판한 핵심 인물이 바로 후차오무(胡喬木)와 덩리췬이었다. 이들은 '좌파 대왕(左王)'으로 불렸고, 1987년 1월에 후야오방을 실각시키는 데 매우 중요한 역할을 담당했다.

한편 정치 영역에서 개혁파는 다시 둘로 나뉜다. 하나는 공산당 내에서 일정한 지위를 갖고 있는 개혁파(체제 내 개혁파), 다른 하나는 공산당 밖의 개혁파(체제 외 개혁파)다. 체제 내 개혁파는 일반적으로 공산당 영도를 포함한 현행 정치체제가 유지되는 것을 전제로, 좀 더 민주적이고 자유로운 정치체제를 수립하기 위해 점진적인 정치개혁을 주장했다. 이는 후야오방과 그를 보좌한 당내 지식인이 주도했다.[39] 고위급 지도자 중에는 국무원 부총리와 전국인대 상무위원회 위원장을 역임한 완리와 공산당 중앙 서기처 서기와 전국인대 부위원장을 지낸 시중쉰을 꼽을 수 있다. 1987년 1월에는 자오쯔양이 후야오방을 대신하여 공산당 총서기가 되면서 그와 그를 보좌한 지식인들이 체제 내 개혁파의 중심이 된다.

반면 체제 외 개혁파는 현행 정치체제를 비판하고 궁극적으로 자유민주주의를 실행해야 한다고 생각했다. 다만 그것을 언제 어떤 방식으로 실행할 것인지에 대해서는 견해차를 보였다. 또한 소수이기는 하지만 공산당 일당제 폐지와 즉각적인 다당제 도입을 주장하는 반체제 인사도 있었다.(그래서 이들은 급진 개혁파로 불렸다.) 1978~1979년 민주벽 운동을 주도한 웨이징성(魏京生),[40] 1986~1987년 학생운동을 이끈 팡리즈(方勵之: 중국과기대학 교수)가 대표적이다.[41] 그러나 이런 주장이 지식계의 주류가 된 적도 없고, 후야오방이나 자오쯔양 같은 당내 개혁파 지도자에 의해 수용된 적도 없었다.

후야오방은 1970년대 말부터 1980년대 중반까지 일관되게 학계, 사상계, 문예계 인사들에게 더 많은 자유를 허용해야 한다고 주장했다. 동시에 그는 '소통(疏通)과 인도(引導)'라는 방식으로 지식인의 사상 문제를 해결해야 한다고 주장했다.[42] 이런 이유에서 그는 마오쩌둥 시기와 같은 지식인 비판이나 탄압을 반대했다.[43] 예를 들어 후는 1978~1979년의 민주벽 운동 때 웨이징성을 체포하는 데 반대했다. 1979년 1~4월에 열린 이론공작 토론회 이후에도 후야오방은 지식인에 대한 비판과 사상 통제를 주장하는 일부 보수파의 움직임을 막았다. 즉 1957년의 반우파 투쟁과 같은 비판운동은 더 이상 없다는 것이다.[44] 1983년에 보수파가 '정신오염 제거'를 주장할 때에도, 1986년는 '부르주아(자산계급) 자유화 반대'를 주장할 때에도 후야오방은 지식인을 보호하며 이에 반대했다.[45] 이로 인해 후야오방은 덩샤오핑의 불신을 샀고, 결국 이것이 그가 퇴진하게 되는 결정적인 원인이 되었다.

학생운동에 대한 후야오방의 태도도 마찬가지였다. 1985년 9~10월에 베이징 등 일부 대도시에서 반일(反日) 시위가 발생했을 때 후야오방은 대화를 통한 평화적인 해결을 주장했다. 그의 방침은 같은 해 9월에 개최된 공산당 전국대표회의에서 채택되었다. 그 결과 군대의 동원이나 정치적 공포 없이 정치 지도자와 학생 대표 간의 대화를 통해 반일 시위가 원만하게 해결되었다. 1986년 12월과 1987년 1월 사이 전국 대도시에서 학생운동이 다시 시작되었을 때에도 후야오방은 '냉정한 처리(冷處理)'와 '소통과 인도(疏導)'를 통한 문제 해결을 주장했다.[46] 그러나 이번에는 당내 다른 지도자, 특히 덩샤오핑을 포함한 원로들의 강한 반대에 부딪혀 결국 후야오

파벌과 투쟁

방은 퇴진하게 된다.[47]

반면 자오쯔양의 정치적 견해는 시기에 따라, 또한 그가 맡았던 직책에 따라 변화했다. 단적으로 쓰촨성에서 당서기로 농촌과 도시의 개혁을 지도할 때, 또한 1986년 12월까지 국무원 총리로서 경제 개혁을 담당할 때 자오쯔양은 "경제적 반좌(反左)와 정치적 반우(反右)"의 입장을 견지했다. 즉 경제적으로는 마오쩌둥 시기의 중앙집권적 계획경제와 인민공사 체제에 반대한 개혁파라 할 수 있지만, 정치적으로는 자유화에 반대한 보수파였다. 이는 그가 스스로 한 말이다.[48] 반면 자오쯔양에 따르면, 후야오방은 "중국 사회주의에 더 많은 민주와 자유가 있어야 하고, 인민이 민주와 자유, 그리고 활력(生動)이 넘치는 환경에서 생활할 수 있어야 한다."라고 생각했다.[49] 이런 점에서 후야오방은 정치와 경제 모든 면에서 개혁파였다.

그런데 1985년과 1986년 무렵부터 정치개혁에 대한 자오쯔양의 생각이 변하기 시작했다.[50] 이런 변화는 자오가 1987년 1월에 후야오방을 대신하여 공산당 총서기가 되면서 정책으로 나타나기 시작한다. 즉 그는 보다 적극적으로 정치개혁을 주장했고, 지식인과 학생들에게 더 많은 자유를 허용해야 한다고 주장했다. 1987년 10월에 열린 공산당 13차 당대회에서 채택된 정치개혁 방안은 자오의 변화된 인식이 반영된 결과다.[51] 자오의 이런 관점은 1989년 톈안먼 민주화 운동으로까지 이어진다. 즉 자오는 학생운동을 지지했고 결국 총서기직에서 쫓겨났다. 이후 연금 상태에 있던 자오의 생각은 더욱 급진적으로 변해 간다. 그 결과 1990년대 들어서 자오는 공산당 일당제를 비판하고, 대신 사회민주주의(social democracy)를 주장한다. 즉 경제적으로는 시장경제 또는 혼합경제를, 정치적으로는 의회민주주의를 실행해야 한다는 것이다. 자오의 생각은 그의 회고록과 측근들의 기록에 잘 정리되어 있다.[52]

이상의 논의를 정리한 것이 [그림 1-1]이다.

[그림 1-1] 덩샤오핑 시기의 보수파와 개혁파

		경제	
		보수파 (균형 성장론)	개혁파 (고속 성장론)
정치 (사상)	보수파 (현 체제 고수)	천원 (후차오무 / 덩리췬)	덩샤오핑
	개혁파 (민주개혁)	없음	후야오방 (쟈오쯔양)

덩샤오핑의 정치관

지금까지 정치 영역에서 서로 다른 정책을 지향하는 보수파와 개혁파의 입장을 살펴보았다. 그런데 이 중 덩샤오핑의 관점은 매우 중요하다. 1980년대는 물론 현재까지 정치개혁을 규정하는 지침이 되기 때문이다. 동시에 덩의 정치관은 4항 기본원칙만으로는 설명할 수 없는 독특함이 있다. 따라서 이를 자세히 살펴볼 필요가 있다. 나의 관찰에 의하면, 정치개혁에 대한 덩의 관점은 다음과 같은 특징을 갖고 있다.

첫째, 덩샤오핑은 정치개혁과 경제개혁 간의 관계에서 '경제개혁 우선', 혹은 '경제개혁을 위해 정치개혁을 추진'한다는 입장을 견지했다. 정치개혁은 추진해야 한다. 단 정치발전 그 자체를 위해서가 아니라 경제개혁에 필요하기 때문이다. 한마디로 정치개혁은 경제개혁에 '기여(服務)'해야 한다. 덩은 실제로 경제개혁에 필요한 내용을 중심으로 정치개혁을 추진했다. 정경분리와 경제주체(기업)의 자율성 강화, 정부기구의 간소화, 행정 인허가 권한과 절차의 축소, 간부인사제도의 개혁 등이 대표적이다. 또한 경제개혁에 필요하다면 정치개혁은 언제든지 멈추거나 후퇴할 수 있었다.

물론 덩샤오핑은 민주(民主)를 강조했다. 그런데 이것 역시 어디까지나 국민의 적극성을 독려해 개혁에 참여시키기 위한 수단일 뿐이었다. 그가 생각하는 민주에는 국민의 정치권리 보장과 정치참여 확대는 없다. 또한 그는 법제(法制, legal system)를 강조했다. 그러나 어디까지나 공산당과 국가의 통치 효율성을 높이고 통제를 강화하기 위한 '법에 의한 통치(rule by law)'이지, 국민의 권리를 보장하고 국가권력에 대한 통제를 강화하기 위한 '법치(rule of law)'는 아니었다. 그래서 만약 민주와 법제가 공산당의 권력을 제약하거나, 경제활동과 사회 안정에 나쁜 영향을 초래할 경우 덩은 가차 없이 민주와 법제를 제한하거나 폐지할 것을 주장했다.

예를 들어 덩샤오핑은 1978~1979년 민주벽 운동 이후 '4대 민주(四大民主)', 즉 '대명(大鳴), 대방(大放), 대변론(大辯論), 대자보(大字報)'를 「헌법」 개정을 통해 폐지했다. 4대 민주는 문혁 시기에 인민의 완전한 언론·조직·활동의 자유를 보장하여 기득권 세력(특히 당권파)

을 타도하기 위해 마오쩌둥이 주창한 일종의 인민 동원책이었다. 여기서 '대명'은 인민이 완전한 언론의 자유하에서 자유롭게 말하는 것을, '대방'은 인민이 어떤 관념이나 제도의 속박에서 벗어나 자유롭게 조직하고 활동하는 것을 가리킨다. 또한 대학생이 1980~1981년에 열린 시방인대 선거운동에 참여하여 문제를 야기한 후에는 「선거법」을 개정해 후보의 자유로운 선거운동을 금지했다.

둘째, 덩샤오핑은 정치개혁은 공산당 일당제를 강화하기 위해 공산당의 영도하에 점진적으로 추진되어야 한다는 입장을 견지했다. 1979년 3월에 덩이 발표한 4항 기본원칙 중 가장 중요한 것이 바로 공산당 영도였다. 공산당 일당제에 영향을 미칠 수 있는 어떤 개혁도 추진될 수 없었다. 따라서 다당제의 도입과 자유경쟁선거의 확대, 언론·출판·집회·결사의 자유 등 국민의 정치권리 확대는 처음부터 정치개혁에서 제외시켰다. 동시에 공산당 영도를 반대하는 어떤 주장이나 행동도 단호히 진압했다. 민주벽 운동(1978~1979년), 학생운동(1986~1987년), 톈안먼 민주화 운동(1989년)의 탄압이 대표 사례들이다. 이때 다당제와 자유선거, 언론의 자유를 주장했던 지식인과 반체제 인사들은 체포되거나 해외로 망명해야만 했다.

게다가 정치개혁은 현행 정치제도의 이점은 살리고 문제점은 고치며 우세한 점이 드러나게 해야 한다. 가장 중요한 것은 공산당 영도제도와 인민대표대회제도, 공산당 영도하의 다당합작(多黨合作)과 인민정치협상회제도, 소수민족 자치제도라는 기본 제도의 유지와 발전이다. 이런 정치제도는 보존하고 개선해야 할 장점들이다. 물론 여기에 다른 제도가 추가될 수 있다. 촌민위원회의 민주선거와 운영이라는 기층민주(基層民主)가 대표적이다. 단 이런 새 제도는 기본 제도에 대한 보완이지 대체가 아니다.

여기서 중요한 것은 덩샤오핑이 단순히 권력을 독점하기 위해 공산당 일당제를 주장한 것이 아니라는 사실이다. 그는 사회주의가 자유민주주의 체제보다 우월하다고 믿었다. 덩에 따르면 "사회주의 국가에는 한 가지 큰 장점이 있는데, 어떤 일이든 한번 결심하면 바로 결의가 나올 수 있고, 견제받지 않고 즉각 집행할 수 있다는 것이다." 즉 정책 결정과 집행의 효율성 면에서 공산당 일당제가 우월하다고 생각했다. 같은 이유에서 그는 견제와 균형의 삼권분립, 다당제, 의회제는 "몹시 싫어하고 경멸했다." 그래서 덩은 서구식 민주주의를 절대로 도입할 수 없다고 주장했다.[53]

셋째, 덩샤오핑은, 정치개혁은 중국의 객관적인 상황(國情)에서 출발하여 실현 가능한 내용을 중심으로 해야 한다는 '실사구시(實事求是)' 자세를 강조했다. 그에 따르면, 중국은 오랜 봉건주의의 영향으로 권위주의와 가부장제, 관료주의와 특권 현상, 인치(人治)가 만연해 있다.[54] 게다가 인구는 많고, 땅은 넓으며, 민족은 다양하고, 경제는 낙후되어 있다. 또한 중국은 사회주의 국가이기는 하지만 아직 '초급 단계' 수준이다. 그래서 경제 발전과 국민 생활수준의 향상 등 우선적으로 처리해야 하는 수많은 사회적, 경제적 과제가 있다. 이런 상황에서 급진적인 정치개혁은 금물이다. 대신 개량적인 정책을 일부 지역에서 시험적으로 실시하고, 좋은 결과가 나

오면 비로소 전국적으로 확대 실시하는 단계적 방식이 필요하다. 이것이 덩샤오핑이 말하는 실사구시의 자세다.

덩샤오핑의 역할: "핵심"과 조정자

한편 1980년대 정치 엘리트의 보수파와 개혁파로의 분화, 파벌 간의 정책 대립과 갈등, 당 노선의 결정과 지도부 인선을 놓고 벌어진 파벌 투쟁의 과정에서 덩샤오핑의 지위와 역할은 매우 중요했다. 어떤 면에서는 덩의 지위와 역할로 인해 상황에 따라 매우 치열하게 전개되던 파벌 투쟁이 파국에 이르지 않았다고 말할 수 있다. 이런 이유로 우리는 당시 엘리트 정치에서 덩이 차지한 지위와 그가 수행한 역할에 주목해야 한다.

먼저 덩샤오핑은 2세대 정치 지도자 중 자신을 "핵심(核心, core)"이라고 스스로 규정했다. 마오쩌둥은 1세대 지도자의 핵심이다. 이는 그가 1989년 6월에 장쩌민을 3세대 지도자의 핵심으로 지정하면서 한 말이다.[55] 반면 화궈펑은 비록 당·정·군의 최고 직위, 즉 공산당 중앙위원회 주석과 국무원 총리, 중앙군사위원회 주석을 동시에 차지했지만 핵심은 아니었다. 덩은 핵심 인물로서 정책 결정 과정에서 최고의 권한을 갖고 보수파와 개혁파의 대립을 조정하고 통제했다. 이는 천윈 등 다른 원로들의 동의가 있었기 때문에 가능했다. 1987년 11월에 개최된 공산당 13기 1중전회에서 덩의 '특수지위'를 인정한 비밀 결정이 통과된 것이 이를 증명한다. 이에 따르면 덩이 "중대한 문제에 대해서는 여전히 의견을 묻고, 최종 결정을 내린다."56)

덩샤오핑의 일생을 관통하는 하나의 개혁 전략이 있다면 그것
은 공산당 영도하의 급속한 경제 발전 추구다. 그의 목표는 경제를
발전시켜 중국을 세계 최고의 강대국으로 만드는 것, 근대 이래 모
든 혁명가와 개혁가의 꿈인 부국강병(富國强兵)을 달성하는 것이다.
여기서 공산당의 영도는 최고 원칙이다. 그래서 공산당의 권력 독
점에 도전하는 세력은 그것이 정당이든지 사회단체든지 모두 허용
하지 않았다. 이를 반영한 것이 4항 기본원칙이다. 또한 경제 발전
이 최고의 방침이기 때문에 경제개혁과 경제 발전을 방해하는 어떤
세력도 용납하지 않는다. 이를 반영한 것이 '한 개의 중심'인 경제
발전이고 이를 위한 방법이 개혁 개방이다. 이렇게 해서 1987년 10
월 공산당 13차 당대회에서 '한 개의 중심'(경제 발전)과 '두 개의 기
본점'(4항 기본원칙과 개혁 개방)이라는 공식이 만들어졌다.

많은 중국 전문가들이 이미 지적했듯이, 덩샤오핑은 공산당의
영도와 개혁 개방을 동시에 견지하기 위해 '좌(左)'와 '우(右)' 혹은
정치적 보수파와 개혁파 간의 균형 잡기를 시도했다. 만약 보수파
가 4항 기본원칙만을 과도하게 강조하여 개혁 개방의 추진이나 급
속한 경제성장을 방해할 경우, 덩은 '좌경화 반대(反左)'를 강조하
면서 보수파를 견제했다. 반대로 개혁파가 개혁 개방만을 과도하게
강조하면서 공산당 일당제에 조금이라도 도전하는 모습을 보일 경
우, 덩은 '우경화 반대(反右)'를 강조하면서 개혁파를 견제했다.57)

이를 종합하면 덩샤오핑은 정치는 보수파의 입장에서 균형을

유지하려 시도했고, 경제는 개혁파의 입장에서 균형을 유지하려 노력했다. 모두 공산당 영도하의 급속한 경제 발전을 실현하기 위해서였다. 결국 덩샤오핑은 '경제는 개혁주의, 정치는 보수주의'가 결합된 복합적 리더십(hybrid leadership)을 보여 주었다. 반면 천윈은 '경제도 보수주의, 정치도 보수주의'로 일관된 보수파였다.

(3) 파벌 투쟁과 좌우 파동의 주기성

'좌파 대왕' 덩리췬은 1970년대 말부터 1980년대 말까지 중국 정치에 좌우 파동이 나타났다고 주장했다. 즉 짝수 해에는 '자유화가 범람'했고, 홀수 해에는 '좌파의 반격'이 뒤따랐다는 것이다. 이를 정리한 것이 [표 I-2]다.

[표 I-2]에 따르면, 1970년대 후반에는 정치적 이완과 긴장이 반복되었다. 예를 들어 1976년에 4인방이 체포되면서 축제와도 같은 자유로운 정치 분위기가 형성되었다. 그런데 1977년 2월에 마오쩌둥의 노선을 철저하게 계승하자는 '양개범시'가 제기되면서 정치 분위기는 다시 좌경화되었다. 이런 상황에서 1978년 5월에 진리 기준 논쟁이 시작되면서 분위기가 반전되었다가, 1979년 3월에 덩샤오핑이 4항 기본원칙을 제시하면서 다시 경색된 국면이 나타났다.

이는 1980년대에도 마찬가지였다. 1980년에는 정치 분위기가 이완되었지만, 1981년에는 '부르주아 자유화' 반대 여론이 제기되

[표 1-2] 덩리췬의 좌우 파동 주기설

시기	연도	주요 내용	
		'자유화의 범람'(짝수 해)	'좌파의 반격'(홀수 해)
1차	1976~1977	1976년 4인방 분쇄	1977년 '양개범시' 제시
2차	1978~1979	1978년 양개범시의 퇴출과 개혁 결정	1979년 덩샤오핑의 4항 기본원칙 발표
3차	1980~1981	1980년 덩샤오핑 「당과 국가 영도제도의 개혁」 발표	1981년 천윈의 정돈정책 발표, 「짝사랑(苦戀)」 등 문화계 비판
4차	1982~1983	1982년 12차 당대회에서 범시파 퇴출과 개혁파 진출로 자유로운 분위기 형성, 왕뤄수이의 소외론과 인도주의 확산	1983년 소외론 비판과 '정신오염 제거' 제기
5차	1984~1985	1984년 덩샤오핑의 선전 방문과 개혁 강조, 10월 공산당 12기 3중전회에서 '계획이 있는 상품경제' 제시	1985년 천윈의 반공(反共) 경향 비판과 '개혁경제 위주와 시장조절 보충'의 강조, 개혁파인 샹난(項南) 푸젠성 당서기와 레이위(雷宇) 하이난성 당서기의 퇴진
6차	1986~1987	1986년 덩샤오핑의 정치개혁 주장, 자유파 지식인의 활동, 12월 학생운동	1987년 후야오방의 퇴진, 좌파 '2차 정상화(撥亂反正)' 제기, 자유주의 지식인의 당적 박탈
7차	1988~1989	1988년 팡리즈 등 자유주의 인사의 활동, 베이징대학 등에 연구회와 살롱의 유행	1989년 톈안먼 시위 진압, '화평연변 반대'가 중심(1992년 덩샤오핑의 남순강화까지 지속)

출처: 楊繼繩, 『中國改革年代的政治鬪爭』(Hong Kong: Excellent Culture Press, 2004), pp. 19-22; Richard Baum, *Burying Mao: Chinese Politics in the Age of Deng Xiaoping* (Princeton: Princeton University Press, 1994), p. 6.

면서 긴장감이 감돌았다. 1982년에는 소외론과 인도주의가 유행하면서 '자유화 물결'이 일었지만, 1983년에는 '정신오염 제거' 운동이 전개되어 일부 지식인들이 심한 비판을 받았다. 1984년에는 덩샤오핑이 광둥성 선전시를 방문하여 경제특구의 업적을 강조하고, 14개 연해 도시로 개방을 확대했다. 그런데 1985년에는 밀수 사건 등의 책임을 물어 보수파가 샹난 푸젠성 당서기와 레이위 하이난성 당서기를 퇴진시켰다. 1986년에는 덩샤오핑이 정치개혁을 촉구하면서 분위기가 이완되고 이런 배경에서 학생운동이 일어났는데, 1987년 1월에 후야오방이 퇴진하면서 분위기가 가라앉았다. 마지막으로 1988년에 자유주의적 지식인이 활발히 활동하면서 정치적 긴장이 해소되었다가, 1989년 6월에 톈안먼 민주화 운동이 무력으로 진압되면서 분위기는 완전히 바뀌었다.

좌우 파동의 원인

그렇다면 1970년대 말부터 1980년대 말까지 중국 정치에서 왜 좌우 파동이 나타났을까? 이에 대해 양지성은 천윈을 중심으로 하는 보수파와 덩샤오핑을 중심으로 하는 개혁파 간의 갈등과 그 속에서 덩이 수행한 조정 역할을 강조한다. 양지성에 따르면, 좌우 파동은 기본적으로 정치 엘리트 집단이 보수파와 개혁파로 분화되어 대립하면서 발생한 것이다. 만약 파벌의 분화와 대립이 없었다면 좌우 파동도 없었을 것이다. 또한 좌우 파동은 덩샤오핑의 조정 역할과도 밀접한 관련이 있다.[58] 덩은 2세대 지도자의 "핵심"으로 좌경화와 우경화 모두를 통제했다. 그래서 짝수 해에는 좌경화를 반대하면서 우경화 현상이, 홀수 해에는 우경화를 반대하면서 좌경화 현상이 나타난 것이다.

이런 설명은 기본적으로 타당하지만 정확한 것은 아니다. 먼저 1981년 6월 이전에는(덩리췬의 주장에 따르면 1983년 이전에는) 덩샤오핑과 천원 간에 개혁 개방의 정책을 둘러싼 노선 갈등이 심하지 않았다. 두 사람은 오히려 화궈펑 체제를 와해시키기 위해 밀접히 협력했다. 그래서 보수파와 개혁파 간의 파벌 갈등이라는 관점으로 설명할 경우 1, 2, 3차 파동을 제대로 설명할 수 없다. 만약 파벌이 아니라 덩샤오핑의 조정 역할을 강조하면 설명이 가능하겠지만 이 경우에는 왜 덩샤오핑이 좌우를 반복했는지 설명해야 한다. 다시 말해 이 경우에는 덩에 영향을 미친 요소 또는 덩의 좌우 반복을 초래한 원인을 설명해야 한다.

일부 학자들은 이런 파동을 개혁기 전체에 적용한다. 즉 개혁기에는 개혁의 추진과 중단이 반복되는 주기성(cycles)이 나타났다는 것이다. 또한 파벌 대립과 함께 경제주기(economic cycle) 혹은 경제변동(economic fluctuation)을 주기성의 원인으로 제기한다. 수전 셔크(Susan L. Shirk) 교수가 대표적이다.[59] 일부는 이런 주기성이 권력 승계를 둘러싼 정치투쟁과 연관이 있다고 주장한다. 로웰 디트머(Lowell Dittmer) 교수가 대표적이다.[60] 이렇게 되면 주기성은 파벌 대립과 경제변동, 권력 승계 등과 연관해 나타나는 개혁기의 중요한 현상으로 보아야 한다.

그런데 파벌을 제외하고는 이러한 다양한 요소들과 좌우 파동의 직접적인 연계성을 설명하기가 쉽지 않다. 예를 들어 경제변동은 좌우 파동과 직접 연계된다고 볼 수 없다. 왜냐하면 경제변동이 없이도, 즉 경제가 계속 침체되거나 호황인 상황에서도 좌우 파동이 나타났기 때문이다. 그래서 리처드 바움(Richard Baum) 교수는 권력 승계 혹은 지도자 세대교체 외에 외부 요소를 주기성의 한 원인으로 지목한다. 예를 들어 1980~1981년의 폴란드 노동운동, 1991년의 소련 붕괴가 중국 정국에 큰 영향을 미쳤다는 것이다.[61]

포괄적으로 보면 중국 정치체제에 영향을 미치는 몇 가지 요소, 즉 공산당의 권력 유지와 개혁 개방의 추진, 국가와 사회관계의 변화, 또한 국제 환경의 영향까지도 좌우 파동에 영향을 미친 것으로 볼 수 있다.(이 책의 I권인『개혁과 개방: 덩샤오핑 시대의 중국 I (1976~1982년)』의 I장에서 자세히 살펴보았다.) 덩샤오핑이나 천윈 같은 지도자는 공산당의 권력 유지를 위해, 또한 개혁 개방을 추진하기 위해 좌경화와 우경화를 모두 통제했다. 그래서 양지성이 설명하듯 두 요인 모두 좌우 파동에 영향을 미쳤다. 그러나 개혁기에는 시장화(市場化)와 사유화(私有化), 대외개방과 분권화(分權化)가 본격적으로 추진되면서 공산당이 통제할 수 없는 새로운 요소가 증가했는데, 이것이 공산당과 정치상황 전체에 영향을 미쳤다.

그중에서도 국가와 사회관계의 변화는 좌우 파동에 영향을 미친 중요한 요소다. 예를 들어 민주벽 운동(1978~1979년), 1986~1987년의 학생운동, 톈안먼 민주화 운동(1989년)은 개혁기에 증가한 사회의 자율성과 역량을 보여 주는 대표 사례들이다. 사회 역량이 공개적으로 표출되었을 때 공산당은 정치권력을 독점하기 위해 이러한 운동들을 진압했다. 그래서 우경화 뒤에 좌경화가 나타나는 것처럼 보였다. 개혁 개방을 추진하면서 사회의 자율성과 역량 역시 증가하자(이를 덩리췬은 '우경화'로 보았다.), 이를 막기 위해 공산당이 이념과 통제를 강화한 것이다.(이를 덩리췬은 '좌경화'로 보았다.) 국제 환경의 영향도 좌우 파동에 영향을 미친 또 다른 중요 요소다. 이것은 바움이 설명한 그대로다.

물론 이런 요소들은 보수파와 개혁파 간의 갈등 기제를 통해 영향을 미치기 때문에 파벌이 없다면 그 영향력의 정도는 다를 수 있다. 예를 들어 1980년에 폴란드 노동운동이 발생했을 때 보수파(후차오무)와 개혁파(후야오방)는 다르게 판단했고, 후에 보수파의 견해가 우위를 점하면서 공산당은 '베이징의 봄'을 진압했다. 이렇게 보면 파벌 대립이 근본 원인인 것처럼 보인다. 그러나 1989년에 시작된 사회주의권의 붕괴는 파벌과 상관없이 공산당을 '좌경화'시켰다. 즉 이는 파벌을 뛰어넘는 것이다. 민주화 운동의 무력 진압을 반대하던 자오쯔양이 고립되어 퇴진한 것도 이 때문이다.

마지막으로 1992년 공산당 14차 당대회 이후에는 좌우 파동의 주기성이 사실상 소멸되었다. 이는 두 가지 요소가 작용한 결과다. 하나는 원로의 퇴장과 함께 엘리트 정치의 제도화가 진행된 점이다. 즉 중요한 정책이 집단지도 체제하에서 정해진 제도와 절차에 따라 결정되면서 좌우 파동이 약화된 것이다.[62] 다른 하나는 공산당 14차 당대회에서 '사회주의 시장경제론'이 확정되면서 개혁 개방을 둘러싼 정책 차이가 대폭 축소된 것이다. 이를 기점으로 보수파와 개혁파 지도자들은 기본적으로 시장경제를 수용했다. 물론 공산당 밖에는 '신좌파(新左派)'나 '신마오주의자'도 있고 '신자유주의자'도 있어 좌우 대립이 매우 심했다. 그러나 이것이 공산당의 시장경제 노선을 뒤흔들지는 못했다.

후야오방과 자오쯔양
(1982년 9월 9일)

1980년 2월에 개최된 공산당 11기 중앙위원회
5차 전체회의(11기 5중전회)에서 후야오방과
자오쯔양이 정치국 상무위원회 위원에
선출됨으로써 덩샤오핑 세력은 더욱
강화되었다. 이들은 화궈펑을 대체하는
신세대 지도자로서의 입지를 굳혔다.

후차오무

(胡喬木, 1912~1992)

보수적인 정치관을 사상적, 이론적으로
대변하고, 개혁파를 선두에서 비판한 핵심
인물이 바로 후차오무와 덩리췬이었다.
이들은 '좌파대왕(左王)'으로 불렸고, 1987년
1월에 후야오방을 실각시키는 데 매우 중요한
역할을 담당했다. 후차오무는 중국 '제일의
문필가'(筆桿子)로 불렸고, 공산당 중앙의 주요
문건을 집필하는 데 큰 역할을 담당했다.

덩리췬
(鄧力群, 1915~2015)

후차오무와 함께 '좌파대왕'(左王)으로
불린 덩리췬은 보수파의 대표적인 이론가로
활동했다. 후야오방과 자오쯔양을 비판하는
선봉장 역할을 담당했고, 1990년대에는
장쩌민의 개혁 정책을 비판하는
보수좌파(마오주의자)의 후원자 역할을
맡았다.

후야오방과
그 적(敵)들

1부

2 젊은 간부 육성과 공산당 정리

1982~1983년

공산당 12차 당대회(1982년) 이후 '사회주의 현대화 건설'(개혁 개방)을 추진할 덩샤오핑 체제가 수립되었다. 인사와 관련하여 남은 문제는 두 가지였다. 하나는 실무 차원에서 개혁 개방 정책을 추진할 중간급 지도자의 충원이고, 다른 하나는 현직 원로 간부들의 퇴진이었다. 이들은 건강뿐 아니라 교육 수준과 전문 능력 면에서도 개혁 개방을 추진할 수 있는 주체가 아니었다. 따라서 이들이 공산당과 국가기관, 중앙과 지방의 고위 직책을 맡고 있는 한 개혁 개방은 제대로 추진되기 어려웠다.

이 두 가지와 밀접히 연관된 과제가 바로 후계자 양성이었다. 덩샤오핑과 천윈 등 중앙의 최고 지도자들은 대부분 70대이기 때문에 이들이 개혁 개방을 지도할 수 있는 시간이 얼마 남지 않았다. 따라서 이들이 현직에서 물러난 후에도 흔들림 없이 개혁 개방을 이끌 수 있는 든든한 후계체제를 수립하는 것은 매우 중요한 문제였다. 그래서 덩샤오핑은 "후계자(接班人)를 잘 고르는 일은 전략적 문제로, 우리 당과 국가의 장기 이익과 관련된 큰 문제"라고 말했다. 특히 "만약 3~4년 내에 이 문제를 해결하지 못하면 10년 후 무슨 일이 생길지 모른다."라고 경고했다.[1]

(1) 개혁 간부의 육성: '제3제대' 프로젝트(1983~1986년)

덩샤오핑과 천윈은 왜 젊은 간부의 선발과 후계자 집단의 양성을 그렇게 중시했을까? 이는 당시 당정간부, 특히 지도적 직위(領導)에 있는 원로 간부들에게 문제가 많았기 때문이다. 이는 크게 두 가지로 나눌 수 있는데, 하나는 고령화 문제이고, 다른 하나는 저학력 문제였다.

1981년에 여러 곳에서 천윈은 젊은 간부의 육성이 가장 시급한 업무라고 주장하면서 다음과 같이 말했다.

현재 [공산당] 성(省) 위원회, 지구(地) 위원회의 주요 책임자 동지 다수는 60세 이상의 간부다. 그중 적지 않은 수가 70세 이상의 간부다. 정부 각 부(部)와 위원회의 영도 동지도 대체로 같다. (……) 그들은 이미 오랫동안 일을 할 수 없고, 항상 병을 달고 일을 하는데, 병이 나서 자주 입원하곤 한다. 피로가 누적되어 병이 나고, 그래서 죽는 사람이 점점 많아져, 추도회를 연다는 소식이

매일 들린다.[2)]

    현재 우리의 간부는 세대교체에 매우 심각한 문제가 있다. 거의 매일 노(老)간부의 사망 소식이 있다. 베이징에서 외지에서 추도회가 열리면 소화를 보내는데, 종종 하루에도 몇 번씩 그런다. 이것이 하나의 상황이다. 다른 상황으로는, 현재 각 부(部)도 그렇고 하부기관도 그렇고, 회의를 열면 부장과 부(副)부장, 사수(正手)와 부사수(副手)가 모두 한 탁자에 앉는데, 진짜로 일을 할 수 있는 사람은 서너 명에 불과하다. 이런 상황이 계속되면 안 된다.[3)]

    천원의 한탄은 통계가 뒷받침한다. 중국 자료에 따르면 1965년 국가기관 30여 개 단위의 주요 지도자의 평균연령은 55세였고, 그중 55세 이하가 70%, 65세 이상이 5.7%였다. 그런데 1980년에는 평균연령이 63세로 1965년에 비해 8세가 많았다. 그중 55세 이하는 단지 9%로 61%나 감소한 반면, 66세 이상자는 40%로 34%나 증가했다.

    최고 지도자의 연령은 더 많았다. 1980년 정치국 위원의 평균연령은 70세, 총리와 부총리의 평균연령은 69세였다.[4)] 학력을 보면 1980년 전국 2000만 명의 간부 중 대학 졸업자는 20% 정도이고, 초등학교 이하가 40%였다.[5)] 이 통계에서 대학 졸업자는 과장된 것이 분명하지만 통계를 그대로 믿는다 해도 간부들의 학력은 개혁개방을 추진하기에는 너무 낮았다.

'삼종인' 청산

이 문제 외에도 덩샤오핑과 천윈을 초조하게 만든 또 하나의 요인이 있었다. 문화대혁명(문혁) 기간에 대규모로 충원되어 중앙과 지방에 널리 포진하고 있는 소위 '삼종인(三種人)' 문제였다. 덩샤오핑은 1979년 7월과 8월에 일부 지방을 시찰하면서 간부 교체가 매우 필요하다는 사실을 발견했다. 그때 덩은 자신의 경험을 소개하면서 삼종인 청산을 강조했다.

1975년에 [내가] 중앙 업무를 주재할 때, [4인방의 한 명인] 왕홍원(王洪文)이 '10년 후에 보자.'고 말했다. 현재도 10년 후에 다시 보자는 문제가 있다. 우리는 린뱌오와 4인방의 영향을 낮게 평가할 수 없고, 너무 천진난만하게 생각해서는 안 된다. 길게 생각해야 한다. (……) 조직노선 문제의 해결은 최대의 문제이고, 최고로 어렵고도 최고로 절실한 문제인데, [그것은] 후계자를 잘 선정하는 것이다.[6]

1975년 당시에 덩샤오핑은 71세(1904년생)였고, 왕홍원은 40세(1935년생)였다. 이런 나이 분포로 볼 때, 만약 문혁의 주도자와 추종자를 제대로 정리하지 않으면 덩샤오핑 등 혁명원로가 사망한 후 그들이 다시 정권을 잡을 수 있다는 우려는 충분히 타당했다. 천윈도 이 문제를 지속적으로 강조했다. 예를 들어 천윈은 1981년 5월에 덩샤오핑과 후야오방에게 젊은 간부 양성의 필요성을 강조하면서 장문의 편지를 보냈다. 편지에는 절박함이 묻어났다.

중·청년 간부의 발탁은 우리 당의 사업을 이어갈 사람을 만
드는 것으로, 노간부의 심원(心願)이라고 말해야 한다. (……) 그런
데 노간부들이 마음을 놓지 못하는 일부 원인은, 문혁 중에 발탁
된 '머리에 뿔이 나고 몸에 가시가 돋친' 청년들 때문이다. (……)
반드시 명확히 해야 할 것은, 현재 우리가 중·청년 간부를 발탁할
때, 절대로 '머리에 뿔이 나고 몸에 가시가 돋친' 청년 간부를 발탁
해서는 안 된다는 점이다. 우리가 발탁하는 간부는 덕과 재능을 겸
비한 중·청년 간부여야 한다.[7]

이런 이유로 덩샤오핑은 간부 선발의 기준으로 '4화(四化)', 즉
연소화(年輕化), 지식화, 전문화, 혁명화를 제시했다. 여기서 연소
화는 40~50대의 나이, 지식화는 대학 학력 정도, 전문화는 당무(黨
務)가 아닌 기술 전문직 종사, 마지막으로 혁명화는 개혁 개방 노선
을 지지하고 당성(黨性)이 강해야 함을 의미한다. 그런데 혁명화의
숨은 의미는 문혁의 추종자가 아니어야 한다는 것이다. 덩이 4화
를 처음 언급한 것은 1980년 8월 정치국 확대회의에서였으며, 이후
1981년 6월 공산당 11기 6중전회에서 통과된 「역사 결의」에 이 내
용이 포함되었다. 또한 1982년 공산당 12차 당대회에서 통과된 「공
산당 당헌(黨章)」에도 간부 선발의 기준으로 4화가 명시되었다. 이
렇게 하여 4화는 현재까지 간부 선발의 기준이 되었다.

과벌과 투쟁

원로 간부들의 퇴진 정책

젊은 간부를 발탁하기 위해서는 원로 간부가 퇴진해야 했다. 그들이 현직에 있는 한 젊은 간부들이 갈 곳은 없었다. 당시에는 퇴직 제도가 갖추어지지 않았으며, 고위직의 경우에는 더욱 그랬다. 간부는 사실상 종신제였다. 게다가 1979년부터 사면 복권을 통해 원로 간부들이 대거 복직되면서 원로 간부의 퇴임 문제는 더욱 심각해졌다. 앞서 보았듯 간부들의 평균연령이 높은 것은 이 때문이었다. 연령제와 임기제를 도입하거나 현직 원로 간부가 퇴임하지 않는 한 젊은 간부의 충원은 제대로 이루어질 수 없었다.

그래서 연령제와 임기제가 도입되었다. 국가기관, 즉 전국인민대표대회(전국인대)와 지방인민대표대회(지방인대), 국무원과 지방정부, 법원과 검찰원 등의 임기제는 1982년 「헌법」이 제정되면서 처음으로 규정되었다. 이에 따르면, 임기 5년의 공직자는 같은 직위에서 연임만 가능하고 그 이후에는 승진하든지 아니면 퇴임해야만 한다. 즉 공직자의 동일 직위 임기는 10년이었다. 단 중앙군사위원회(중앙군위)에 대한 임기 규정은 없었다. 중앙군위 주석과 부주석, 위원은 연임 규정에 적용을 받지 않기 때문에 사실상 종신제였다.

공산당도 내부 규정을 통해 퇴직제도를 수립했다. 즉 공산당 중앙은 1982년에 「간부 퇴직제도 건립에 관한 결정」을 하달했다. 이에 따르면, 장차관급(省部級) 중 정직(正職: 예를 들어 중앙 부서의 장관, 성 당서기나 성장)은 65세, 부직(副職)은 60세, 그 아래인 국장급(司局

級)은 60세가 정년이다. 다만 이런 간부의 경우 퇴직 후에도 정치 생활의 예우(예를 들어 공산당 문건의 열람과 중요 회의의 참관 등)는 변함없이 받을 수 있었다. 또한 1982년에 신설된 중앙과 성급 지방 고문위원회에 소속된 원로 간부들은 현직과 같은 물질적 대우도 받았다. 이와 같은 퇴직 규정에 따라 1982년에 중앙 당정기관에서 총 7260명의 고위급 간부가 퇴직했다. 이는 전체 고위급 간부의 81%에 달하는 규모다.[8]

여기에도 예외 규정은 있었다. 「간부 퇴직제도 건립에 관한 결정」에 따르면, "퇴직 연령에 달했지만 업무상 분명하게 필요하고 신체적으로도 정상 업무를 수행할 수 있을 때, 비준을 거쳐 일정 기간 영도 직무를 맡을 수 있다." 또한 "당과 국가 영도자 중 퇴임 연령을 초과한 소수의 노(老)혁명가를 유임시켜야 한다. 우리나라의 역사 조건에서 경험이 풍부하고 덕망이 높으며, 멀리 보고 전체를 총괄적으로 고려할 수 있는, 그러면서 아직 일할 수 있는 노간부가 당과 국가의 중추적인 영도 직위에 남아 있는 것이 필요하다."[9] 이는 분명 덩샤오핑과 천윈 등 혁명원로를 염두에 두고 만든 규정이다. 이런 예외 조항에 따라 일부 혁명원로들은 현직에 남을 수 있었다.

젊고 유능한 간부 선발

젊은 간부의 선발은 처음에는 제대로 추진되지 않았다. 예를 들어 덩샤오핑의 지시에 따라 1979년 하반기부터 공산당 중앙 조직부는 본격적으로 중·청년 간부를 선발했다. 10개의 간부 고찰조(考察組)를 전국에 파견하여 165명의 간부를 선발했던 것이다. 그런데 선발된 간부 중 대졸자는 겨우 31명으로 전체의 18%에 불과했다. 덩샤오핑은 이에 불만을 표시하고 전면적으로 문호를 개방하여 다시 추천할 것을 지시했다. 즉 1980년 3월 17일에 개최된 정치국 상무위원회 회의에서 덩은 선발된 간부들의 명단을 보고, 나이가 너무 많고 학력 수준이 너무 낮다고 비판했다.[10]

덩샤오핑은 또한 1979년 7월 22일에 중국 제2자동차 공장을 시찰할 때 왕자오궈(王兆國)를 직접 발탁했다.[11] 왕자오궈는 1941년 생으로 당시 38세에 부(副)공장장 겸 당위원회 서기가 되었다. 1982년에는 41세의 나이에 공청단 중앙 제1서기(장관급)가 되었고, 1985년에는 중앙위원회 후보위원에 당선되었다. 이처럼 젊은 간부의 선발이 흐지부지되자 천윈은 1981년 5월에 덩샤오핑과 후야오방에게 편지를 보내 전 당적으로 이 문제를 처리하자고 주장했다.

젊은 간부의 선발과 육성은 1982년에 열린 공산당 12차 당대회 이후에 본격적으로 추진되었다. 1983년 7월에 시작된 '제3제대(第三梯隊)' 건설이 그것이다. 여기서 '제대(echelon)'는 군대 용어로 편성 부대를 의미한다. 제1제대는 최전방의 부대, 제2제대는 후방 부대, 제3제대는 예비부대를 의미한다. 그래서 제3제대 건설은 "간부 대오의 4화 방침에 따라 당과 국가의 각급 골간(骨幹) 중에서 후계자가 될 수 있는 젊은 간부 대오를 조직하는 것"을 의미한다.[12] 즉 '예비간부(後備幹部)'의 선발 및 육성 프로젝트다. 참고로 1983년

11월에 일본 도쿄를 방문하던 후야오방은 이런 말을 한 적이 있다. "70세 이상은 제1제대(예를 들어 덩샤오핑)이고, 제2제대는 자오쯔양과 나(60대)이며, 40~50대는 제3제대다."[13] 여기서 알 수 있듯 예비부대는 40~50대의 간부로 구성된다.

구체적으로 1983년 7월에 중앙 조직부는 전국 조직공작 좌담회를 개최하여 제3제대 프로젝트를 공식적으로 시작했다. 같은 해 9월부터는 관련된 문건을 하달했다. 문건에 따르면, 제3제대 간부의 일반적인 선발은 "군중노선, 조직부의 고찰(考察), 당위원회의 집단 토론, 상급 조직부의 심의 결정"의 방식으로 이루어진다. 이들을 선발하는 기준은 '4화(四化)'이고, 이에 따라 "정치·연령·문화(학력)"의 세 가지 관문을 엄격히 유지하여 젊은 간부를 선발한다.

이런 선발 방식에서 '군중노선'은 각 당정기관과 군중단체, 기업에서 평판이 좋은 간부를 추천하는 것을 말한다. 이렇게 예비 후보자가 추천되면 동급의 공산당 조직부가 조사 및 검토한다. 이것이 '조직부의 고찰'이다. 다음 단계로, 심사를 통과한 명단을 당위원회에 넘기면 그곳에서 집단적으로 토론하여 결정한다. 이것이 '당위원회의 집단토론'이다. 마지막 단계로, 당위원회가 예비 후보자 명단을 상급 당위원회에 보고하면 상급의 조직부가 심의하여 최종 결정한다. 이것이 '상급 조직부의 심의 결정'이다.[14]

[표 2-1] '제3제대' 건설 결과 선발된 '예비부대'(1985년)

급별	규모(명)		비율(%)
장차관급(省部級)	855	중앙 261	0.74
		지방 594	
국장급(司廳級)	17,690		15.32
과장급(縣處級)	96,945		83.94
총계	115,490		100

〈출처〉 안치영, 「중국의 정치엘리트 충원 메카니즘과 그 특징」,《아시아문화연구》제21집(2011년 3월), p. 16.

이런 과정을 거쳐 1983년부터 1986년까지 전국적으로 대규모의 '예비부대' 선발이 이루어졌다. "이와 같은 대규모의 조직적이고 계획적인 예비간부의 선발과 양성(培養)은 건국 이래 없었던 일이다."[15] 예비간부는 각각 성급·지급·현급으로 나누어 선발되었다. 이런 노력의 결과 1985년 말에는 제3제대 건설의 성과가 가시화되면서 기본 목표는 어느 정도 달성할 수 있었다.([표 2-1]은 이를 정리한 것이다.)

[표 2-1]을 통해 알 수 있는 것처럼 중앙과 지방에 걸쳐 1983년 7월부터 1985년 12월까지 불과 2년 반 만에 제3제대 프로젝트에 의해 11만 5000명에 달하는 대규모 고급 간부의 예비부대가 형성되었다. 다른 통계에 의하면 1982년 초부터 1984년 여름까지 전국적으로 모두 200만 명의 젊은 간부가 선발되었고, 이 중 1985년 말까지 46만 명의 간부가 현급(縣級) 이상의 영도 직무에 임명되었다.[16] 참고로 [표 2-2]는 일부 성급 지방 단위에서 선발된 예비간부의 통계다.

[표 2-2] 일부 지역에서 '제3제대'로 선발된 간부의 규모(1982~1984년)

지역	총수	성급(省級)	지급(地級)	현급(縣級)
톈진시	2,953	18	418	2,517
베이징시	3,000			
허난성(河南省)	2,935	30	797	2,108
산둥성(山東省)	5,896	34	437	5,425
랴오닝성(遼寧省)		25	333	

〈출처〉 이홍영 저, 강경성 역, 『중국의 정치 엘리트: 혁명간부 세대로부터 기술관료 세대로』(나남, 1997), p. 268; Hong Yung Lee, Shao-chuan Leng (ed.) "China's Future Leaders: The Third Echelon Cadre", *Changes in China* (University Press of America, 1989), p. 71.

또한 '제3제대' 건설의 하나로 대학생을 농촌의 향(鄕)·진(鎭) (한국의 면·읍에 해당)에 보내 훈련(鍛鍊)을 받게 하고, 이들 중 우수한 학생들을 선발하여 예비간부로 삼는 정책이 추진되었다. 구체적으로 1980년에 중앙 조직부는 「우수한 중·청년 간부의 배양 및 선발 업무에 관한 의견」을 하달하면서 각 성·자치구·직할시의 공산당 위원회와 국가기관이 대학 졸업생 중 일부를 선발하여 기층에 보내 훈련시킬 것을 지시했다. 그리고 조건이 성숙할 때 이들 중 일부를 선발하여 고위직에 임명할 예정이었다. 이를 이어 1983년 8월에 중앙 조직부는 「우수한 대학 졸업생의 선발과 기층 훈련에 관한 통지」를 하달했다. 이에 따라 1980년부터 1986년까지 약 1만 명의 대학생이 기층에 보내졌고, 여기서 훈련을 마친 학생들 중 일부가 지방 당정기관의 고위직에 임명되었다.[17]

과벌과 투쟁

공산당 전국대표회의와 중앙위원회 회의

이처럼 '제3제대' 건설 정책이 추진되는 과정에서 1985년 9월 한 달 동안에만 3개의 회의, 즉 공산당 12기 중앙위원회 4차 전체회의(12기 4중전회), 전국대표회의, 12기 5중전회가 연속으로 개최되었다. 이 중 전국대표회의는 이례적이었다. 5년에 한 번씩 개최되는 전국대표'대회'(당대회)는 앞에 기수(屆數, 예를 들어 1977년 8월에 개최된 공산당 11차 전국대표대회)가 붙는 데 반해 이번의 전국대표'회의'는 그것이 없었다.[18] 또한 1955년과 1985년에 이런 회의가 개최된 적이 있었지만 이후에는 열린 적이 없었다. 이번 전국대표회의의 의제는 두 가지였다. 하나는 '국민경제 및 사회발전 7차 5개년 계획 (1986~1990년)'의 심의였고, 다른 하나는 인사 문제의 처리였다. 이 중 전자는 굳이 공산당 전국대표회의에서 논의할 필요가 없는 의제였다.

그렇다면 공산당은 왜 중앙위원회 개최를 전후로 해서 전국대표회의를 개최했을까? 바로 중앙위원회 위원(중앙위원)과 중앙고문위원회 위원(고문위원), 중앙기율검사위원회 위원(기위위원)을 교체하기 위해서였다. 정치국 위원(정치국원)과 정치국 상무위원회 위원(상무위원)은 중앙위원회에서 선출하지만 중앙위원, 고문위원, 기위위원은 당대회에서 선출하기 때문이다. 구체적으로 공산당 12기 4중전회에서 64명의 중앙위원 및 후보위원과 36명의 고문위원, 31명의 기위위원 등 모두 131명의 원로 간부가 사임했다. 이후 개최된 공산당 전국대표회의에서 56명의 중앙위원과 35명의 후보위원, 56명의

고문위원, 31명의 기위위원 등 총 178명의 새로운 지도자가 선출되었다.[19]

그리고 이때 64명의 '제3제대' 예비간부가 중앙위원 및 후보위원으로 선출되었다.(총 91명의 신임 중앙위원(후보 포함)의 70.3%) 이들 예비간부는 평균연령이 50세 전후였고, 4분의 3 이상이 대졸자였다. 2002년 공산당 16차 당대회에서 정치국원 및 정치국 상무위원으로 선출된 사람의 대다수가 이 시기에 발탁되었다. 후진타오가 중앙위원회 후보위원에서 위원으로 승진했고, 우방궈(吳邦國), 우관정(吳官正), 리창춘(李長春), 뤄간(羅幹), 허궈창(賀國强), 류윈산(劉雲山) 등이 처음으로 중앙위원회 후보위원에 선출되었다. 이처럼 제3제대 간부가 대규모로 충원되면서 중앙위원 중 60세 이하가 3분의 1 이상, 후보위원 중에서는 3분의 2로 증가했다. 즉 중앙위원회의 연소화가 달성된 것이다.[20]

이어서 개최된 공산당 12기 5중전회에서는 중앙 지도부가 새로 정비되었다. 정치국 상무위원에 후야오방, 덩샤오핑, 자오쯔양, 리셴녠, 천윈이 다시 선출되었고, 예젠잉은 은퇴했다. 또한 톈지윈(田紀雲), 차오스(喬石), 리펑(李鵬), 우쉐첸(吳學謙), 후치리(胡啓立), 야오이린(姚依林)이 새롭게 정치국원이 되었다. 서기처는 시중쉰(習仲勛: 정치국원), 구무(谷牧), 야오이린(정치국원)이 물러나고, 차오스, 톈지윈, 리펑, 하오젠슈(郝建秀), 왕자오궈(王兆國)가 서기로 임명되었다. 이렇게 해서 정치국과 서기처를 중심으로 한 지도부의 세대교체가 일차적으로 완료되었다. 그 결과 정치국원의 평균연령은 12차 당대

파벌과 투생

회 때 71세에서 69세로 두 살이 낮아졌다. 서기처 서기의 평균연령도 12차 당대회 때 64세에서 61세로 세 살 낮아졌다. 다만 정치국 상무위원은 원로들이 유임되면서 평균연령이 12차 당대회 때 74세에서 75세로 오히려 한 살 많아졌다.[21]

한편 젊은 간부의 대규모 충원과 함께 간부 인사제도가 개혁되었다. 1984년 7월에 중앙 조직부가 「중공 중앙 관리 '간부직무명칭표(幹部職務名稱表)'」를 발표하면서 이전의 '아래 이급 관리(下管二級)'에서 '아래 일급 관리, 양급 고찰(下管一級 考察兩級)'로 간부 관리 제도가 변경되었다. '이급 관리'에서는 중앙이 성급(省級)과 지급(地級)의 간부를 모두 관리했다. 반면 '일급 관리 양급 고찰'에서는 중앙은 성급 간부만 관리하고, 지급 간부는 성이 관리하되 그 명단(이를 '중앙 보고 간부직무 명단(向中央備案的幹部職務名單)'이라고 부른다.)을 중앙에 보고했다. 이에 따라 중앙이 직접 관리하는 간부의 규모가 1만 3000명에서 4200명으로 축소되었다.

참고로 1984년에 이어 1990년에 다시 '간부직무명칭표'가 관리하는 간부의 규모가 축소되었다. 그 결과 현재 중앙이 관리하는 '아래 일급 간부', 즉 장차관급(省部級) 간부의 규모는 2500명 정도다. 이처럼 간부 인사제도가 지방에 권한을 대폭 이전하는 방식으로 개혁되면서 지방에서 필요한 능력 있는 간부를 자율적으로 충원할 수 있는 근거가 마련되었다.[22] 이는 이후 각 지역의 경제개혁과 발전을 촉진하는 중요 요소로 작용한다.

'제3제대' 건설의 평가

'제3제대' 건설은 많은 성과를 거두었지만 그 추진 과정에서 여러 가지 문제가 지적되었다. 그중 가장 큰 문제는 관시(關係)와 파벌 등 인치(人治)가 크게 작용했다는 점이다. 단적으로 하부기관이 선발하여 올린 예비간부 명단을 상부기관이 최종 결정하면서 고위급 지도자와 관련된 간부들이 선발되었다. '태자당'(혁명원로의 자제), '비서반'(秘書班: 고위 지도자의 비서 출신), '공청단파'(團派: 공산주의청년단 출신) 등의 파벌이 이때 만들어졌다. 이를 빗대어 "나이는 보물이고, 졸업장(文憑)은 없으면 안 되고, 후원자(後臺)가 가장 중요하고, 덕과 재능(德才)은 참고일 뿐이다."라는 말이 돌았다.[23] 중국의 공식 평가에서도 이런 문제점을 일부 인정했다. 즉 "간부의 사상 의식과 도덕 인품에 대한 검토가 중시되지 않으면서 '세 가지 엄격함' (三硬: 나이·졸업장·전문직)과 '한 가지 느슨함'(一軟: 정치소양)의 현상"이 발생했다는 것이다.[24]

게다가 '제3제대' 건설의 추진 과정에서 예비후보로 선발되는 대상들 간에, 또한 예비간부를 선발하는 상층 지도자 간에 이전투구 현상마저 나타났다. 그래서 1986년에는 적지 않은 '제3제대' 예비간부들이 집중적으로 비판받았고, 일부는 면직되는 일이 발생했다.[25] 이처럼 '제3제대' 건설이 "인치 색채가 농후하고, 과학적인 제도의 보장이 결여되면서" 이후에는 일시에 대규모의 간부를 선발하는 방식이 중단되었다.[26] 그러나 이 프로젝트는 제도화 과정을 거쳐 젊고 유능한 간부를 선발하고 양성하는 중국의 고유한 체제로 정착되었다.

파벌과 투쟁

[표 3-3] 통치 엘리트의 대학 학력 보유자 변화 (1978~1998년)

단위: %

직위 / 연도	1978	1982	1988	1992	1998
정치국	23	32	67	86	92
중앙위원회	26	55	73	84	92
국무원(부)	n / a	38	82	88	95
군대	n / a	4	58	78	n / a
성(省)급	n / a	20	59	96	95
시(市)현(縣)급	2	31	78	91	n / a

〈출처〉 Cheng Li, *China's Leaders: The New Generation* (Lanham: Rowman & Littlefield, 2001), p. 38.

'제3제대' 건설 정책은 매우 중요한 의의가 있다. 무엇보다 이 정책을 통해 단기간에 개혁 개방을 추진할 수 있는 실무 차원의 핵심 간부들이 대규모로 형성되었다. 또한 이들 중 일부가 후계자로 선정되어 실제로 혁명원로의 뒤를 이어 중국을 통치했다. 중국의 통치 엘리트가 사회주의 혁명을 주도했던 '혁명간부'(revolutionary cadres)에서 개혁 개방을 주도하는 '기술관료'(bureaucratic technocrats)로 교체되는 순간이다.[27] 3세대 지도자인 장쩌민과 리펑, 4세대 지도자인 후진타오와 원자바오도 바로 이런 예비부대의 선발과 육성을 통해 등장할 수 있었다. 비록 '제3제대' 건설 정책은 1987년 무렵에 끝났지만 대학을 졸업한 유능한 기술관료의 충원은 이후에도 계속 이루어졌다. [표 3-3]과 [표 3-4]는 이를 잘 보여 준다.

[표 3-3]을 보면 1978년에 최고 지도자 중 대학 학력 보유자는 소수에 불과했다. 예를 들어 공산당 정치국원 중에는 단지 23%가, 중앙위원 중에는 단지 26%만이 대학 학력 보유자였다. 그런데 20년

1983-1987   덩샤오핑 시대의 중국 2

[표 3-4] 기술관료 출신의 고위 당정간부 비율 (1982~1997년)

연도	국무원 부장		성 당서기		성급정부 수장		중앙위원회 위원	
	수	%	수	%	수	%	수	%
1982	1	2	0	0	0	0	4	2
1987	17	45	7	25	8	33	34	26
1997	28	70	23	74	24	77	98	51

〈출처〉 Cheng Li, *China's Leaders: The New Generation* (Lanham: Rowman & Littlefield, 2001), p. 41.

이 지난 1998년에는 상황이 완전히 변했다. 정치국원과 중앙위원
중 92%가 대졸 학력자였고, 국무원 부장(部長: 한국의 장관) 중에는
95%가 대졸 학력자였다. 이처럼 1990년대 후반에 들어 중국의 통
치 엘리트는 대부분 대졸 학력자로 충원되었다.

또한 [표 3-4]를 보면 1990년대에 들어서는 최고 간부 중 기술
관료 출신이 절대 다수를 차지했다. 여기서 기술관료는 ① 대학교
에서 이공계를 전공하고, ② 일정 기간 동안 엔지니어로서 전문 업
무에 종사한 후, ③ 최고 관리자 혹은 지도자로 승진한 당정 고위
간부를 지칭한다. 예를 들어 1982년에는 국무원 부장(장관) 중에서
기술관료는 2%(단 한 명)에 불과했는데, 1997년에는 70%로 증가했
다. 성 당서기나 성장(省長) 중에서는 1982년에 기술관료가 한 명도
없었는데, 1997년에는 각각 74%와 77%가 되었다. 한마디로 1990년
대 중반 무렵 중국은 '기술관료의 국가'가 되었다.

이들 기술관료 출신의 지도자들은 중앙과 지방의 개혁 개방 추
진에서 중요한 역할을 담당했다. 조금 과장해서 말하면, 단순히 덩

패벌과 투쟁

샤오핑과 같은 개혁적인 지도자만 있고 개혁 지향의 젊고 유능한 간부들이 대규모로 형성되지 않았다면 개혁 개방은 상층의 담론으로 끝났을 가능성이 높았다. 특히 1989년과 1991년 사이에 소련과 동구 사회주의 국가들이 붕괴할 때 중국이 개혁 개방을 지속할 수 있었던 것은 덩샤오핑과 같은 최고 지도자의 굳센 의지와 정확한 판단도 중요했지만, 이를 밑에서 받쳐 주는 대규모의 개혁적인 실무 지도자가 존재했기 때문이다.

(2) 공산당 정리(整黨) 운동의 전개(1983~1987년)

공산당 12차 당대회(1982년)는 전체 당원을 대상으로 당 쇄신을 위한 정리 운동, 즉 '정당(整黨)운동'을 전개하기로 결정했다. 이후 1983년 10월 공산당 12기 중앙위원회 2차 전체회의(12기 2중전회)에서 「중공 중앙의 정당에 관한 결정」이 통과되어 그해 하반기부터 3년 동안 정당운동이 시작되었다.

「결정」에 따르면 이번 정당운동의 임무는 네 가지다. 첫째는 사상 통일이고, 둘째는 업무 태도의 정돈이며, 셋째는 기율 강화이고, 넷째는 조직 정화(純潔組織)다. 이 중 넷째의 조직 정화가 "이번 정당의 중요한 목표"이고, 핵심은 '삼종인(三種人)'의 청산이다.[28] 삼종인 청산이 이번 정당 운동의 핵심이라는 점은 덩샤오핑도 몇 차례 강조했다.[29] 삼종인은 문혁 시기에 린뱌오와 4인방을 추종했던 사람, 파벌 사상이 엄중한 사람, 각종 파괴 활동을 일삼았던 사람을 가리킨다. 한마디로 문혁의 잔존 세력을 제거하여 혁명원로들이 은퇴한 뒤에도 이들이 당정의 지도 직위를 차지할 수 없도록 하기 위해 정당운동이 실시되었던 것이다.

'삼종인'에 대한 정리는 천원이 젊은 간부의 충원과 함께 몇 차례에 걸쳐 강조했던 내용이다. 예를 들어 1981년 7월 성·자치구·직할시 당위원회 서기 좌담회에서 천원은 중·청년 간부의 선발과 함께 '삼종인'의 청산이 매우 시급한 과제라고 강조했다.

〔'삼종인'은〕 단 한 사람도 영도 직위에 선발해서는 안 된다. 나는 단 한 사람이라도 안 된다고 말했다. 그러나 그들에게 일반적인 일은 줄 수 있다. 동지들, 이 사람들이 현재 일시적으로 잘 하고 있는 것만 보면 안 된다. (……) 상황이 적당한 시기가 오면, 당내에 어떤 풍랑이 일 때가 오면, 이 사람들은 매우 큰 풍랑을 일으킬 수 있는 분자로 변화할 수 있다. 한 사람, 두 사람이 작당을 하여 풍랑을 일으킬 수 있다.[30]

천원은 같은 말을 이후에도 반복했다. 1982년 9월의 공산당 12차 당대회에서도, 1983년 10월의 공산당 12기 2중전회에서도 그랬다.[31]

그런데 정당 운동에 대해 당시 총서기였던 후야오방은 강조점이 조금 달랐다. 1984년 1월에 개최된 중공중앙 정당공작 지도위원회 5차 회의에서 후야오방은, 이번 정당운동의 '돌파구'는 정치권

파벌과 투쟁

력을 이용하여 사리를 추구하는 행위(以權謀私)와 관료주의(官僚主義)의 단속이라고 주장했다. 즉 삼종인 청산이 돌파구가 아니다. 또한 그는 삼종인의 청산도 매우 신중해야 한다고 강조했다. 무엇보다 '공개적인 선전은 적게 하고 견실하게 실행하는(多做少講)' 방침을 견지해야 한다. 선전을 크게 하면 공산당에 불리하고 국제적인 영향도 좋지 않기 대문이다. 동시에 과거에 이미 처벌한 비교적 나이 든 삼종인을 다시 청산하는 일은 없어야 한다. 즉 '옛것 새것의 일괄 계산(新賬舊賬一起算)' 방식을 사용하면 안 된다.[32] 이런 후야오방의 방침은 앞에서 본 천윈의 방침과는 분명히 다르다.

한편 정당운동은 하향식으로 전개되었다. 즉 중앙에서 기층까지 중앙의 지도하에 시기별로 나누어 정돈을 실시했다. 방법은 다음과 같다. 첫 단계로 사상과 인식의 통일을 위해 세 가지 종류의 문건과 한 권의 책을 학습한다. 세 가지 문건은 「당원 필독(必讀)」, 「11기 3중전회 이래의 중요 문헌 선편(選編)」, 「마오쩌둥 동지의 당의 작풍과 당의 조직 논함」을, 한 권의 책은 『덩샤오핑 문선(文選)』을 가리킨다. 두 번째 단계로 모든 당원(특히 영도간부)은 자기의 사상·생활·활동에 대한 자기비판 문서를 작성하여 공산당 위원회에 제출한다. 그러면 당위원회는 이를 기초로 공산당원 간의 비판과 자기비판을 위한 모임을 개최한다. 이를 통해 옳고 그름과 잘잘못을 명확히 바로잡는다.

세 번째 단계로 이런 활동을 기초로 하여 조직 처리에 들어간다. 즉 공산당원이 범한 잘못의 경중에 따라 당위원회는 단순 교육 대상, 당규 처분 대상, 법률 처분 대상을 분류하고, 이에 맞추어 합당하게 처리한다. 마지막 단계는 공산당원의 재등록이다. 당원 기준에 합당한 자는 등록을 허용한다. 재교육을 거쳤지만 당원 기준에 아직 합당하지 않은 자는 2년간 당원 등록을 보류한다. 그러나 이런 재교육을 거쳤으나 여전히 당원 기준에 합당하지 않은 자, 혹은 스스로 출당을 원하는 자는 등록을 거부한다.[33]

이 같은 정당운동을 지도하기 위해 공산당은 주요 조직의 책임자로 이루어진 '중앙 정당공작 지도위원회(指導委員會)'를 설립했다. 주임은 총서기인 후야오방(胡耀邦)이 맡았고, 부주임은 완리(萬里), 위추리(余秋里), 보이보(薄一波, 상무 부주임), 후치리(胡啓立), 왕허서우(王鶴壽)가 맡았다. 고문으로는 왕전(王震), 양상쿤(楊尚昆), 후차오무(胡喬木), 시중쉰(習仲勛), 쑹런충(宋任窮)이 임명되었다.[34]

이런 준비를 거쳐 3단계로 나뉘어 정당운동이 전개되었다. 1단계는 공산당 중앙과 국가기관, 지방의 성급 단위(성·자치구·직할시), 인민해방군의 군구(軍區) 단위를 대상으로 1984년 1년 동안 전개되었다. 정당운동을 감독하기 위해 중앙 감독조가 파견되었다. 즉 중앙 정당공작 지도위원회와 중앙군위는 850명으로 구성된 90개의 '정당공작 연락원 소조(整黨工作連絡員小組)'를 파견한 것이다. 또한 중앙·지방·군의 정당운동을 지도할 목적으로 모두 10개의 '정당공작 영도소조(領導小組)'가 구성되었다. 마지막으로 이런 조직 구성이 완료된 이후 총 11개의 통지를 하달하여 구체적인 정당운동을 지시했다.[35]

파벌과 투쟁

2단계는 지급(地級) 및 현급(縣級)의 정부·기업·단체·학교 등을 대상으로 1985년에 1년 동안 전개되었다. 방법과 내용은 1단계와 같았다. 2단계의 정당운동을 지도 및 감독하기 위해 중앙 정당공작 지도위원회가 7개의 순시소조(巡視小組)를 지방에 파견했다. 3단계 는 1985년 11월 24일에 공식적으로 시작되어 1986년 1년 동안 전 개되었다. 농촌의 기층 단위를 대상으로 했으며, 100만 개의 당 지 부(支部)와 약 2000만 명의 당원이 여기에 해당되었다. 정당운동을 지도하기 위해 각 성·직할시·자치구의 공산당 위원회는 63만 명의 선전원과 연락원을 농촌에 파견했다.

정당운동의 평가

이 모든 과정을 마친 1987년 5월에 전국 정당종합(總結)대회가 개최되어 3년 반 동안 진행된 전면적인 정당운동의 종결이 선언되 었다. 여기서 보이보는 「정당의 기본 종합과 진일보한 당 건설의 강 화」라는 업무 보고를 발표했다. 공산당은 특히 정당운동이 많은 성 과를 거두었다고 강조했다. 사상 통일의 성과로 중국 특색의 사회 주의 건설에 대한 당원의 이해도가 높아졌다. 동시에 좌경화 및 우 경화된 이념의 잘못을 당원들이 분명히 인식하게 했다. 그 밖에도 공산주의의 이상과 인민에 대한 헌신 등의 정신이 복원되었다. 마 지막으로 당 규율 위반 사건의 엄단, 관료주의의 감소 등 업무 태도 도 많이 개선되었다고 한다.

무엇보다 최고의 성과는 당 규율 강화로, 바로 '삼종인'과 '엄중한 잘못을 범한 당원'의 청산을 완료한 것이라고 한다. 구체적으로 1976년에서 1978년까지 2년 동안 '4인방 비판' 운동 과정에서 40만 명의 삼종인을 청산한 후 이번에 다시 5449명을 청산했다. 여기에 더해 모두 7만 993명의 '엄중한 잘못을 범한 당원'도 청산했다. 또한 당원 등록을 통해 불합격 당원을 정리했다. 구체적으로 3만 3896명을 제명했고, 9만 69명을 등록 거부했으며, 14만 5456명을 등록 유보했다. 당규와 행정처분 등 각종 징계를 받은 당원은 18만 4071명이다. 마지막으로 현급 이상의 영도간부 중 약 50% 정도가 정리되었다. 이처럼 이번 정당운동의 "가장 큰 의의는 각급 당 조직 내부에 숨어 있던 '삼종인'을 찾아내 청산한 것"이다. "이로써 당내 단결과 당의 건설에 영향을 미치는 숨은 문제를 해결하여 당 조직을 정화했다."[36]

이런 공산당의 공식 평가와는 달리 정당운동의 성과가 크지 않았다는 주장도 있다. 이홍영 교수에 따르면, "엄밀한 감독에도 불구하고 정당운동의 전반적인 결과는 실망스러운 것으로 나타났다." 이를 보여 주는 것이, 일반인들이 정당운동에 대해 냉소적으로 평가했다는 점이다. 즉 "3년 반에 걸친 정당운동은 신랄하지도 온화하지도 않았다."는 것이다.[37]

이런 평가는 어느 정도 타당하다. 10년 동안 문혁이라는 정풍(整風)운동에 고통당했던 간부와 일반 당원들은 중앙이 하향식으로 추진하는 정당운동에 대해 호의적이지 않았다. 또한 '삼종인' 청산은 이미 1976년부터 1978년까지 대규모로 전개되었기 때문에 다시 그들을 솎아 내는 것도 쉽지 않았다. 게다가 문혁 초기에 잠깐 홍위병(紅衛兵) 활동에 참가했다가 '삼종인'으로 분류되어 고통을 당한 많은 젊은 간부들이 있었다. 어떤 면에서 보면 이들도 문혁의 피해자들인데,[38] 이들은 반복되는 '삼종인' 색출에 반감을 갖고 있었고, 일반 간부와 당원들도 이에 동조하는 분위기였다. 단적으로 쓰촨성에서 개혁을 주도했던 자오쯔양은 '삼종인'으로 분류되어 특별 조사를 받던 간부를 구제하기 위해 노력했다.[39]

그러나 덩샤오핑 체제가 수립된 이후 당의 쇄신 차원에서, 또한 일반 국민들에게 공산당이 전과 다르게 새롭게 태어나기 위해 노력한다는 모습을 보여 주는 차원에서는 정당운동이 의의가 있었다. 이번 정당운동은 이후 전개되는 다양한 이름의 정풍운동에 하나의 모델을 제공했다. 예를 들어 1989년 6월 톈안먼 사건 이후 공산당은 현급 이상의 간부들을 대상으로 정당운동을 전개했다. 민주화운동에 동조한 간부를 색출하기 위한 작업이었다. 이를 바탕으로 공산당은 전당 차원에서 학습운동을 전개했고, 이것은 다시 일반인까지 포함하는 '사회주의 애국주의 교육운동'으로 발전했다. 이 교육운동은 1994년에 시작해서 5년 동안이나 지속되었다.

후진타오 정부도 집권 초기부터 말기까지 정풍운동을 이어 갔다. 2002년부터 2004년까지 진행된 '삼개대표(三個代表) 중요 사상 학습운동', '2005년 1월부터 2006년 6월까지 전개된 '공산당원 선진성(先進性) 유지 교육 활동', '2008년 9월부터 2010년 1월까지 전개된 '과학적 발전관 학습 실천 운동', '2010년 2월부터 2012년

12월까지 전개된 '학습형 정당 건설 조직 활동'이 대표 사례다.[40)]
2012년 11월 공산당 18차 당대회에서 집권한 시진핑도 마찬가지
다. 즉 2013년 6월부터 2014년 9월까지 공산당은 중앙에서 기층까
지 '군중노선(群衆路線) 교육 실천 활동'을 전개했다.[41)]

부정부패 단속

마지막으로 공산당은 정당운동을 전개할 때 당정간부의 특권
의식과 다양한 종류의 부정부패 행위를 통제하는 조치들도 함께 추
진했다. 이는 1978년 12월부터 1987년 11월까지 10년 동안 중앙기
위 제1서기를 맡은 천원이 주도했다. 그는 여러 곳에서 공산당의
올바른 업무 태도 수립과 부정부패 방지를 강조했다. "집권당(執政
黨)의 당풍(黨風) 문제는 당의 생사존망과 관련된 문제다."라는 유
명한 말을 남기기도 했다.[42)] 공산주의의 실현이라는 이상을 강조했
던 천원은 개혁 개방의 추진과 함께 "모든 것은 돈을 위하여(一切向
錢看)"라는 "자본주의의 썩은 사상"이 당내에 침투하여 각종 부정
부패의 행위가 증가했다고 판단하고, 이를 막기 위해 노력해야 한
다고 주장했다.[43)]

이런 조치는 크게 세 가지 방향에서 추진되었다. 첫째, 연해 개
방 지역에서 증가하고 있는 각종 경제 범죄에 대한 단속을 강화했
다. 공산당 중앙은 1982년 1월 11일에 「긴급통지」를 하달하여 밀수
와 수뢰, 국유자산의 절도 등에 강력히 대응할 것을 지시했다. 동시
에 광둥성, 푸젠성, 저장성, 윈난성에 중앙의 지도자를 파견하여 상

황을 직접 점검했다. 이후 1982년 2월에는 광둥성과 푸젠성 좌담회를 개최하여 이 문제를 집중적으로 검토했다. 이를 바탕으로 같은 해 4월 13일에 공산당 중앙과 국무원의 공동 명의로 「경제영역 중엄중한 범죄 활동의 타격에 관한 결정」을 반포했다. 「결정」은 체제 개혁과 함께 정신문명의 건설, 경제범죄 활동의 타격, 공산당의 업무 태도와 기율의 정돈을 요구했다.[44]

둘째, 당정기관과 간부, 그 자녀 및 배우자의 영리사업과 기업 운영을 금지하는 조치를 실행했다. 1984년 12월에 공산당 중앙과 국무원은 공동 명의로 「당정기관과 당원간부의 사업 및 기업경영 금지에 관한 결정」을 하달했다. 「결정」은 당정기관과 영리기관의 직책 분리, 관상(官商) 분리의 원칙을 명시했다. 1985년 5월 23일에는 역시 공산당 중앙과 국무원의 공동 명의로 「영도간부의 자녀 및 배우자의 사업 금지에 관한 결정」을 하달했다. 「결정」은 현급 이상의 영도간부가 국영기업과 집체기업, 중외 합자 기업을 제외한 다른 모든 사업에 종사하는 것을 금지했다. 또 1986년 2월에 공산당 중앙과 국무원은 공동 명의로 「당정기관과 당정간부의 사업 및 기업경영 진일보 금지에 관한 규정」을 다시 하달했다. 마지막으로 1987년 6월 30일에 중앙기위는 「공산당원의 수뢰 문제의 굳건한 처리에 관한 결정」을 하달했다.[45]

위에서 살펴본 것처럼 공산당은 1980년대 초부터 개혁 개방과 함께 당정간부의 부패가 매우 심각한 문제라고 인식하고 이에 대처하기 위해 다양한 정책을 추진했다. 그러나 이런 정책은 국민의 입장에서 보면 별 실효성이 없었다. 고위 간부뿐 아니라 그 자제들(소위 '태자당')의 부정한 축재는 더욱 확대되었고, 이에 대한 국민들의 불만은 누적되었다. 그 결과 1986년 학생운동과 1989년 톈안먼 민주화 운동에서 학생들이 요구했던 핵심 사항 중 하나가 바로 공직자의 재산 공개와 부패 방지였다. 이 문제는 현재까지도 공산당의 통치 정당성을 위협하는 최대 과제로 남아 있다.

파벌과 투쟁

3 인도주의와 '정신오염 제거'

1978년 말부터 1980년 말까지 지속된 '베이징의 봄', 즉 민주벽 운동과 잡지 발간, 단체 설립과 선거운동은 청년 학생과 노동자가 주도하고, 소수의 공산당 밖의 지식인('체제 외 지식인')이 참여한 개혁기 최초의 민주화 운동이었다. 일부는 마르크스-레닌주의 관점에서, 일부는 자유주의와 민주주의의 관점에서 마오쩌둥의 개인숭배와 문화대혁명(문혁), 공산당 일당제를 비판했고, 그 대안으로 과감한 정치개혁의 추진과 더 많은 민주와 자유를 요구했다. 이는 '밖으로부터의 비판'이었다. 이에 반해 1979년 1월부터 4월까지 개최된 이론공작 토론회는 공산당 내의 지식인('체제 내 지식인')이 공산당의 역사와 문혁, 마오쩌둥과 마오쩌둥 사상에 대해 거리낌 없이 토론한 '안으로부터의 비판'이었다. 다만 이것은 어디까지나 외부에 공개되지 않은 당내 토론이었다.

시간이 가면서 체제 내 지식인의 비판은 내부 비공개 토론에만 머물지 않고 점점 대중적으로 표출되기 시작했다. 이것은 문예계에서는 '상흔(傷痕) 문학'으로, 철학 및 사상계에서는 소외론과 인도주의로, 언론계에서는 '인민성(人民性)'과 '당성(黨性)' 간의 논쟁으로 나타났다. 이런 주장과 논쟁을 관통하는 하나의 정신은 사회주의에 대한 반성과 비판이다. 그동안 중국의 사회주의 혁명과 건설에서는 계급과 혁명만이 존재했고, 이것이 결국 인간의 삶과 정신을 파괴하는 대재앙을 초래했다. 문혁이 대표 사례다. 따라서 이를 철저히 반성하고 이제부터라도 인간 중심의 진정한 사회주의를 건설해야 한다는 목소리가 높아졌다.

이에 대해 당내 보수파 지식인은 마르크스-레닌주의와 마오쩌둥 사상의 '순결성'을 수호하고, '공산당 영도'의 현행 정치체제를 굳건히 지키기 위해 대대적인 반격에 나섰다. 덩샤오핑과 천윈 등 혁명원로들은 '물질문명 건설'과 함께 '정신문명 건설'도 추진해야 한다고 주장하면서 보수파 지식인을 지지했다. 소위 '정신오염 제거(淸除)'와 '부르주아(자산계급) 자유화 반대'는 이렇게 해서 시작되었다. 1983년의 일이다. 이는 정치 및 사상 영역에서 전개된 보수파와 개혁파 간의 대립으로 드러났다.

'양개범시'를 놓고 벌어진 1978년의 사상투쟁과 비교할 때 이번의 대립은 주체와 대상이 분명히 달랐다. 이전의 대립이 화궈펑 체제를 와해시키고 덩샤오핑 체제를 수립하기 위해 '범시파'(화궈펑 세력)에 대해 '실천파'(덩샤오핑 세력)가 공격한 비판투쟁이었다면, 이번 대립은 덩샤오핑 체제 내에서 개혁 개방의 방침을 놓고 보수파와 개혁파 간에 전개된 사상투쟁이었다. 각 진영을 대표하는 핵심 인물은 후야오방(개혁파)과 후차오무 및 덩리췬(보수파)이었다. 원로들은 경제 영역에서와는 달리 이 문제에 대해서는 후차오무와 덩리췬의 입장을 지지했다. 그래서 이 대립은 후야오방에 대한 보수파와 원로의 집중적인 공격 양상을 띠었다. 딘 덩샤오핑은 이것이 개혁 개방의 추진에 영향을 미치지 않도록 일정한 범위 내로 통제했다. 그래서 후야오방은 겨우 퇴진을 면할 수 있었다.

(1) 소외론과 인도주의 논쟁(1980~1983년)

1980년의 정국은 온탕과 냉탕을 왔다 갔다 했다. 그해 8월에 덩샤오핑은 「당과 국가 영도제도의 개혁」이라는 정치개혁 구상을 발표했다. 이는 정치개혁의 '강령성 문건'으로 간주되었고, 이후 정치개혁에 대한 지식인들의 논의가 이어졌다. 또한 8~9월에 개최된 제5기 전국인민대표대회(전국인대) 3차 회의에서는 화귀펑을 대신해 자오쯔양이 총리에 취임했다. 이 회의도 개방적이고 자유로운 토론 분위기로 인해 '민주적 대회, 개혁의 대회'로 평가되었다. 10~11월에는 「역사 결의」(초안)를 검토하기 위해 전례 없는 '4000인' 토론이 조직되었다. 이런 배경에서 민주벽 운동가들은 지방인민대표대회(지방인대) 대표의 경쟁선거에 참여했던 것이다.[1]

그런데 1980년 하반기에 접어들면서 분위기가 급변했다. 1980

년 7월에 발생한 폴란드의 노동운동과, 상하이시와 베이징시의 대학가에서 벌어진 경쟁적인 선거운동이 공산당 원로들을 긴장하게 만들었다. 이를 배경으로 그해 12월에 중앙공작회의가 개최되었고, 천윈은 「경제 형세와 경험 교훈」을 발표했다. 여기서 천윈은 1979년 4월에 결정된 '조정' 정책을 더욱 철저하게 집행할 것을 촉구했다. 동시에 "외국 자본가도 자본가다."라고 말하면서 깨어 있을 것을 강조했다.[2] 비슷하게 덩샤오핑도 이 회의에서 「조정 방침을 관철하여 안정 단결을 보장하자」를 발표했다. 이 연설에서 그는 불과 4개월 전에 제기했던 정치개혁의 구상은 뒤로 미루고 대신 4항 기본원칙을 견지해야 한다고 역설했다. 특히 "4항 기본원칙 견지의 핵심은 당의 영도 견지다."라고 강조했다.[3]

「짝사랑(苦戀)」 사건

이런 상황에서 '「짝사랑(苦戀)」 사건'이 터졌다. 소설 「짝사랑」은 군인 작가인 바이화(白樺)가 1979년 4월 《시월(10月)》에 발표한 작품인데, 1980년 말에 장춘(長春) 영화제작창에서 「태양과 인간(太陽與人)」이라는 영화로 제작되었다. 이 영화는 개봉도 되기 전에 당 원로들의 비판을 받아 상영이 금지되는 비운을 맞게 된다.

영화의 줄거리는 이렇다. 화가인 링천광(凌晨光)은 젊은 시절을 어렵게 보낸다. 그는 '반(反)기아, 반(反)내전, 반(反)박해' 운동을 벌인 혐의로 국민당 특수경찰(特務)에 체포되었다가 겨우 외국으로 도망친다. 링천광은 미국에서 화가로 크게 성공했지만 조국이 그리워 귀국한다. 그러나 문혁을 맞이하여 큰 고통을 당한다. 그렇지만 그는 여전히 조국을 사랑한다. 그래서 딸이 남자 친구와 외국으로 도망가려고 할 때 만류한다. 이때 딸이 반문한다. "당신은 이 나라를 정말로, 정말로 사랑했는데, 이 나라는 당신을 사랑합니까?" 링 친광은 대답이 없다. 이후 링은 다시 도망을 쳐서 야인으로 생활한다. 그는 생을 마감하면서 눈밭 위에 온 힘을 다해 크게 쓴다. "하나의 커다란 의문부호." 이 영화는 상영도 되기 전에 '상흔 문학'의 대표로 간주되어 당국의 주시를 받았다.[4]

원작 소설 「짝사랑」과 그 영화 「태양과 인간」에 대한 비판은 《해방군보(解放軍報)》에서 시작되었다. 이 신문은 1981년 4월 17일 자에 「4항 기본원칙을 견지 및 수호하자」라는 사설을 발표하여 문예계에 나타난 4항 기본원칙의 위반 현상과 '부르주아 자유화'의 경향을 비판했다. 한마디로 「짝사랑」이 '반당(反黨), 반(反)사회주의'라는 것이다. 또한 인민해방군 총정치부 문화부는 4월 30일과 5월 12일 두 번에 걸쳐 「'짝사랑' 비판의 부분 상황 보고」를 작성하여 중앙군사위원회(중앙군위)와 덩샤오핑에게 보고했다. 덩은 4월 30일에 이를 정치국과 서기처 구성원에게 배포할 것을 비준했다.[5]

한편 이론 및 선전 담당 정치국원 겸 서기처 서기였던 후차오무는 《해방군보》의 사설을 《인민일보》와 《문회보(文匯報)》, 《문예보(文藝報)》가 다시 실을 것을 지시했지만 모두 거절당했다. 후는 특히 《인민일보》의 편집장 후지웨이(胡績偉)에게 게재를 재차 촉구했지만, 후지웨이는 이 글이 문혁 시기에 '몽둥이 때리기(打棍子)'와 '대

(大)비판'의 색채가 강하다면서 거절했다. 이는 후야오방의 분명한 지지 속에서 이루어진 것이다. 후야오방은 이런 식의 지식인 비판 운동이 아니라 다른 타당한 방법을 모색해야 한다고 주장했다.[6]

드디어 덩샤오핑이 직접 나섰다. 1981년 7월 17일에 덩은 중앙 선전부의 책임자들을 불러서 '사상전선(思想戰線)에 존재하는 해이함과 연약함(渙散軟弱)'을 질책하면서, 「짝사랑」과 「태양과 인간」을 사례로 들어 비판했다. 이 영화를 직접 보았는데, "작가의 동기가 무엇이었든 (영화를) 본 다음에 사람들에게 '공산당과 사회주의 제도는 나쁘다.'는 인상을 준다." "사회주의 제도를 이렇게 추악하게 묘사하면, 작가의 당성은 어디에 있는가?"[7] 그러면서 덩은 문예계와 후야오방에게 불만을 표시했다. 문예계가 부르주아 자유화에 대해 관용, 심지어 환영하는 태도를 보였는데 후야오방은 총서기로서 이에 제대로 대처하지 않는다는 것이다. 덩샤오핑의 비판 이후 후야오방은 1981년 7월 30일에 서기처 회의를 개최하여 약 300명이 참여하는 전국 사상전선(思想戰線) 문예 좌담회를 개최하기로 결정했다.[8]

이 좌담회는 8월 3일부터 8일까지 개최되었다. 여기서 후야오방과 후차오무는 각각 발언을 하는데, 그 내용과 분위기는 완전히 달랐다. 후야오방은 완곡하게 「짝사랑」과 바이화를 비판했다. "「짝사랑」은 인민에게 불리하고 사회주의에 불리하기 때문에 비판해야 한다."라는 것이다. 반면 후차오무는 매우 엄격하게 비판했다. 「짝사랑」에 "부르주아 자유화의 경향이 있다."라는 것이 이유였다. 이는 덩샤오핑 체제 내에서 분명히 대립되는 2개의 진영이 존재함을 공개적으로 보여 줬다. 좌담회에서는 「짝사랑」과 바이화에 대한 다양한 비판과 토론이 이어졌고, 바이화는 자기비판을 해야만 했다.[9] 이렇게 해서 '「짝사랑」 사건'은 일단락되었다.

'인민성' 대 '당성' 논쟁

한편 1981년부터 《인민일보》 편집장(이후에 사장)인 후지웨이와 후차오무 간에 소위 '인민성'과 '당성' 논쟁이 벌어졌다. 후지웨이가 처음 이 문제를 제기한 것은 1979년 3월의 전국 신문공작 좌담회에서였다. 여기서 후지웨이는 문혁 기간에 4인방이 《인민일보》를 장악해서 국민의 요구와 이익을 무시하는 보도를 일삼은 행태를 비판하며 '인민성과 당성의 일치'라는 명제를 제시했다.

당보(黨報)는 당의 신문이고, 당의 대변인(喉舌)으로, 당위원회의 지도하에 일한다. 우리 당은 인민의 이익을 제외하고는 다른 기타의 이익이 없다. 따라서 당위원회는 당보가 인민을 위한 신문이 되도록, 인민의 대변인이 되도록 지도해야 한다. 당보는 광대한 인민 군중의 지지·협력·감독하에서 일을 하며, 전당이 발간하고, 전 인민이 발간하는 신문이다. (……) 당위원회는 인민의 이익을 모든 것보다 높이 두도록 당보를 지도해야 한다. (……) 당위원회는 당보가 인민의 목소리를 반영하고, 인민의 바람을 반영하여, 인민의 대변인이 되도록 지도해야 한다. 이것이 당성의 표현이다. 인민성을 떠나면 근본적으로 우리 당의 당성은 말할 수 없다.[10]

파벌과 투쟁

당시 회의에 참석했던 후야오방도 다음과 같이 말하며 당성과 인민성의 일치라는 명제에 동의했다. "당의 근본적인 성질에서 말하면, 당성과 인민성은 하나로 융합되며, 당성이 곧 인민성이다."[11]

그런데 1981년 무렵부터 후차오무가 이 문제를 비판하기 시작했다. 당시 중국사회과학원 원장이었던 후차오무가 어느 날 당위원회 확대회의 자리에서 "부르주아 자유화의 사조"가 일고 있다면서, 당성은 인민성에서 기원하고 인민성이 없으면 당성도 없다는 후지웨이의 주장을 비판한 것이다. 이를 들은 후지웨이는 그해 2월 8일에 후차오무에게 장문의 해명 편지를 보냈다. 사실 언론의 인민성 문제는 후차오무가 1942년에 주장했던 것이다. 따라서 이를 '부르주아 자유화 사조'라고 비판하는 것은 "늙은 후차오무가 젊은 후차오무를 비판"하는 격이다. 그러나 후차오무의 비판은 1982년과 1983년에도 계속되었다.[12]

그렇다면 후차오무는 왜 '부르주아 자유화'를 주도하는 언론인으로 후지웨이를 지목해서 집중적으로 비판했을까? 후지웨이에 따르면, 이는 후차오무와 덩리췬 등 '극좌 세력'이 언론을 완전히 장악하기 위해서 자신들의 말을 듣지 않는 언론인을 제거하려는 시도였다. 후차오무가 주장하는 당성은 "중앙과의 일치"를 의미하고 여기서 중앙은 사실상 그 자신을 말한다. 즉 후지웨이가 인민성 운운하면서 당성을 거부하고 후의 말을 듣지 않았다고 비판한 것이다.

또한 후지웨이에 따르면 《인민일보》 탈취 투쟁'의 최종 목표는 후야오방으로 대표되는 개혁 세력을 와해시키는 것이다. 결국

1983년의 '정신오염 제거' 운동을 통해 후지웨이 등 개혁적인 언론
인이 《인민일보》에서 쫓겨나면서 신문은 완전히 '극좌 세력'의 수
중에 들어갔다. 이후 후야오방이라는 개혁파 우두머리도 이들이 주
도한 '궁정 정변'으로 퇴진하게 된다.[13]

소외론과 인도주의 논쟁

1980년부터 1983년까지 중국에는 '사회주의 소외 열풍(異化
熱)'과 '인도주의 열풍(人道主義熱)'이 불었다. 1980년부터 1982년
까지 3년 동안 '사람(人)의 문제'를 다룬 논문이 400여 편이나 발표
되었고, 이 논문들은 마르크스주의적 인도주의, 소외론, 인성론 등
을 다루었다. 문예계와 학계도 다양한 인도주의 토론회를 개최했
다. 1981년과 1982년에는 인민출판사가 이에 대한 2권의 논문집을
출간했다. 하나는 『마르크스주의 인식의 출발점』이고, 다른 하나는
『사람(人)에 관한 학설 토론』이다.[14] 다른 통계에 따르면, 1979년부
터 1981년까지 3년 동안 최소한 200여 종의 정기간행물과 40여 종
의 신문이 이 문제를 토론했다.[15]

주요 주창자는 《인민일보》의 부편집장인 왕뤄수이(王若水)였다.
사실 마르크스주의 미학자인 가오얼타이(高爾泰)가 먼저 소외론을
주장했지만 지위와 명성으로 인해 왕뤄수이가 널리 알려졌다. 왕뤄
수이는 1980년 6월 중국사회과학원의 초청 강연에서 사회주의 사
회에서도 소외가 발생한다고 주장했다. 개인 미신이 이데올로기 소
외라면, 인민의 공복이 인민의 주인으로 변질되는 것이 정치 소외

파벌과 투쟁

다. 또한 맹목적인 건설과 단편적인 빠른 속도 및 중공업 발전의 추구는 경제 소외다. 여기서 개인 미신은 군중과 영수(領袖) 간의 관계가 전도되어 사람들이 영수를 신성시하고, 그 결과 영수가 통제할 수 없는 세력이 될 때 인민이 고통을 받는 것이다. 특히 왕뤄수이는 사회주의 국가의 주요 위험은 어떤 수정주의가 아니라 바로 공산당의 소외라고 경고했다.[16] 그의 소외론은 문혁 시기에 나타났던 마오쩌둥의 개인숭배와 독재, 대약진운동의 맹목적인 건설과 대중동원에 대한 신랄한 비판이었다.

그런데 왕뤄수이가 주로 제기했던 주제는 인도주의였다. 1981년에 출판된 『사람은 마르크스주의의 출발점이다』에서 그는 마오쩌둥과 공산당을 비판했다. 오랫동안 마오와 공산당은 '계급'을 마르크스주의의 출발점으로 삼았고, 그 결과 '계급투쟁 중심'이나 '계급투쟁을 장악하면 모든 것에 통한다(階級鬪爭一抓就靈)'를 맹신했다. 그래서 중국에는 사람을 멸시하는 '차가운(冷冰冰) 마르크스주의'가 출현했다. 1982년 봄에 왕뤄수이는《중국청년》지에「마르크스주의는 결코 차갑지 않다」를 발표하여 사람의 문제가 마르크스주의에서 중요한 지위를 차지한다고 주장했다.[17]

1983년 1월《문회보》에는 왕뤄수이가 1982년에 작성한「인도주의를 위한 변론」이 실렸다. 이 글에서 그는 인도주의가 부르주아의 이데올로기가 아니며, 사회주의도 인도주의가 필요하다고 주장했다. 사회주의적 인도주의는 특히 중국 현실에서 큰 의의가 있다. 그것은 10년 내란(즉 문혁)의 "전면 독재(全面專政)"와 잔혹한 투쟁,

영수를 신성시하고 민중을 폄하하는 개인숭배를 버리는 것을 의미하기 때문이다. 또한 진리와 법 앞에서의 평등, 시민의 인신 자유와 존엄의 신성불가침의 견지를 의미한다. 문장의 시작과 끝은 「공산당 선언」을 모방하여 "공산주의의 유령(怪影)"을 "인도주의의 유령"으로 바꾸었다. 그러고는 마지막 문장에서 중국에서의 "사람의 발견"을 다음과 같이 묘사했다.

> 하나의 유령이 중국 대지를 배회하고 있다. (……)
> 그대는 누구인가?
> 나는 사람이다.[18]

참고로 「공산당 선언」의 첫 문장은 이렇게 시작한다. "공산주의라는 하나의 유령이 유럽을 떠돌고 있다." 왕뤄수이의 글은 엄청난 반향을 불러일으켰다. 이 글로 인해 인도주의는 다시 복권되었고, 이 글은 "엄연한 한 편의 인도주의 선언과 도전장"으로 불렸다.[19]

실제로 왕뤄수이의 글은 마오쩌둥 사상에 대한 도전장이었다. 1942년에 마오쩌둥은 「옌안(延安) 문예 좌담회의 담화」에서 '인성론(人性論)'과 '인류애(人類之愛)'를 다음과 같이 비판했다.

> 계급사회에서 계급성을 띤 인성(人性)만 있을 뿐이고, 초계급성의 인성은 없다. (……) 일부 쁘띠부르주아 지식인이 고취하는 인성은 인민대중을 벗어난 혹은 인민대중에 반대하는 것이며, 그

파벌과 투쟁

들의 소위 인성은 실제로 부르주아지의 개인주의에 다름 아니다. 따라서 그들의 눈에는 프롤레타리아의 인성은 인성에 맞지 않는다. 현재 옌안에서 일부 사람들이 소위 문예이론의 기초로서 '인성론'을 주장하는데, 바로 이 같은 것은 완전히 오류다.[20]

사랑은 관념적인 것이고, 객관적인 실천의 산물이다. 우리는 근본적으로 관념에서 출발하지 않고 객관적인 실천에서 출발한다. (……) 세상에는 이유 없는 사랑도, 이유 없는 미움도 없다. 소위 '인류애'라는 것과 관련하여, 인류가 계급으로 분화된 이후부터 통일적인 사랑은 있어 본 적이 없다. (……) 진정한 인류애는 있을 수 있는데, 그것은 세상에서 계급이 소멸된 이후다. 계급은 사회를 다양한 대립체로 나누며, 계급이 소멸된 이후 그때에야 비로소 모든 인류의 사랑이 있을 수 있으며, 현재는 있을 수 없다.[21]

마오쩌둥의 「옌안 문예 좌담회의 담화」 이후 중국에서 인도주의와 인성론은 비판과 경멸의 대상이 되어 왔다. 즉 인도주의와 인성론은 프롤레타리아 계급론, 프롤레타리아 독재론과 맞지 않고, 대신 부르주아지가 고취하는 자유·평등·인권, 개성 해방 및 개인주의와 불가분의 관계에 있다는 것이다. 문혁 시기에는 이런 경향이 훨씬 강했다. 이에 비해 왕뤄수이는 사회주의사회도 인도주의가 필요하고, 중국에서 발생한 소외를 극복하기 위해서라도 인도주의를 회복해야 한다고 주장했다. 이런 인도주의와 소외론은 학계와 문예계에 광범위한 공감을 불러일으켰다. 왕뤄수이의 이런 주장은 특히 젊은 학생들에게 커다란 영향을 미쳤다.

결국 소외론 열풍과 인도주의 열풍을 막기 위해 이데올로기 담당 정치국원이자 중국 '제일의 문필가(筆桿子)'로 불리는 후차오무, 중앙 선전부장이자 후차오무와 함께 '좌파 대왕(左王)'으로 불리는 덩리췬이 나섰다. 그들은 크게 두 방향에서 반격을 시작했다. 하나는 학술적인 모양새를 취해 소외론과 인도주의를 '이론적으로' 비판하는 것이다. 이것은 1984년 3월에 후차오무가 중국사회과학원에서 「인도주의와 소외 문제에 관하여」를 발표하고, 이 글이《인민일보》등의 주요 신문과《홍기》등의 주요 잡지에 대대적으로 게재되는 방식으로 이루어졌다. 당연히 이것은 덩샤오핑과 천윈의 사전 동의와 지지가 있기에 가능한 일이었다.[22] 후차오무는 이 글을 작성하기 위해 중국사회과학원, 베이징대학, 런민대학, 중앙당교 등 8개 단위에서 학자들을 차출했다. 그 결과 55쪽에 달하는 장문의 논문이 완성되었다.[23] 이후 이 글에 대한 대대적인 선전과 학습운동이 벌어졌다.

그러나 왕뤄수이도 그냥 앉아 있지는 않았다. 그가 작성한 반박문인 「인도주의 문제에 대한 나의 관점」이 1984년 6월 홍콩의 잡지인《경보(鏡報)》에 발표된 것이다. 이로써 "공산당 집권 이래 하급 당원이 최고 지도자의 칭찬을 받은 정치국원의 글을 매체에서 공개적으로 비판한 최초의 사건"이 벌어졌다. 이에 대해 후차오무는 왕뤄수이가 중국을 반대하는 외국의 '지하조직'과 연계되어 있을 수 있다고 주장하면서 조사를 지시하는 등 정치적인 압력을 높여 갔다. 그러나 왕뤄수이는 압력에 굴복하지 않고 계속 글을 발표했다. 1986년에 싼롄서점(三聯書店)에서 『인도주의를 위한 변호』가 출간된 것이다. 결국 그는 1987년 공산당에서 제명되었다.[24]

(2) "단명한 문화대혁명": '정신오염 제거'(1983년)

후차오무와 덩리췬이 추진한 또 다른 공격은 정풍운동이다. '부르주아 자유화'를 막기 위해 개혁적 지식인에 대한 비판운동을 전당 차원에서 전개한 것이다. 정풍운동을 전개하려면 덩샤오핑의 동의를 먼저 얻어야 했다. 그러려면 '부르주아 자유화'가 널리 확산되어 있고, 이를 막지 않으면 4항 기본원칙이 위태롭다는 점을 덩에게 보여 줘야 했다. 결국 '사건'이 필요했던 것이다. 이런 이유로 후차오무와 덩리췬은 1983년 3월에 '저우양(周揚) 사건'을 일으켰고, 이를 통해 덩샤오핑을 설득하는 데 성공했다. 그 결과 1983년 10월에 공산당 12기 중앙위원회 2차 전체회의(12기 2중전회)가 개최되어 '정신오염 제거' 운동이 시작되었다.

'저우양 사건'과 정신오염 제거

1983년 3월에 중앙당교는 마르크스 사망 100주년을 기념하여 중국문학연합회 주석이며 존경받는 지식인인 저우양을 초청해 연설을 들었다. 그 자리에는 1982년부터 중앙당교의 교장을 맡은 혁명원로 왕전(王震)과 중앙 선전부장 덩리췬도 있었다. 연설 제목은 「마르크스주의의 몇 가지 이론 문제 검토」였다. 여기서 저우양은 소외 개념을 설명하면서 "민주와 법제가 완전하지 않으면 인민의 공복이 때에 따라서는 인민이 부여한 권력을 남용하여 인민의 주인 으로 바뀌는데, 이것은 정치상의 소외 혹은 권력의 소외라고 부를 수 있다."라고 주장했다. 왕뤄수이의 소외론을 반복한 것이다. 이는 당연한 것인데, 이 연설의 작성에 왕뤄수이가 참여했기 때문이다.

후차오무는 저우양의 중앙당교 연설에 정치적인 문제가 있다고 판단해 일단 배포를 금지시켰다. 이후 글의 수정 문제를 상의하기 위해 후는 저우양을 만났다. 그런데 여기서 문제가 발생한다. 후차 오무는 저우양에게 문제가 되는 부분을 수정 혹은 삭제하여 출판할 것을 요청했다고 생각했는데, 저우양은 후차오무가 큰 문제가 없다 고 말한 것으로 판단한 것이다. 그 자리에는 《인민일보》 부편집장인 왕뤄수이도 있었는데 그 역시 저우양과 같게 판단했다. 그 결과 저 우양의 연설문은 3월 16일 자 《인민일보》에 수정 없이 실렸다.

이후 후차오무와 덩리췬의 비판이 시작되었다. 저우양의 글은 정치적인 문제가 있어 수정 후에나 게재할 수 있는데 왕뤄수이가 이를 그냥 게재했다는 것이다. 이들에 따르면, 왕뤄수이는 특히 저 우양의 권위를 빌려 자신의 주장을 선전하기 위해 '중앙'의 지시를 고의로 무시하는 반당(反黨) 행위를 저질렀다. 이런 판단하에 덩리 췬은 후차오무의 지시를 받아 선전부 명의로 《인민일보》의 저우양 글 게재 문제에 대한 처리 의견을 서기처에 제출했다. 그래서 후야

파빌과 투쟁

오방 총서기의 지시로 후차오무가 주재하는 사실 확인 및 검토 모임이 개최되었다. 덩리췬과 저우양, 왕뤄수이 등이 참석했고, 이 자리에서 후차오무와 저우양 간에 격렬한 논쟁이 전개되었다. 모임 후 저우양은 후야오방과 후차오무, 덩리췬에게 편지를 보내서 서기처와 선전부 보고의 문제점을 지적했다. 후야오방은 이를 학술적인 문제로 보고 사건의 확대를 막았다. 후야오방의 비호로 이 문제는 잠잠해지는 듯했다.[25]

그러나 후차오무와 덩리췬은 포기하지 않았다. 후야오방을 우회하여 덩샤오핑에게 직접 문제를 제기하기로 결정했고 실제로 그렇게 했다.(이때가 5월쯤이라고 한다.) 이 무렵 저우양도 혁명원로인 보이보(薄一波)를 통해 덩샤오핑에게 자신의 억울함을 해명하는 자료를 전달했다. 덩샤오핑은 후차오무와 덩리췬의 손을 들어 주었다. 덩은 10월에 개최되는 공산당 12기 2중전회에서 '정신오염 제거' 문제를 집중적으로 제기하기로 결정했던 것이다. 동시에 덩은 소외론과 인도주의를 비판하는 자신의 관점을 전달하면서 후차오무와 덩리췬에게 그때 발표할 자신의 원고를 작성하라고 지시했다.[26] 이렇게 해서 후차오무와 덩리췬은 덩샤오핑의 '입'을 통해 자신들의 주장을 발표할 수 있는 최고의 기회를 얻게 되었다.[27]

'정신오염 반대'라는 말은 1983년 6월 4일에 덩리췬이 중앙당교에서 인도주의와 소외 문제를 비판할 때 처음 사용했다. 같은 해 9월 22일 자《중국교육보(中國敎育報)》에 「교육 종사자는 반드시 정신오염을 반대해야 한다」라는 사설이 실리면서 정신오염 반대가 공개적으로 사용되기 시작했다. 후차오무와 덩리췬은 덩샤오핑의 연설 초고를 작성하는 과정에서 덩리췬이 제기한 '정신오염 제거'를 핵심 주장으로 삼았다. 이렇게 해서 덩리췬의 주장은 덩샤오핑을 통해 공산당의 공식 방침이 되었다.

1983년 10월 12일에 개최된 공산당 12기 2중전회에서 덩샤오핑은 「조직전선과 사상전선에서 당의 절박한 임무」라는 제목의 연설을 발표했다. 이 연설에서 그는 두 가지를 이야기했다. 하나는 정당(整黨)운동이고, 다른 하나는 정신오염 문제였다. 후자와 관련하여 덩샤오핑은 인도주의와 소외론의 확산을 "정신오염 현상"이라 부르고 이를 청산해야 한다고 주장했다.

> 이론계와 문예계에 적지 않은 문제가 있는데, 상당히 엄중한 혼란이 존재한다. 특히 정신오염 현상이 존재한다. (……) 정신오염의 실질은 형형색색의 부르주아지와 기타 착취계급의 썩고 낙후한 사상을 널리 퍼뜨리는 것, 사회주의 및 공산주의의 사업과 공산당의 영도에 대한 불신 정서를 널리 퍼뜨리는 것이다. 2년 전(1981년)에 당 중앙이 사상전선 문제의 좌담회를 개최하여 부르주아 자유화 경향과 지도상의 나약하고 지리멸렬한 현상을 비판했는데, 일정한 효과를 거두었지만 문제를 완전히 해결하지는 못했다.[28]

> 어떤 동지들은 사람의 가치, 인도주의와 소위 소외를 논하는데, 그들이 흥미로워 하는 것은 자본주의를 비판하는 데에 있는 것

이 아니라 사회주의를 비판하는 데에 있다. (……) 이것은 실제로 사람들을 인도하여 사회주의를 비판하고 회의하고 부정하게 만드는 것이고, 사람들이 사회주의와 공산주의의 앞길에 대한 믿음을 잃게 만드는 것이며, 사회주의는 자본주의와 마찬가지로 희망이 없다고 생각하게 만드는 것이다. 만약 이렇다면 사회주의를 도모하는 것이 무슨 의미가 있는가?[29]

사상전선에 대한 당의 영도는 반드시 강화되어야 한다. (……) 먼저 현재 문제의 엄중성을 인식하고, 사상전선의 지도가 나약하고 지리멸렬한 상황이라는 절박한 필요성을 인식해야 한다. 어떤 동지들은 정신오염에 대해 듣지도 묻지도 않고, 자유주의의 태도를 취하고 있고, 심지어 생동발랄하고 '쌍백'(雙百)〔백화제방 백가쟁명〕 방침의 체현이라고까지 생각한다. 어떤 동지들은 옳지 않다는 것을 알면서도 비판을 원하지 않거나 혹은 감히 비판하지 못하는데, 화합하는 분위기를 해칠까 두려워서다. 이렇게 계속하면 결코 안 된다.[30]

덩샤오핑의 연설 이후 '정신오염 제거'에 대한 동원이 시작되었다.[31] 1983년 10월 17일에는 천윈이 서기로 있는 중앙기위가 정신오염 문제를 논의하는 회의를 개최했다. 10월 25일 자《인민일보》에는 정신오염을 반대하는 중앙당교 교장 왕전의 연설이 실렸다. 10월 31일 자《인민일보》에는 「사회주의의 문예 깃발을 높이 들고 정신오염을 굳건히 방지 및 청산하자」는 사설이 실렸다. 11월 12일 자 《인민일보》에는 「정신오염 제거도 일종의 사상해방이다」가, 11월 16일 자에는 「정신문명 건설하고 정신오염 반대하자」가 다시 실렸다. 지방도 중앙의 방침에 입각하여 정신오염 제거에 적극적으로 호응했다.[32]

'정신오염 제거' 광풍은 인도주의와 소외론을 주장하는 주요 지식인들에게 큰 압력으로 다가왔다. 일례로 지난 3월에 중앙당교 연설에서 소외론을 제기했던 저우양은 자기비판의 압력을 받았다. 후차오무는 저우양에게 직접 전화를 걸어서 저우양이 이 문제에 대한 입장을 표명해야 한나는 덩샤오핑의 생각을 전달했다. 결국 저우양은 11월 5일에 신화사(新華社) 기자들 앞에서 인도주의와 소외론 문제에 대해 자기비판을 해야만 했다. 이 일이 있고 얼마 지나지 않아 저우양은 병으로 쓰러졌고, 끝내 병석에서 일어나지 못했다.

비슷하게 10월 30일에 후차오무와 덩리췬은 《인민일보》를 직접 방문하고 전체 간부회의를 개최하여 '당 중앙의 결정'을 하달했다. 그 여파로 후지웨이 사장은 본인의 사직 요청을 받아들여 전국인대 상무위원회로 자리를 옮기게 된다. 또한 왕뤄수이 부편집장은 《인민일보》를 떠나 잠시 업무를 분배받지 않는다. 이렇게 해서 후차오무와 덩리췬에게 대항했던 후야오방 계열의 지식인은 정리되었고, 《인민일보》는 이들의 손에 떨어졌다.[33]

'정신오염 제거'의 종결과 후야오방의 피해

그런데 정신오염 제거의 분위기는 곧 반전된다. 후야오방, 자오 쯔양, 완리, 시중쉰은 이것이 1957년의 반우파 투쟁 때처럼 지식인 비판운동으로 전개되어 개혁 개방에 영향을 미칠 것을 우려했다. 그래서 현재 벌어지고 있는 상황을 덩샤오핑에게 직접 보고했고, 덩은 이들의 견해에 동의하여 정신오염 제거가 개혁 개방에 영향을 미치지 않도록 추진하라고 지시했다.

이는 곧 실행에 옮겨졌다. 1983년 11월 28일에는 서기처의 결 정으로 선전부장 덩리췬이 전국 문화청장·국장 및 방송 텔레비전 관계자들이 참석한 공작회의에서 경제체제 개혁의 시험 중 성공하 지 못한 것 혹은 실패한 것은 정신오염이라 할 수 없다고 발표했다. 11월 30일에는 인민해방군 총정치부 주임 위추리가 총정치부 당위 원회 확대회의에서 정신오염 제거는 굳건히 하되 범위와 한계를 엄 격히 정하고 정확한 방법을 채택해 추진해야 한다고 강조했다.[34]

이런 흐름은 12월에도 이어졌다. 1983년 12월 2일 자 《인민일 보》에 「정신오염 제거, 정책 한계를 긋자」가 실렸다. 이 글은 경제개 혁에 대해서는 정신오염으로 비판할 수 없다고 주장했다. 12월 7일 에 일부 성·직할시 기업사상 공작회의에서 덩리췬은 농촌에서는 정 신오염 제거의 구호를 제기하는 않는다는 중앙의 결정을 전달했다. 12월 13일에 개최된 전국 과학기술 공작회의에서도 자연과학 기술 업무 중에는 정신오염 반대를 제기하지 않는다고 선언되었다. 이런 과정을 거쳐 최종적으로 12월 20일에 열린 서기처 회의에서 후야오방이 '정신오염'과 '부르주아 자유화'라는 표현법(提法)을 언급하지 말 것을 지시하면서 정신오염 제거는 종결되었다.

이처럼 저우양과 왕뤄수이의 소외론과 인도주의, 후지웨이의 당성과 인민성 주장을 집중적으로 비판하면서 전개된 정신오염 제거 운동은 불과 두 달 만에 끝났다. 양지성은 정신오염 제거 운동이 실제로는 10여 일 만에 끝났다고 말하고, 후야오방은 28일 만에 끝났다고 말했다.[35] 그 비판의 희생자였던 후지웨이는 정신오염 제거 운동을 사람들이 "단명한 문혁"이라 부른다고 소개했다.[36]

이를 주도한 덩리췬은 달리 평가했다. 즉 후야오방이 이데올로기 담당인 후차오무(정치국원)와 자신에게 상의도 없이, 덩샤오핑과 정치국 상무위원회에 보고조차 하지 않고, 게다가 서기처 회의의 토론도 거치지 않고 운동의 종결을 선언했다고 비판했다. 또한 정신오염 제거는 1984년에 자오쯔양이 전국인대 연례회의에서 정부 업무 보고를 할 때까지 지속되었다고 주장했다.[37]

정신오염 제거는 후야오방에게 커다란 상처를 남겼다. 저우양, 후지웨이, 왕뤄수이 등 그를 지지하던 개혁적 지식인이 직위에서 쫓겨난 것은 물론 큰 손실이었다. 하지만 더 큰 손실은 후야오방이 덩샤오핑의 신뢰를 더욱 많이 잃었다는 점이다. 앞서 인용한 덩샤오핑의 연설에서 후야오방을 비판하는 덩의 속마음을 읽을 수 있다. 2년 전(즉 1981년)에 당 중앙이 회의를 열어 "부르주아 자유화 경향"과 "지도상의 나약하고 지리멸렬한 현상"을 비판했는데 문제가 해결되지 않는다는 지적은 이 문제를 해결해야 할 총서기 후야

파벌과 투쟁

오방이 그렇게 하지 못했다는 사실을 비판한 것이다. "정신오염을 듣지도 묻지도 않고, 자유주의의 태도를 취하는" "어떤 동지들은" 식의 표현은 보기에 따라 다분히 후야오방을 염두에 둔 비판이라 할 수 있다.

이처럼 후야오방에 대한 덩샤오핑의 신뢰가 더욱 약화되고 있다는 점을 파악한 보수파 이데올로그 혹은 '좌파 대왕'인 후차오무와 덩리췬은 기회를 엿보며 후야오방의 권위를 더욱 약화시키고, 궁극적으로는 그를 퇴진시키기 위한 '공작'을 감행한다.

(3) 보수파의 후야오방 공격(1982~1983년)

1982년 4월 24일에 후야오방은 중앙당교 부교장직을 사직한다. 대신 보수파 원로인 왕전이 교장에 임명된다. 왕전은 임명되자마자 중앙당교 이론실 주임인 우장(吳江), 부주임인 순창장(孫長江)과 롼밍(阮銘)의 출교를 일방적으로 지시한다. 왕전은 후야오방이 중앙당교에 자신의 싱크탱크(智囊團)를 운영했다고 비난하면서 이들을 쫓아냈다. 특히 롼밍은 천윈의 지시에 따라 출교뿐만 아니라 당적까지 박탈당한다. 후야오방은 이들을 지켜 주려고 최선의 노력을 다했지만 결국은 실패한다.[38]

도대체 무슨 일이 있었는가?

'천윈 비판 사건'과 왕전의 중앙당교 교장 취임

공산당 중앙 서기처 연구실은 덩리췬의 지도하에 1980년 11월에 『천윈동지 문고선편(文稿選編)』을 당내에 한정하여 발행했다. 『덩샤오핑 문선(文選)』이 1983년 7월에 발간되었으니 이 책보다 2년 8개월 빠른 것이다. 천윈이 1956년 9월부터 1962년까지 행한 각종 연설과 직접 쓴 글 23편을 모았다. "공유제 경제를 기초로 한 조건 아래에서 작은 자유를 허용한다."를 주장하는 내용들이 주를 이루며, 천윈의 경제사상인 '계획경제 위주와 시장조절 보완'에 사상적 기초를 제공하는 글이다. 1981년 1월에는 서기처 연구실이 그 이전 시기의 연설과 글을 묶어 『천윈동지 문고선편(1949-1956)』을 발행했다.[39]

한편 덩리췬은 이 책을 가지고 중앙당교에서 4회 분량의 강좌를 개설했다. '천윈 동지로부터 경제업무를 학습하자!'가 강좌 제목이었고, 중앙당교에 수학 중인 고급 및 중급 간부들을 대상으로 했다. 그런데 강의 후 덩리췬의 강좌에 대한 수강생들의 불만이 쏟아져 나왔다. 불만은 두 가지 문제에 집중되었다. 하나는 계획경제의 강조였다. 덩리췬은 일괄 구매와 분배(統購統銷), 지령성 계획(指令性計劃) 등 계획경제의 정책을 강조했다. 또한 "조정(調整)이 관건"이고 "개혁은 조정에 복종해야 한다."를 강조했다. 그런데 1978년 농촌에서 시작된 개혁이 점차 도시와 연해 지역으로 확대되고 있는 상황에서 이런 개혁을 어떻게 되돌릴 수 있는지에 대한 불만이 제기되었다. 다른 하나는 지나친 천윈 띄우기였다. 덩리췬은 말했다.

"마오쩌둥 동지가 중국 민주혁명의 법칙을 발견했다면, 천윈 동지는 중국 사회주의 건설의 법칙을 발견했다."[40]

그러던 중 1981년 6월에 중앙당교 이론지인 《이론동태(理論動態)》 282기에 순창장이 「신중 겸손과 실무정신」을 발표했다. 현 사업에는 혁신정신과 실무정신이 필요하지 소심하고 옛 것을 지키고 혁신을 두려워하는 소극적인 정서와 업무 방법(作法)은 진정한 신중함과 겸손이 아니라는 것이 주요 내용이었다. 후야오방과 우장은 초고를 읽고 동의했다. 그런데 후차오무와 덩리췬이 이 글을 천윈에게 전달했고, 천윈은 이것이 자신을 비판한 글이라고 크게 화를 내면서 후야오방에게 항의했다. 이후 중앙 조직부가 우장과 순창장과 롼밍에 대한 정식 조사에 들어갔다.

그런데 중앙 조직부의 조사 과정에서 《이론동태》 269기에 발표된 「틀을 벗어나 문제를 생각하자」가 다시 문제가 됐다. 이 글의 요지는 이렇다. '어떤 동지들은 현대화 건설에서 반드시 1차 5개년 계획을 말하고 실천해야 한다고 주장하는데, 이처럼 당시의 성공한 경험이 새로운 문제의 검토를 방해하는 울타리로 변했다.' 1차 5개년 계획은 천윈이 주도하여 큰 성공을 거둔 것으로, 천윈 경제이론의 모델이라 할 수 있었다. 이 글의 제목은 후야오방이 붙였고 글의 내용도 그가 직접 검토했다.[41]

이런 사건이 누적되어 후야오방은 중앙당교를 떠나야 했고, 그를 도와 문혁 시기에 숙청당한 간부의 사면 복권(平反)과 '진리 기준 논쟁'을 추진했던 핵심 인물도 모두 쫓겨났다. 대신 군인 출신의 가장 보수적인 혁명원로인 왕전을 교장으로 임명하여 대대적인 청산 작업을 전개했다. 왜 왕전이 임명되자마자 후야오방이 개인적으로 싱크탱크를 차려 놓고 원로들을 비난했다고 비판했는지, 그를 보좌하던 핵심 인물들을 출교 및 출당시켰는지 이해할 수 있는 대목이다. 이런 일련의 사건은 바로 후야오방을 겨냥한 보수파의 공세였다.

후야오방 교체 '모의' 사건

더 큰 일은 1983년에 벌어졌다. 1981년 화궈펑 체제가 해체된 이후 그동안 협력관계를 잘 유지하던 덩샤오핑과 천윈이 개혁 개방 방침을 둘러싸고 서로 다른 견해를 드러내기 시작했다. 1982년 들어서는 특히 조정 정책을 계속할 것인가에 대해 두 사람이 다른 견해를 제시했다. 덩샤오핑은 조정 정책의 종결과 최소한 6% 이상의 고속 성장을 주장한 반면, 천윈은 여전히 비율에 맞는 균형성장, 즉 조정 정책을 지속하자고 주장한 것이다. 후야오방은 이 중 덩샤오핑의 주장을 지지하여 경제 발전의 속도를 강조했다. 반면 리셴녠과 야오이린 등의 보수파 지도자뿐 아니라 자오쯔양 역시 천윈의 입장을 지지했다.

이런 상황에서 후야오방은 1983년 1월 20일에 열린 전국 직공(職工) 사상정치 공작회의에서 「4화(四化: 사회주의 현대화의 네 가지 영역) 건설과 개혁 개방」이라는 제목의 연설문을 발표했다. 이 글에서 후는 "실제에서 출발하여 전면적이고 체계적으로 개혁하고, 굳건하고 질서 있게 개혁하자."라고 역설했다. 후야오방의 이 연설은 사실 덩샤오핑의 주장을 그대로 옮겨 놓은 것이었다. 후야오방은 주장했다.

무엇이 전면적이고 체계적인 개혁인가? 전면은 일체의 전선(戰線), 일체의 지구(地區), 일체의 부문, 일체의 단위가 모두 개혁의 임무가 있으며, 낡고 우리의 전진을 방해하는 낡은 틀과 형식, 낡은 작풍을 모두 부수고, 모두 새로운 상황을 연구하고 새로운 문제를 해결하며, 새로운 경험을 종합하여 새로운 규칙(章法)을 수립하자는 것이다. (……) 종합하면, 중국 특색의 사회주의 건설에, 국가의 흥성과 발전에, 인민의 부유와 행복에 유리한가 여부를, 우리가 각 항의 개혁이 옳은지 그른지를 판단하는 기준(標誌)으로 삼아야 한다.[42]

이 글은 1983년 1월 21일 자《인민일보》의 1면에 실렸다. 이를 본 천원과 그의 지지자들은 크게 화를 냈고, 이를 계기로 다시 논쟁이 가열되었다. 핵심 문제는 '개혁이 조정에 복종해야 하는가, 아니면 조정이 개혁에 복종해야 하는가?'였다. 1983년 2월 16일에 후차오무는《인민일보》사장인 후지웨이, 편집장인 친촨(秦川), 부편집장인 왕뤄수이를 자기 집으로 불러 후야오방을 비판했다.

중앙의 어떤 회의, 어떤 담화는 선전의 중심이 될 수 없다.

(……) 후야오방 동지의 직공 사상정치 공작회의상의 담화는 내게 수정을 부탁해서 수정을 했지만 여전히 문제가 많았는데, 문건이 이미 현(縣)까지 내려갔다. 전체 이야기는 좋은데 문제는 전문이 12차 당대회와 아무런 연계가 없고, 어떤 곳은 12차 당대회의 정신과 부합하지 않는 곳이 있다는 점이다.[43]

보수파의 후야오방 공격은 여기서 멈추지 않았다. 이번에는 천윈이 직접 나섰다. 1983년 3월 17일 중앙 재경영도소조가 정치국 확대회의에 업무를 보고할 때 발생한 일이다. 이 회의는 덩샤오핑이 주재했고, 국가계획위원회 주임인 야오이린과 부주임인 쑹핑이 업무를 보고했다. 천윈 등 원로들도 참석했다. 업무 보고가 진행 중이었는데, 천윈은 갑자기 준비한 원고를 읽으면서 후야오방을 직접 비판했다. 천윈은 후야오방을 비판할 때마다 맨 뒤에 마치 선생이 학생을 가르치듯 "야오방!"을 붙였다.

예를 들어 "후야오방이 전에 재정 적자는 가짜라고 말했다는데, 국가의 재정 적자는 확실하고 가짜가 아니다, 야오방!" 이런 식이었다. 또 천윈은 화가 나서 말했다. "1차 5개년 계획도 바꾸어야 한다고? 그렇다면 12차 당대회의 결의도 바꾸어야 하나? 왜냐하면 12차 당대회의 결의 중에 조정·개혁·충실·제고의 방침이 있는데, 야오방!" 후야오방은 천윈의 비판에 당황하여 대답도 못 하고 고개만 끄덕이며 잘못을 인정했다. 덩샤오핑도 천윈의 비판을 예상하지 못했고, 결국 "오늘은 보고만 듣자."라고 말하면서 상황을 정리했다.[44]

파벌과 투쟁

후차오무와 덩리췬의 후속 작업이 이어졌다. 후야오방의 퇴진을 위한 '실패한 궁정 쿠데타(政變)'가 시작된 것이다. 회의가 끝난 후 후차오무는 덩샤오핑에게 경제 업무의 의견 통일을 위해 성(省) 서기회의를 개최하자고 건의했다. 후야오방에 대한 천원의 신랄한 비판을 공식적으로 널리 알리기 위해서 후차오무는 이 회의를 기획했던 것이다. 덩샤오핑은 '너희들이 상의해 보라.'라고 원칙적으로 동의했다. 일차 관문은 통과했다.

이어 덩리췬은 덩샤오핑에게 보고도 없이, 또한 서기처의 사전 허락도 없이 신화사(新華社)의 국내 업무회의에서 후야오방에 대한 천원의 비판 내용을 전달했다. 이런 상황에서 자오쯔양은 덩리췬에게 전화를 걸어 문건의 배포를 금지할 것을 요구했다. 또한 후차오무와 야오이린은 중앙의 최종 결정이 없는 상황에서 중앙공작회의를 곧 개최한다고 각 지방에 통보했다. 서기처의 시중쉰과 완리는 문제의 심각성을 느껴 덩샤오핑에게 보고했다. 덩은 결정했다. "회의는 개최하지 않는다." "후야오방과 자오쯔양의 구조는 바꿀 수 없다(胡趙格局不能變)."[45] 이렇게 해서 후야오방을 퇴진시키려 했던 보수파의 공격은 실패로 끝났다.

이 사건에 대한 평가는 사람에 따라 조금씩 다르다. 우선 후야오방은 1983년에 실제로 이 사건이 벌어졌다고 말했다. 즉 천원이 후야오방을 비판한 후에 후차오무와 덩리췬이 자신을 '교체하기(換馬)' 위해 중앙공작회의를 개최하려고 시도했는데, 덩샤오핑이 자신을 구해 주었다는 것이다. 이런 사실을 미리 알면서도 모르는 체하고는 자신에게 달려와서 친근한 척했던 후차오무의 이상한 행동을 후야오방은 리루이(李銳: 공산당 중앙 조직부 부부장 및 통전부 부장 역임)에게 생생하게 설명했다.

1983년 어느 날, 차오무가 갑자기 뛰어외서는 울면서 말했다. '당신은 이제 총서기를 맡을 수 없고 다른 일을 할 것이지만, 우리의 우정은 오래갈 것이다.' 당시 나는 매우 의아하게 생각했지만 그 이유를 몰랐다. 차오무가 침착해진 후에 눈물을 닦으며 웃어서 다른 이야기를 했다.[46]

반면 자오쯔양은 이런 일이 없었다고 주장했다. 양지성에 따르면, 1995년 12월 16일에 자오쯔양이 자신에게 직접 한 말인데 당시에는 천윈을 포함하여 누구도 후야오방을 몰아내려고 하지 않았다는 것이다.[47] 자오쯔양의 회고록에도 같은 주장이 반복된다. 즉 정치국 확대회의에서 천윈이 후야오방을 비판했고, 후차오무와 덩리췬이 회의를 준비한 것은 사실이지만 그것이 후야오방을 교체하기 위한 시도는 아니었다는 것이다.[48]

사건의 주도자로 비판받은 덩리췬도 자신과 후차오무가 후야오방을 몰아내려고 했다는 점에 대해서는 아무런 말을 하지 않았다. 다만 자신이 중앙의 허락도 없이 천윈이 후야오방을 비판했다는 내용을 언론사에 흘렸는지, 또 후차오무가 '후야오방은 사회주의 신념에 동요가 발생했다.'고 말했는지에 대해 덩샤오핑에게 불

　　　　　　　　　　　　　파벌과 투쟁

려가 질문을 받아 해명했다고만 말했다. 반면 덩리췬은 당시 경제 발전 속도 문제를 놓고 후야오방과 자오쯔양 간에, 덩샤오핑과 천원 간에 대립과 갈등이 표출되었다는 점을 강조했다.[49]

후야오방과 자오쯔양 간의 갈등

이와 관련하여 이 무렵 후야오방과 자오쯔양 간에도 갈등이 겉으로 드러났다는 사실이 중요하다. 이 점은 당사자들을 포함하여 모두가 인정했다. 예를 들어 자오쯔양은 1982년 무렵부터 두 사람 사이에 의견 차이가 분명해졌다고 말했다. 다만 그런 갈등이 나중에 후야오방의 퇴진에 어떤 영향을 미쳤는지에 대해서는 서로 다르게 주장한다.

크게 두 가지 문제에 대해 후야오방과 자오쯔양은 다른 견해를 갖고 있었다. 먼저 경제성장의 속도 문제다. 후야오방은 덩샤오핑처럼 빠른 속도를 강조한 반면, 자오쯔양은 천원처럼 효율을 속도와 생산량보다 중요시했다. 또한 도시개혁에 대해 다른 견해를 갖고 있었다. 후야오방은 농촌에서 했던 방식대로 도급제(承包)를 도입하면 도시개혁이 해결될 것으로 보았다. 즉 농민들에게 토지를 분배해 호별영농을 하게 하듯이 기업도 공장장의 책임하에 생산하게 하는 방식으로 개혁할 수 있다는 것이다. 반면 자오쯔양은 반대했다. "도시는 농촌보다 훨씬 복잡하고, 공업과 상업에 대해 어떠한 형식을 채택할지, 어떻게 도급제를 실시할지는 실험을 거쳐 점진적으로 진행해야지 절대로 단순하게 모든 것을 포함해서는 안 된다. 특히나 떠

들썩하게 전면적으로 추진할 수는 없다."라고 주장했다.[50]

결국 이 문제는 덩샤오핑이 직접 나서서 조정했다. 1983년 3월 15일에 덩샤오핑은 후야오방과 자오쯔양을 자신의 집으로 불러 이야기했다. 이때 덩은 경제 업무는 자오쯔양의 견해에 찬성한다고 말하면서, 총서기로서 후야오방의 일 처리 방식, 즉 즉흥적인 면과 특이한 것을 추구하는 점에 대해 주의를 주었다. 또한 덩샤오핑은 두 사람 간에 구체적인 업무 조정도 명확히 했다. 이어서 3월 17일에는 정치국 상무위원회와 중앙 서기처의 합동회의가 개최되어 서기처(후야오방 담당)와 중앙 재경영도소조(자오쯔양 담당) 간의 업무 재조정을 공식 결정했다.[51] 자오쯔양은 당시의 결정에 대해 이렇게 쓰고 있다.

앞으로 경제 업무는 국무원과 중앙 재경영도소조에서 주관하고, 중대한 정책 결정과 시행 명령, 시비의 판단은 모두 중앙 재경영도소조의 연구를 거쳐 제기한다. 중앙 재경영도소조와 국무원은 권위를 갖는 정책 결정 기관으로, 다른 여러 부서는 발언하거나 정책을 내지 말아야 한다. 당연히 서기처는 경제를 관리하는 곳이지만, 주로 국정 방침을 관리하고 구체적인 경제 업무에는 관여하지 말라고 했다. (……) 그(덩샤오핑)의 이러한 발언은 기본적으로 내(자오쯔양)게 힘을 실어 준 것이었다.[52]

참고로 덩리췬은 이를 천윈이 제안하여 정치국 상무위원회에서 결정한 것이라 쓰고 있다. 다음과 같은 그의 설명이 경제정책 결정권의 변화를 더욱 정확하게 묘사하고 있다.

이후의 경제 업무는 서기처와 정치국이 토론한 후에 중앙 재경영도소조에 넘겨 실시 및 지휘하도록 한다. 혹은 재경소조가 의견을 제기하면, 정치국과 서기처가 결정하여 재경소조에 넘겨 실시하도록 한다. 후에 천윈이 말하기를, 이번 회의의 최대 수확은, 경제 업무의 정책 결정 절차를 명확히 해서, 주도권을 서기처에서 중앙 재경소조로, 다시 말해 후야오방의 손에서 자오쯔양의 손으로 이전하여 자오쯔양을 도와준 것이다.[53]

이렇게 후야오방과 자오쯔양 간의 의견 대립은 해소된 것처럼 보인다. 그런데 덩리췬은 이후에도 두 사람 간에 갈등이 해결되지 않았다고 한다. 후야오방이 개혁 개방의 총괄 지도라는 서기처의 권한을 이용해 정부 각 기관의 보고를 받으면서 경제개혁에 계속 관여했다는 것이다. 두 사람은 1986년 정신문명 건설 문제에 이르러서야 비로소 협력하기 시작했다.[54]

이런 덩리췬의 관찰은 사실에 가깝다. 1984년에 자오쯔양은 후야오방과 상의도 없이, (또한 후야오방도 모르게) 공산당 지도체제 개편에 대한 편지를 작성해서 덩샤오핑과 원로들에게 보냈다. 1987년 1월에 후야오방을 비판하는 '민주생활회'에서 이 편지의 존재가 알려지면서 후야오방은 크게 놀랐다. 또한 이 편지가 후야오방을 비판한 것인지의 여부, 나아가 자오쯔양이 후야오방의 퇴진에 어떤 역할을 했는지를 놓고 논쟁이 발생하게 된다.(이에 대해서는 다음 장에서 살펴볼 것이다.)

어쨌든 보수파의 집중적인 공격을 받고 있던 상황에서, 특히 '부르주아 자유화' 반대와 '정신오염 제거' 문제와 관련하여 덩샤오핑의 신뢰가 점점 약해지는 상황에서 자오쯔양과의 의견 대립과 갈등이 후야오방의 지위를 더욱 불안하게 만든 요소였음에는 분명하다. 1983년 무렵에는 후야오방을 지원해 줄 수 있는 우군은 주위에 거의 없는 상황, 오직 시중쉰이나 완리 등 소수의 개혁파 지도자만이 그를 지원하는 상황이 된다. 보수파는 이와 같은 후야오방과 자오쯔양 간의 틈새를 잘 이용하여 허약해진 후야오방을 흔들어 결국에는 총서기 자리에서 쫓아내는 데 성공한다. 3년 후의 일이다.

「짝사랑(苦戀)」 사건
(1980년대)

소설 「짝사랑」은 군인작가인 바이화(白樺)가
1979년 4월 《시월(10月)》에 발표한 작품인데,
1980년 말에 장춘(長春) 영화제작창에서 「태양과
인간(太陽與人)」이라는 영화로 제작되었다. 이
영화는 개봉도 되기 전에 당 원로들의 비판을
받아 상영이 금지되는 비운을 맞게 된다.

왕뤄수이

(王若水, 1926~2002)

《인민일보》의 부편집장. 그는 인도주의가
부르주아의 이데올로기가 아니며, 사회주의도
인도주의가 필요하다고 주장했다. 왕뤄수이에
의하면 사회주의적 인도주의는 특히 중국
현실에서 큰 의의가 있었다. 그것은 10년
내란(문혁)의 "전면 독재(全面專政)"와 잔혹한
투쟁, 지도자를 신성시하고 민중을 폄하하는
개인숭배를 버리는 것을 의미하기 때문이다.

장쑤성 난징을 방문 중인 덩샤오핑 (1985년)

덩샤오핑은 왜 1986년에 정치개혁을 다시 제기했는가? 1980년에 정치개혁을 제기할 때에는 분명한 목표가 있었다. 즉 화궈펑의 퇴진이다. 화궈펑이 당·정·군의 삼권을 장악하고 있는 상황에서 그의 권력을 약화시키기 위해 권력집중을 봉건주의의 잔재로 비판했던 것이다. 실제로 덩샤오핑의 구상에 따라 화궈펑은 직책을 하나씩 나누어주어야 했고, 1981년 6월 공산당 11기 6중전회에서는 권력에서 완전히 물러나야만 했다. 그를 대신해 덩샤오핑이 중앙군위 주석, 후야오방이 공산당 총서기, 자오쯔양이 국무원 총리를 맡았다. 권력 분산이 달성된 것이다.

4 정치개혁 논쟁과 '부르주아 자유화 반대'

1985년에 접어들면서 공산당이 12차 당대회(1982년) 이후 추진 했던 정책들이 성과를 보이기 시작한다. 1983년부터 추진한 '제3제 대' 프로젝트로 137만 명의 원로 간부가 퇴진하고, 이들을 대신하여 47만 명의 젊고 유능한 현급(縣級: 한국의 시·군·구청장급) 이상의 영 도 간부가 임용되었다. 1985년 9월에 개최된 공산당 전국대표회의 와 두 번의 중앙위원회를 통해 대부분의 혁명원로들이 중앙위원 등 고위직에서 은퇴했다. 대신 기술관료(technocrats)가 주축인 차세대 지 도자들이 그 자리를 차지했다. 덩샤오핑과 천윈 등 혁명원로의 뒤를 이어 개혁 개방을 추진할 후계 구도가 자리 잡기 시작한 것이다.

문화대혁명(문혁) 이후 느슨해진 공산당을 쇄신하고, 소위 '삼종 인'이라는 문혁의 잔당을 청산할 목적으로 1983년부터 추진한 정당 운동도 완료되었다. 혁명원로의 입장에서 보면 이번 정당운동은 큰 걱정거리를 해결해 주었다. '삼종인'이 완전히 청산되면서 이들이 다시 득세하여 개혁 개방을 방해할 위험성이 사라졌기 때문이다.

또한 혁명원로의 관점에서 보면, 1983년에 추진한 '정신오염 제거'도 비록 조기에 종료되었지만 급진적인 지식인과 유약한 일부 지도자들(특히 후야오방)에게 경종을 울렸다는 점에서 의의가 있었다. 비록 1985년 9~10월에 베이징에서 학생들의 반일(反日) 시위가 있었지만, 그 역시 대화를 통해 평화롭게 잘 해결되면서 지식인과 대학생을 통제할 수 있다는 공산당 지도부의 자신감도 높아졌다.

덩샤오핑에게 더욱 고무적인 것은 1984년에 개혁 개방이 한 단계 도약했다는 점이다. 1984년 10월에 개최된 공산당 12기 중앙위원회 3차 전체회의(12기 3중전회)에서 「경제체제 개혁 결정」이 통과되면서 기업개혁을 포함한 경제개혁이 본격적으로 시작되었다. 이는 농촌과 일부 도시에 한정되었던 개혁이 전 도시로 확대되었음을 의미한다. 또한 1984년 3~4월에 연해 지역의 대외개방이 확대되었다. 즉 1980년에 공식 설립된 4개의 경제특구에 더해 상하이시 등 14개의 대도시가 '개방도시'로 지정되면서 대외무역과 직접 투자의 새로운 중심지로 부상했다. 이는 덩샤오핑이 1984년 초에 선전 등 경제특구를 방문한 직후에 내린 결정이다.

이를 배경으로 덩샤오핑은 그동안 지지부진했던 정치개혁을 다시 제기하기 시작한다. 개혁 개방을 전면적으로 추진하기 위해서는 시장 도입과 대외개방에 맞지 않는 정치체제를 개혁해야 한다는 것이 기본적인 출발점이다. 지식인은 덩샤오핑의 정치개혁 촉구를 크게 환영하고, 이에 맞추어 독자적인 정치개혁 방안을 주장한다.

일부 지식인들은 다당제와 직선제 등 4항 기본원칙을 벗어나는 과감한 개혁도 요구한다. 중국에도 반체제 지식인이 등장한 것이다. 이런 상황에서 1986년 하반기에 정치개혁과 부패 청산, 학생과 지식인의 처우 개선을 요구하는 학생운동이 전국적으로 발생한다. 후야오방은 대화를 통한 인도적 문제 해결을 주장하다가 결국 총서기에서 쫓겨난다.

(1) 덩샤오핑의 정치개혁 촉구(1985~1986년)

자오쯔양의 핵심 참모 중 하나로서 1986년 9월부터 1987년 10월 공산당 13차 당대회까지 정치개혁의 방안 작성에 참여했던 우궈광(吳國光) 교수는 1986년의 "중심 주제(主旋律)가 정치체제 개혁"이었다고 말한다. 1986년 6월 무렵부터 덩샤오핑은 정치개혁 문제를 제기하기 시작했다. 같은 해 9월 무렵에는 정치개혁이 공산당 13차 당대회의 중요한 의제라고 선언했다.

이후 정치국 상무위원회는 자오쯔양 총리에게 정치개혁 방안을 마련하라고 지시했다. 약 9개월 동안의 작업 끝에 1987년 6~7월 무렵 한 편의 정치개혁 문건이 완성되었다. 이후 그 문건은 몇 개월의 토론을 거쳐 1987년 10월에 열린 공산당 13차 당대회에서 공식 통과되었다.[1] 이처럼 1986년과 1987년은 정치개혁의 해였고, 이를 둘러싸고 많은 정치적 사건이 발생했다.

파벌과 투쟁

정치개혁 촉구의 배경

그렇다면 왜 덩샤오핑은 1986년에 정치개혁을 다시 제기했는 가? 1980년에 정치개혁을 제기할 때에는 분명한 목표가 있었다. 화 궈펑의 퇴진이었다. 화궈펑이 당·정·군의 삼권을 장악하고 있는 상 황에서 그의 권력을 약화시키기 위해 권력 집중을 봉건주의의 잔 재라고 비판했던 것이다. 실제로 덩샤오핑의 구상에 따라 화궈펑 은 직책을 하나씩 나누어야 했고, 1981년 6월 공산당 11기 6중전회 에서는 권력에서 완전히 물러나야만 했다. 그를 대신해 덩샤오핑이 중앙군위 주석을, 후야오방이 공산당 중앙 주석(이후 주석이 폐지되면 서 총서기)을, 자오쯔양이 국무원 총리를 맡았다. 권력을 분산시키려 는 목표가 달성된 것이다.

이번에 덩이 정치개혁을 제기한 이유는 한마디로 말해서 경 제개혁을 추진하기 위해서는 정치개혁이 반드시 필요했기 때문이 다.[2] 기업의 경영 자율성을 높이고 시장 경쟁력을 높이기 위해서 는, 또한 기업의 해외 수출과 기술 도입 등 대외개방을 확대하기 위 해서는 정부가 아니라 기업이 경제활동의 주체가 되어야 했다. 그 렇지 않고 계획경제에서처럼 공산당과 정부가 투자와 경영 등 경 제활동에 행정적인 수단을 이용하여 개입한다면 기업은 개혁 개방 을 제대로 추진할 수 없었다. 정부의 직능 전환, 권력 이양과 분산 (下放), 업무 방식과 수단의 변화가 필요했던 것이다. 동시에 정부의 행정 효율과 책임을 높이고 공직자의 소질도 높여야 했다. 이런 사 항들은 정치개혁의 영역이었다.

구체적으로 먼저 개혁 개방의 추진과 함께 정부기구가 증가하면서 문제가 발생했다. 국무원 국가경제위원회(경제위) 부주임인 성수런(盛樹仁)은 1986년 12월의 한 좌담회에서 국무원이 부서 통폐합을 통해 '정식' 기구를 줄였지만 '임시' 기구를 오히려 늘렸다고 증언했다. 과정은 이렇다. 국무원 기계위원회가 경제위에 통합되면서 기계국, 수출입국, 기술개조국 등 국(局)이 증가했고, 증가된 국을 종합적으로 관리하기 위해 '중대설비 영도소조'와 판공실이 신설되었다. 후에 전자공업의 발전이 중요하다고 판단해서 '전자공업 진흥 영도소조'와 판공실이 신설되었고, 1985년에는 수출을 확대해야 한다고 판단해 '기계전자설비 수출 판공실'이 신설되었다. 이런 식으로 국무원에는 모두 136개의 임시 기구가 신설되었다.[3] 이는 정부의 경제 권한을 그대로 둔 채 부서 수만 축소한 결과로 나타난 현상이다.

지방 상황도 유사했다. 장쑤성의 경제담당 관리의 증언에 따르면, 작은 규모의 공장을 하나 설립하는 데 총 200개의 도장이 필요했다. 각각의 도장을 받기 위해 기업가는 공산당 위원회와 정부의 여러 부서, 그것도 몇 개 지역에 분산된 사무실을 수차례 방문해야 했다. 관료주의가 매우 심각하고 직권이 불분명하며, 정부 부서 간의 업무도 제대로 조정되지 않아 일 처리의 효율이 이처럼 엉망이었다. 이것이 모두 공산당과 국가, 정부와 기업이 분리되지 않고 권한이 정부와 당으로 집중되면서 발생한 문제였다. 따라서 이를 해결하지 않으면 개혁 개방은 제대로 추진될 수 없었다.[4]

파멸과 투쟁

기업 내부도 마찬가지였다. 정치와 경제의 미(未)분리로 인해 기업 내에 있는 공산당 위원회 서기와 공장 책임자(공장장) 간에 권한 충돌 문제가 발생했다. 예를 들어 인사 문제가 있었다. 간부 임용과 이동에 대한 권한(즉 인사권)은 '공산당 간부 관리 원칙'에 따르면 당서기에게 있었다. 그런데 공장장 책임제라는 기업개혁 방안에 따르면 인사권은 공장장의 권한이었다. 그렇다면 누가 최종 권한을 갖는가? 현실은 타협적으로 운영될 수밖에 없었다. 공장장은 필요한 직원을 임명하거나 승진시키기 위해 당서기와 협의하고, 직원들의 의견을 청취했다. 이 과정에서 이견이 발생하면 전체를 모아 조정을 했다. 이런 미봉책으로는 어떤 개혁도, 어떤 과감한 정책도 추진될 수 없었다.[5]

한편 덩샤오핑이 1986년 6월 무렵에 정치개혁 문제를 다시 제기한 것은 그해 상반기의 경제 상황과도 관련이 있었다. 그해 상반기에 경제성장 속도가 저하되었는데, 일부에서는 정부가 기업에게 이양한 권한을 다시 회수하면서 이런 문제가 발생했다고 지적했다. 즉 정부 부서와 공무원이 다시 증가하면서 기업의 경제활동에 개입하는 일이 많아졌고, 이것이 기업 활동을 위축시켰다는 것이다. 덩샤오핑은 이런 보고를 듣고 정부 개혁, 특히 기구개혁과 정부 권한의 이양과 분산이 필요하다고 생각하게 되었다. 이제 정치개혁 없이는 경제개혁도 제대로 할 수 없었다.[6]

덩샤오핑의 주장

덩샤오핑은 여러 차례에 걸쳐 정치개혁이 필요하다고 주장했다. 1986년 6월 10일에 열린 경제상황 보고회에서의 발언, 6월 28일에 열린 정치국 회의에서의 발언, 9월 3일 일본 방문단 접견 시의 발언, 11월 9일 나까소네 일본 수상 접견 시의 발언이 대표적이다.[7] 자오쯔양, 완리, 왕자오궈 등 다른 지도자들도 정치개혁의 필요성을 지속적으로 제기했다.[8] 이 중에서 덩이 6월 28일에 개최된 정치국 회의에서 한 말은 그의 생각을 잘 보여 준다.

정치체세 개혁은 경제체제 개혁과 마땅히 상호 의존하고 상호 어우러져야 한다. 단지 경제체제 개혁만 하고 정치체제 개혁을 하지 않으면 경제체제 개혁은 제대로 할 수 없다. 왜냐하면 무엇보다 사람(人)의 장애에 부딪히기 때문이다. 일은 사람이 하는 것인데, 너는 권력의 하방(放權)을 제창하는데 저 사람은 권력을 회수(收權)한다면, 네게는 어떤 방법이 있겠느냐? 이 각도에서 말하면, 우리의 모든 개혁이 성공하느냐 여부는 최종적으로 정치체제 개혁에 의해 결정된다.[9]

이처럼 덩샤오핑은 어디까지나 경제개혁을 추진하기 위해 정치개혁을 해야 한다고 주장했다. 따라서 그가 생각하는 정치개혁은 권력 구조 개편이나 국민의 정치 참여 확대를 위한 것이 아니라 "공산당과 국가기관의 활력과 효율 문제를 해결하는 것으로 기본

파빌과 투쟁

적으로 행정개혁"이다. 이 때문에 1986년의 정치개혁은 1980년의 개혁보다 범위가 훨씬 축소되었다.[10]

이렇게 된 이유는 덩샤오핑이 "권력 집중은 사회주의의 우월성"이라고 생각했기 때문이다. 그는 서방국가의 다당제와 삼권분립, 의회제에 특히 반대하며 단호하게 거부했다. 덩의 지시하에 정치개혁 방안을 직접 작성한 자오쯔양은 이렇게 말했다.

> 덩은 사회주의 국가가 실행하고 있는 모든 대권을 개인에게 집중시키거나 혹은 소수 몇 사람이 집권 통치하는 정치체제를 무척 마음에 들어 하고 좋아했으며, 분권과 견제와 균형의 제도를 몹시 싫어하고 경멸했다. 그는 유고슬라비아 외빈과의 담화에서 사회주의 국가에는 한 가지 큰 장점이 있는데, 어떤 일이든 한번 결심하기만 하면 바로 결의가 나올 수 있으며, 견제받지 않고 즉각 집행할 수 있는 거라고 말했다. 의회민주주의처럼 그렇게 복잡하거나, 그렇게 많은 반복을 거치지 않아도 되며, 토론만 하고 아무런 결정을 내리지 못하거나 결정을 내려도 집행되지 않거나 하지는 않는다. (······) 따라서 어떠한 정치개혁을 진행하든 간에 권력이 고도로 집중되는 정치제도를 저촉하는 일을 덩이 허용할 리가 없었다.[11]

정치개혁 방안의 준비

덩샤오핑의 지시에 따라 1986년 9월에 정치개혁의 구체적인 방안을 준비하기 위한 특별 조직이 구성되었다. 자오쯔양, 후치리 (정치국 상무위원, 서기처 상무 서기), 톈지윈(田紀雲: 정치국 위원, 국무원 부총리), 보이보(薄一波: 중앙고문위 상무 부주임), 펑충(彭沖: 중앙위원, 전국인대 법률위원회 주임)으로 구성된 '중앙 정치체제개혁 연구소조(研討小組)'가 그것이다.[12] 여기서 알 수 있듯 국무원(자오쯔양과 톈지윈)이 중심이 돼서 공산당(후치리), 전국인대(펑충), 원로 대표(보이보)가 참여함으로써 인적 구성에서는 일정한 균형을 이루었다.

흥미로운 점은 총서기인 후야오방이 아니라 총리인 자오쯔양이 책임자가 되었다는 점이다. 정치개혁은 성격상 총서기가 주도하는 것이 타당한데 이번에는 총리가 책임을 맡은 것이다. 왜 그랬을까? 이에 대해서는 여러 가지 주장이 있다. 덩샤오핑이 후야오방을 신뢰하지 않았기 때문이라는 주장이 있다. 원래는 후야오방에게 정치개혁 방안을 맡겼는데 내용이 마음에 들지 않아 자오쯔양으로 바꾸었다는 주장도 있다. 그 밖에도 후야오방이 자오쯔양을 추천했다, 후야오방은 곧 중앙고문위 주임과 중앙군위 주석을 맡을 것이기 때문에 그랬다는 주장이 있다.[13]

어느 것이 사실인지는 모르겠지만 두 가지는 분명하다. 하나는 후야오방의 거취가 1986년 여름 무렵에 이미 결정되었기 때문에 그에게 중책을 맡기지 않았다는 점이다. 이는 자오쯔양의 증언이다.[14] 그래서 정치개혁의 임무가 자오쯔양에게 주어진 것이다. 다른 하나는 덩샤오핑과 천윈 등 원로들이 후야오방을 신뢰하지 않았다는 점이다. '부르주아 자유화 반대'와 '정신오염 제거'에서 후

파벌과 투쟁

는 나약하고 지리멸렬한 모습을 보여 주었다. 따라서 그가 정치개혁 방안을 마련하면 원로들이 반대할 것이고, 군 내부에서도 반대의 목소리가 커질 것이 분명했다.

정치개혁의 목표와 내용은 덩샤오핑이 분명하게 제시했다. 소위 '세 가지 목표'와 '세 가지 내용'이 그것이다. 이것이 정치개혁 연구소조가 정치개혁 방안을 마련하는 데 지침이 되었다.[15] 덩샤오핑은 지시했다.

내 생각으로 정치개혁의 목적은 군중의 적극성을 동원하고, 효율을 높이며, 관료주의를 극복하는 것이다. 내용은 우선 당정 분리로, 당이 어떻게 영도를 잘 할 것인가의 문제를 해결하는 것이다. 이것이 관건이고, 제1위에 놓아야 한다. 두 번째 내용은 권력 하방으로, 중앙-지방 관계, 동시에 각급 지방에 모두 일정한 권력을 하방(下放)하는 문제를 해결하는 것이다. 세 번째 내용은 기구 축소(精簡)로, 이것과 권력 하방은 관련이 있다.[16]

최근에 내 생각으로 (정치개혁은) 3개의 목표로 나가야 한다.

제1의 목표는 당과 국가의 활력을 시종 유지하는 것이다. 여기서 말하는 활력은 주로 영도층 간부의 연소화다. (……) 영도층 간부의 연소화 목표는 3~5년 내에 실현할 수 있는 것이 아니며, 15년 내에 실현한다면 매우 좋은 것이다. (……)

제2의 목표는 관료주의를 극복하고 업무 효율을 높이는 것이

다. 효율 저하는 기구 팽창, 인원 과다, 늘어진 업무 태도와 관계가
있다. 더욱 주요한 원인은 당정 미분리(黨政不分)로, 많은 일에서
당이 정부 업무를 대체하고, 당과 정부의 기구가 중첩된다. (……)
　제3의 목표는 기층과 노동자·농민·지식인의 적극성을 동원하
는 것이다. (……) 농촌개혁은 권력 하방이고, 도시 경제체제 개혁
도 권력을 하방해야 한다. 기업에 하방하고, 기층에 하방하며, 동
시에 노동자와 지식인의 적극성을 동원하여 그들이 관리에 참여
하여 관리 민주화가 실현되도록 해야 한다. (……)
　영도층에 활력이 있고, 관료주의를 극복하여 효율을 높이고,
기층과 인민의 적극성을 동원한다면 '네 가지 현대화'는 비로소 진
정으로 희망이 있다.[17]

　정치개혁 연구소조는 1986년 10월 17일에 개최된 1차 정치개
혁 좌담회를 시작으로 30여 차례에 걸쳐 다양한 집단을 대상으로
좌담회를 개최하여 의견을 들었다. 토론은 다섯 가지의 중점 내용,
즉 ① 당정 분리, ② 행정개혁, ③ 간부 인사제도 개혁, ④ 당내 민주,
⑤ 의회제도 개혁을 중심으로 이루어졌다. 물론 좌담회는 비공개였
으며, 여기서 제기된 내용은 정리되어 정치국과 정치국 상무위원회
에 보고되었다. 좌담회에서는 다양한 방안이 토론되었다. 현행 정치
제도의 부분적이고 단순한 보완에서부터, '공산당의 일원화 영도하
의 다원정치'(一元化領導下的多元政治)나, 전국인대와 중국 인민정치
협상회의 전국위원회(전국정협)를 각각 하원과 상원으로 하는 양원

제(兩院制) 실시 등 전면적인 개혁을 주장하는 것까지 다양했다.[18]

논의 과정에서 두 가지가 쟁점으로 부각되었다. 하나는 '당정분리(黨政分開)' 대 '당정분공(黨政分工)' 간의 대립이다. 전자는 덩샤오핑이 주장한 개념으로 자오쯔양과 정치개혁 연구소조가 강력히 지지했다. 후자는 덩리췬이 주장하는 개념으로 왕자오궈 등 일부 지도자들이 사용했다. 후야오방은 입장을 보류했다.[19] 차이는 분명했다. '당정 분리'는 공산당과 국가기관 간의 관계에서 각각의 고유한 권한을 인정하고 그 권한에 맞게 자율적으로 업무를 담당하는 것을 말한다. 물론 국가기관에 대한 공산당의 영도를 부정하지는 않는다. 다만 그것은 '정치영도'로서 이론과 사상을 지도하고, 노선과 방침을 제시하거나 인사 추천에 한정된다. 반면 '당정분공'은 공산당과 국가기관 간의 독립적인 영역과 자율적인 활동을 인정하지 않는다. 즉 각 국가기관은 공산당이 내린 결정을 역할 분담(分工) 차원에서 각자 집행하는 것뿐이다.

다른 하나는 정치개혁의 추진과 관련하여 '당정 분리'가 관건인지 아니면 '권력하방'이 관건인지다. 다시 말해 어느 것을 중점으로 정치개혁을 추진할 것인지의 문제다. 전자는 덩샤오핑이 주장했고, 후자는 지방 지도자들이 강력하게 요청했다.[20] 덩샤오핑은 두 가지가 밀접히 관련되어 있다고 보고, 정치개혁에 이를 모두 포함시켰다. 또한 권력하방을 정부기구 개혁과 연관시켜 추진하라고 지시했다.

실제 상황을 보면 1989년 톈안먼 사건 전까지는 당정 분리가 중심이었다. 예를 들어 보수파 지도자들과 다수의 지방 지도자들의 반대에도 불구하고 정부와 다른 국가기관 내에 설치되었던 공산당 지도 조직인 당조(黨組, party group)가 해체되었다. 공산당이 국가기관을 지도하는 통로인 영도소조의 규모(숫자)와 활동도 축소되었다. 그러나 1989년 톈안먼 사건과 1991년 소련 등 사회주의권의 붕괴 이후 당정 분리 방침은 곧 폐기되었다. 이것이 공산당의 지배를 약화시킬 위험이 있다고 판단되었기 때문이다. 이를 대신하여 권력하방이 정치개혁의 중점으로 간주되었다. 단 여기서 말하는 권력하방은 중앙에서 지방으로의 수직적 권한 이전뿐만 아니라 공산당에서 성부로, 국가에서 사회로의 수평적 권한 이전도 포함한다. 일부는 수직적 권한 이전을 '하방'으로, 수평적 권한 이전을 '분산'으로 구분하기도 한다.

정치개혁에 대한 연구가 진행되면서 정치개혁 연구소조도 보다 체계적으로 개편되었다. 1986년 12월에 모두 7개의 전문소조(專題組) 체제로 재구성된 것이다. ① 당정 분리 전문소조, ② 당내 민주와 당 조직 전문소조, ③ 권력하방과 기구개혁 전문소조, ④ 간부와 인사제도 개혁 전문소조, ⑤ 사회주의 민주 전문소조, ⑥ 사회주의 법제 전문소조, ⑦ 개혁의 근본원칙 전문소조가 그것이다.[21] 이 같은 기구의 편제를 보면 덩샤오핑이 어떤 내용의 정치개혁을 구상했는지 알 수 있다. 이렇게 준비된 정치개혁 방안은 공산당 13차 당대회에서 통과된다.

마지막으로 지적할 점은 정치개혁 연구소조가 정치개혁 방안을 마련할 때 한국·대만·싱가포르·홍콩의 정치발전 경험을 많이 참고했다는 사실이다. 중국이 광둥성 선전과 푸젠성 샤먼 등에 4개의 경제특구를 설치하고 수출주도형 발전 모델을 실험한 것은 '아시아의 네 마리 용'의 경제 발전 경험을 높이 평가했기 때문이다. 이와 마찬가지로 정치개혁에서도 자오쯔양과 바오퉁(鮑彤: 자오의 정치비서) 등 그를 보좌하는 지식인들은 이들 국가의 정치발전을 높이 평가했다.

예를 들어 바오퉁은 중국의 정치개혁이 단기적으로는 정치 제도화에 힘써 정치체제의 효율성을 높이고, 장기적으로는 정치 민주화를 달성해야 한다는 구상을 갖고 있었다.[22] 이는 한국과 대만 등 아시아의 일부 개발도상국이 추진했던 '정치 제도화 우선 전략'을 모방한 것이다.[23] 자오쯔양이 강조한 당정 분리의 방침도 이런 맥락에서 제기된 것이다. 그 밖에 자오쯔양과 바오퉁은 급격한 민주화를 반대했는데, 이것도 한국과 대만 등 동아시아 국가의 경험에 근거한 주장이었다. 이들의 구상을 종합한 정치개혁 방안이 바로 '신권위주의론'이다.

(2) 지식인의 호응과 '신권위주의론'(1986~1987년)

덩샤오핑의 정치개혁 촉구에 대해 학계와 언론계는 적극 환영하면서 즉각적으로 반응했다. 1986년 6월에 덩샤오핑이 이 문제를 제기한 이후 전국적으로 다양한 학술토론회가 개최되었고, 신문과 잡지에는 정치개혁에 대한 많은 글이 실렸다. 그해 8월 30일 자《인민일보》에는「정치 문제, 토론할 수 있다」라는 글이 실렸다. 요지는 이렇다. 옛날 사회의 인민들은 권리가 없는 지위에 있었기 때문에 국가 대사를 토론하지 못했다. 그러나 신(新)중국의 인민들은 국가의 주인인데 어떤 이유로 자신의 이익과 밀접한 정치 문제를 연구하고 토론하고 논쟁하는 것을 금지하는가?[24] 이는 정치개혁에 대한 논쟁을 벌이자는 일종의 선언이라 할 수 있다.

그런데 정치개혁에 대한 지식인들의 주장 중에는 덩샤오핑의 4항 기본원칙을 정면으로 비판하거나 우회적으로 비판하는 내용이 많았다. 특히 급진적인 주장은 뒤에서 살펴볼 팡리즈(方勵之), 류빈옌(劉賓雁), 왕뤄왕(王若望)에게서 분명하게 나타났다. 또한 1983년의 '정신오염 제거' 운동이 비판했던 인도주의와 소외론도 다시 등장했다. 일례로 9월 8일 자《인민일보》에는 문학 이론가인 류자이푸(劉再復)의「신시기 문학의 돌파와 심화」가 실렸다. 이 글에서 류자이푸는 문학은 마땅히 사회주의적 인도주의를 신성한 깃발로 삼아 높이 들어야 하며, 작가는 전에 없는 열정으로 인성과 인도주의, 인간의 존엄과 가치를 외쳐야 한다고 주장했다. 그의 주장은 많은 사람들의 호응을 얻었다.[25]

지식인들의 주장은 후야오방 등 개혁적인 지도자의 지지 속에서 이루어진 것이었다. 1986년 4월 13일부터 16일까지 상하이시 지식인들과의 좌담회에서 정치국 상무위원이자 서기처 상무 서기인 후치리는 후야오방 총서기와 서기처의 다음과 같은 지식인 방침을 전달했다. 이는 개혁적인 지식인들을 고무시키기에 충분했다.

> 사상 문제는 어찌 되었건 조직 수단으로 해결할 수 없다. 우리는 백화제방(百花齊放) 백가쟁명(百家爭鳴)의 방침을 견지해야 하고, 설득하고 인도해야 하며, 모두 진정으로 마음속의 말을 하도록 장려해야 한다. 또한 의론(議論)을 듣자마자, 특히 민감한 말을 듣자마자 바로 조사하는, 즉 입안(立案)하고 추궁하고 타격하고 억누르는 그런 짓은 하지 말아야 한다. 그와 같은 악랄한 작풍을 다시 해서는 안 된다.[26]

이와 비슷하게 덩리췬을 대신해 중앙 선전부장에 취임한 주허우저(朱厚澤)는 4월 12일에 열린 중국음악협회 4기 2차 상무이사회에서 중앙 선전부의 새로운 지식인 방침을 발표했다. "관송(寬鬆), 관용(寬容), 관후(寬厚)로 조화로운 분위기를 창출하자."가 바로 그것이었다. 이는 덩리췬의 '정신오염 제거'나 '부르주아 자유화' 반대라는 억압적이고 보수적인 방침과는 완전히 달랐다. 이를 반영하듯 5월 8일 자《인민일보》에는 「사회주의 민주가 없으면 사회주의 현대화도 없다」는 평론원의 칼럼이 실렸다.[27]

'신권위주의론'

그런데 이 무렵 이런 개혁적이고 민주적인 주장과 함께 상대적으로 보수적인 개혁론도 등장했다. 신권위주의론이 상하이시의 학자들과 베이징시의 중앙당교를 중심으로 제기된 것이다.[28] 이런 주장은 1988년과 1989년 사이 학자들 간에 격렬한 논쟁을 불러일으켰다.[29] 이 논쟁은 민주주의와 경제 발전 간의 관계를 어떻게 보아야 하며, 양자 중 어느 것이 우선인지 하는 문제를 중심으로 중국의 발전 전략을 모색하는 과정에서 제기되었다. 신권위주의를 주장한 핵심 인물은 자오쯔양의 싱크탱크에 속한 지식인들이었고, 자오쯔양도 이에 상당히 호의적이었다.[30]

또한 자오쯔양에 따르면, 덩샤오핑도 신권위주의에 대한 설명을 듣고는 그것이 바로 자신의 생각이라고 말했다고 한다. 다음은 자오쯔양이 전하는 덩샤오핑과 나눈 대화의 일부다.

신권위주의는 바로 싱가포르 모델이다. 〔그것은〕 정치는 권력 집중(集權), 경제는 개방, 일당독재(專政)와 중앙으로의 권력 집중이다. 내〔자오쯔양〕가 덩샤오핑에게 〔이렇게〕 신권위주의를 설명했을 때, 덩샤오핑은 말했다. '내가 바로 신권위주의다. 그러나 말은 그렇게 할 수 없다.'[31]

신권위주의론은 학술적으로는 새뮤얼 헌팅턴(Samuel P. Huntington)의 정치 이론에 기반하고,[32] 현실적으로는 한국·대만·홍콩·싱가포르 등 아시아 신흥공업국의 경제 발전 성과에 기반하고 있다. 신권위주의론의 주장은 비교적 간단하다. 영토는 넓고, 인구가 많으며, 다양

파벌과 투쟁

한 민족이 존재하고, 경제적으로 낙후되고, 민주주의가 아직 성숙하지 않은 중국이 급속한 경제 발전을 이루기 위해서는 무엇보다 강력한 정치체제를 구축해야 한다. 즉 신권위주의 정치체제가 필요하다. 이 정치체제는 개혁 지향적인 지도자(예를 들어 후야오방이나 자오쯔양)와 이들을 지지하는 지식인들로 구성되어야 한다.

따라서 당장 중국에 민주주의, 특히 서구식 자유민주주의를 전면적으로 실시해야 한다고 주장하는 것은 현실을 무시한 탁상공론에 불과하다. 만약 현재 상황에서 민주주의를 전면적으로 실시할 경우 중국은 커다란 혼란에 빠질 가능성이 높고, 경제 발전은 불가능하게 될 것이다. 이런 면에서 신권위주의론은 '경제 발전 우선 전략' 혹은 '선(先)경제 발전 후(後)민주화'의 개발독재론과 유사하다. 게다가 민주주의의 즉각적인 수립을 반대하고, 대신 민주주의를 실현하기 전에 신권위주의 정치체제라는 중간 단계를 거쳐야 한다고 주장하는 '단계론'이다. 즉 신권위주의론은 '전체주의 → 권위주의 → 민주주의'의 발전 단계를 상정한다.

또한 신권위주의론은 민주주의가 수립되기 위해서는 일정한 전제 조건이 필요하다고 주장한다. 만약 그런 조건을 갖추고 있지 않다면 현 단계에서 해야 하는 우선 과제는 그런 전제 조건을 만드는 일이다. 먼저 중산층이 두텁게 형성되어야 한다. 이들이 민주주의를 지지하고 추진할 핵심적인 사회계층이기 때문이다. 그런데 이런 중산층은 시장경제에 토대를 둔 경제 발전을 통해서만 형성될 수 있다. 따라서 현재는 시장경제의 발전에 매진해야 한다. 나아가

민주주의가 발전하기 위해서는 시민 의식과 민주 의식이 높아져야
하고, 시민사회도 형성되어야 한다.

언뜻 보면 신권위주의론은 '공산당 영도하의 급속한 경제 발
전'을 주장하는 보수파(특히 덩샤오핑)의 주장과 별 차이가 없이 보
인다. 그러나 양자 간에는 큰 차이가 있다. 우선 권위주의 정치체제
를 구성하는 핵심 세력이 다르다. 이들은 기존의 당-국가 체제와
개혁을 막는 보수파에 반대하며, 그들을 대신해 개명적인 지도자와
지식인으로 구성된 개혁 지향적인 지도체제를 구축해야 한다고 주
장한다. 다음으로 이들이 추구하는 경제체제는 정통 사회주의 경제
체제인 계획경제가 아니라 시장경제다. 그 밖에도 시장경제는 단순
히 경제 발전을 위해서 뿐만 아니라 민주주의를 위해서도 필요하다
고 여긴다.[33] 마지막으로 신권위주의론은 궁극적으로 중국에도 민
주주의가 실현되어야 한다고 본다. 반면 보수파 지도자들은 공산당
일당체제를 고수한다.

신권위주의론은 두 방향에서 공격을 받았다. 하나는 보수파, 다
른 하나는 민주주의론자였다. 이 중에서 민주주의론의 비판이 통렬
했다.[34] 민주주의론에 따르면 신권위주의론은 중국의 정치 상황에
서 매우 위험한 발상이다. 중국처럼 전통적으로 권위적인 정치 문
화가 오랫동안 지속된 국가에서, 더욱이 사회주의 혁명 이후 공산
당 일당제의 권위주의 정치체제가 강력히 구축된 국가에서 신권위
주의론은 기존의 권위주의 체제를 합리화하고 온존시키는 역할을
할 수 있기 때문이다.

파벌과 투쟁

또한 신권위주의론은 법치(法治)보다는 인치(人治), 즉 개혁 지향적인 지도자의 강력한 지도력에 의존하는 문제가 있다. 한마디로 이는 현대판 '계몽군주론'이다. 이에 비해 민주주의론은 현재 중국에 필요한 것은 민주주의이고, 이를 위해서는 법치가 필요하다고 주장한다. 마지막으로 이들은 경제 발전과 민주주의 발전은 별개의 과제라고 주장한다. 그래서 경제 발전과 동시에 민주주의를 수립하기 위해 노력해야 한다. 즉 '선경제 발전 후민주 발전'을 주장하는 신권위주의론은 사실상 '민주주의 포기론'에 다름 아니다.

물론 신권위주의론과 민주주의론 간에는 몇 가지 공통점이 있다. 먼저 두 이론 모두 과거의 사회주의 체제를 비판한다. 또한 중국이 추구해야 할 최종 목표가 민주주의와 시장경제라고 여긴다. 특히 시장경제의 중요성에 대해서는 이견이 없다. 마지막으로 서구의 근대화 과정이나 아시아 신흥공업국의 발전 경험에 대해 대체로 긍정적으로 평가한다.[35] 이런 공통점은 보수파의 주장이나 공산당의 공식 입장과는 다르다. 이 때문에 1989년 톈안먼 사건 이후 양자는 모두 비판을 받았고, 이것이 다시 제기되기까지는 10년의 시간이 필요했다.

(3) 반체제 지식인과 '부르주아 자유화 반대'(1986년)

1986년에 덩샤오핑과 지식인들이 정치개혁을 주장했을 때 그들이 마음속으로 생각하는 정치개혁의 내용과 목표는 분명히 달랐다. 덩샤오핑은 경제개혁에 필요한 효율적인 정치체제를 구축하기 위해 정치개혁을 주장했다. 즉 덩에게는 '효율'이 핵심어였다. 반면 지식인들은 전제적인 정치체제를 바꾸어 국민의 기본권을 수호하고 궁극적으로는 중국에도 민주주의를 수립하기 위해 정치개혁을 주장했다. 즉 지식인들에게는 '민주'가 핵심어였다. 이처럼 덩샤오핑과 지식인들 간에는 간극이 있었고, 또 지식인들이 생각하는 정치개혁은 현행 정치체제를 대폭 개혁하는 것이었으므로 결코 실현되기 어려웠다. 그래서 런민대학의 저명한 정치학자 가오팡(高放) 교수는 정치개혁을 "자기가 자기를 수술하는 것(自己給自己動手術)", "호피를 구하는 일을 호랑이와 모의하는 것(與虎謀皮)"이라고 표현했다.[36]

어쨌든 전보다 자유로운 분위기 속에서, 그동안 조심스럽게 민주와 자유와 인권을 주장했던 지식인들이 과감하게 자신들의 주장을 펼치기 시작했다. 팡리즈, 류빈옌, 왕뤄왕, 왕뤄수이(王若水)가 대표적이다. 이들은 사회주의의 어두운 면을 폭로하고, 공산당의 부패를 비판하며, 민주화의 진전을 가속화할 수 있는 정치개혁을 요구했다. 이들은 또한 각 대학의 초청에 응해 주요 대도시를 방문하여 활발한 강연 활동을 전개했다. 즉 이들은 1986년 10월부터 12월까지 3개월 동안 베이징대학, 칭화대학, 베이징사범대학에서 20여 차례의 강연회를 개최했다. 대학생들은 이들의 강연과 발표에 환호했으며, 이들은 곧 청년 학생들의 우상이 되었다. 팡리즈의 강연회

파벌과 투쟁

에 참석했던 한 사람의 말처럼 "그 어떤 국가 원수도 이처럼 환영을 받은 적은 없었다."[37]

팡리즈는 중국과학기술대학 물리학과 교수이자 부총장으로, 이미 국제적으로 이름난 천체물리학자였다. 팡리즈는 1985년과 1986년에 전국의 대학을 돌면서 민주주의를 고취시키는 강연을 했고, 그의 강연은 학생들에게 커다란 영향을 미쳤다.[38] 류빈옌은《인민일보》기자, 중국작가연합회 부주석 등을 역임했다. 그는 특히 공산당 간부의 부정부패나 권력 남용을 신랄하게 비판하는 기사를 쓰기로 유명했다. 왕뤄왕은 중국작가연합회 이사, 상하이시 작가협회 이사 등을 역임한 저명한 문필가였다.(왕뤄수이에 대해서는 앞 장에서 이미 살펴보았다.)

그 밖에 옌자치(嚴家祺) 중국사회과학원 정치연구소 소장도 유명한 개혁적인 지식인이었다. 옌자치는 부인 가오가오(高皋)와 함께 문혁을 비판하는 저서인『문화대혁명 10년사(1966~1976)』를 1986년에 출간했다. 이 책은 출판하자마자 50만 부 이상 팔려 나갔지만 곧 판매 금지당했다. 쑤샤오즈(蘇紹智) 중국사회과학원 마르크스-레닌주의-마오쩌둥사상 연구소 소장도 저명한 사상가이자 급진적인 지식인으로 분류되었다. 그는 '사회주의 체제하에서도 소외현상이 존재한다.'는 소외론으로 유명했다.

반체제 지식인들의 주장

1986년을 전후로 이들은 강연과 글을 통해 몇 가지를 공통적으로 주장했다.[39] 첫째, 사회주의 이념과 체제를 비판했다. 왕뤄수이와 쑤샤오즈는 자본주의뿐 아니라 사회주의에도 소외가 존재한다고 주장하면서 사회주의 체제의 문제점을 비판했다. 마오쩌둥의 독재체제와 문혁은 이런 소외 현상의 대표적인 사례다. 또한 팡리즈는 공개적으로 사회주의 이념과 체제를 비판했다.[40] 그에 따르면 지금까지 존재해 온 "사회주의는 실패작"이며, 중국에서도 중화인민공화국이 수립된 이후 수십 년간 추진되어 온 사업은 실패작이다.[41] 서독은 발전했는데 동독은 그렇지 못한 사실, 일본은 발전했는데 중국은 그렇지 못한 사실이 이를 잘 보여 준다.[42] 류빈옌도 사회주의와 자본주의를 비교하면서 사회주의가 자본주의만 못하다고 주장했다.[43]

동시에 이들은 마르크스-레닌주의의 절대성을 부정했다. 이들이 보기에 마르크스-레닌주의는 다양한 학파나 학설 중 하나일 뿐이며, 다른 어떤 학파나 학설에 비해 절대적 우위를 점유한다고 말할 수 없다.[44] 특히 팡리즈는 자신의 주요 공격 대상이 마르크스주의라고 분명히 말했다. "마르크스주의가 이미 쓸모가 없어졌다는 것은 토론할 여지가 없는 사실이며, 과학자로서 내가 논증할 수 있다."는 것이다.[45] 그런데 이는 곧 공산당의 지도 이념에 대한 도전이자 부정이었다. 이 주장이 사실이라면 공산당은 사상과 이론 면에서 다른 이념과 비교했을 때 어떤 우월성이나 권위를 주장할 수 없기 때문이다.

둘째, 다당제와 삼권분립을 주장했다. 급진적인 지식인 전부는 아닐지라도 일부는 사실상 공산당 일당제의 현행 정치체제를 개혁하고 다당제를 도입해야 한다고 주장했다.[46] 또한 일부는 입법부, 사법부, 행정부 등으로 정치권력을 나누는 삼권분립 체제가 중국에도 필요하다고 주장했다.[47] 팡리즈가 대표적이다. 그에 따르면, "입법, 사법, 행정, 회계 부문은 각기 독립되어야 하며, 그래야만 민주적으로 의견을 반영하고 효율적으로 작업하는 체계를 형성할 수 있다."[48] 한마디로 말해 공산당이 국가와 사회를 지배하는 현상, 공산당으로 권력이 집중되는 현상을 막고 국민이 주권을 제대로 행사하여 국가의 참된 주인이 되도록 만들기 위해서는 삼권분립이 필요하다는 것이다. 특히 문혁을 겪은 지식인들은 공산당이 모든 권력을 장악하고 있는 상태에서는 문혁과 같은 비극이 재연될지 모른다고 경고했다.

그런데 일부 반체제 지식인들이 주장한 다당제와 삼권분립 도입은 '부르주아 자유화'의 대표 주장으로 간주되어 공산당으로부터 심한 비판을 받았다. 이는 4항 기본원칙, 특히 공산당의 영도를 정면으로 부정하는 주장이기 때문이다. 이런 이유로 공산당 지도자는 덩샤오핑이나 천윈과 같은 보수파, 혹은 후야오방이나 자오쯔양과 같은 개혁파를 막론하고 모두 이런 주장을 용납할 수 없었다.

셋째, 국민 기본권 사상을 주장했다. 자유민주주의 국가에서 국민은 언론·출판·사상·집회·결사의 자유 등의 정치적 권리와 거주·신앙·신체의 자유 등의 시민적 권리를 누린다. 이런 기본권은 결코 남에게 양도할 수 없으며, 법에 의하지 않고서는 누구에게도 침해받지 않는 권리다. 중국의 지식인들은 이런 각종 기본권과 자유, 그중에서도 특히 사상·표현·언론·출판의 자유를 강력히 주장했다.[49] 팡리즈에 따르면, 민주주의의 열쇠는 "각 개인 스스로의 권리, 즉 인권(人權)을 우선 인정하는 일"이다. 민주주의는 "이런 권리를 인정한 후에 하나의 사회를 구성하는 것"이다.[50]

같은 맥락에서 반체제 인사들은 민주주의란 '윗사람이 던져 주는 선물'이 아니라 민중들의 투쟁을 통해서만 얻을 수 있는 '값진 보물'이라고 주장했다. 이는 팡리즈의 지론이기도 했다. 뒤에서 보겠지만, 팡리즈는 이런 관점에 입각해서 중국과학기술대학 내에서 지방인대 선거운동이 진행될 때 학생들의 적극적인 참여를 옹호했으며, 이를 저지하는 학교 당국에 맞서 투쟁할 것을 주장했다.[51] 그런데 혁명원로들이 보기에 이런 주장은 청년 학생들이 공산당에 반대하여 시위를 벌이도록 선동하는 말에 불과했다. 1989년 톈안먼 사건에서 이들 반체제 인사들이 학생운동의 '배후 세력'으로 지목된 것은 이 때문이다.

'부르주아 자유화 반대'

덩샤오핑은 4항 기본원칙을 위반하는 이 같은 '부르주아 자유화'의 확산을 그냥 보고만 있지는 않았다. 덩이 정치개혁을 촉구한 것은 분명했지만, 그것은 어디까지나 4항 기본원칙을 견지하며 진행되는 '공산당 주도'의 정치개혁이었다. 공산당 영도와 사회주의를 정면으로 부정하는 반체제 지식인의 활동을 보장하는 것은 그가 생각하는 정치개혁의 범주에는 결코 포함되지 않았다. 결국 '부르주아 자유화'를 반대하고 '정신문명'을 건설하는 긴박한 과제에 직면하여, 공산당은 1986년 가을에 개최되는 공산당 12기 6중전회에서 이 문제를 집중적으로 논의하기로 결정했다.

그런데 정신문명 건설에 대한 결의문의 초고를 작성하는 과정에서 논쟁이 다시 가열되었다. 공산당 지도부 내에서 분화가 발생한 것이다. 먼저 '이념 문제를 어떻게 처리할 것인가.'라는 기본 방침을 놓고 서로 다른 견해가 제시되었다. 후야오방과 선전부장 주허우저는 자신의 방침을 이미 분명히 밝혔다. '개명적인 방침으로 이데올로기 문제에 대응한다.'(후야오방)와 '관송·관용·관후의 세 가지 방침을 제안(주허우저)'한 것이다. 이에 대해 리셴녠 등 원로들은 비판적인 입장을 견지했다. 즉 이는 지나치게 느슨한 대응이고 사실상 자유주의를 허용하는 방침이라고 비판했다.[52]

또한 무엇이 '정신문명 건설'인지를 놓고도 보수파와 개혁파가 대립했다. 개혁파는 정신문명 건설을 '민족정신의 현대화'로 규정했다. 그래서 정신문명 건설은 정신 경계의 개척이고, 가치관의 갱신이며, 문화 소질의 제고로서 전 세계 모든 현대 문명의 선진적인 성과를 흡수해야 한다고 주장했다. 반면 보수파는 정신문명 건설을 "공산주의 사상으로 무장하여 부르주아 자유화의 침투를 방어하는 것"으로 규정했다. 이를 위해 "전국 인민의 사상을 하나의 공통된 이상하에, 마르크스-레닌주의와 마오쩌둥 사상하에 통일해야 한다."라고 주장했다.[53]

「정신문명 건설 지도방침의 결의」라는 연설문의 초고 작성은 후야오방이 맡았다. 후야오방이 준비한 초고에는 '정신오염 제거, 부르주아 자유화 반대, 4항 기본원칙의 견지'라는 표현이 없었다. 대신 다음과 같은 내용이 들어 있었다. 첫째, 경제 건설을 중심으로 경제개혁을 끊임없이 진행하고, 정치개혁을 굳건히 추진하며, 정신문명 건설을 굳건히 강화한다. 둘째, 대외개방은 동요할 수 없는 국가 정책으로 물질문명 건설뿐 아니라 정신문명 건설에도 적용된다. 셋째, 반드시 크게 결심하고 용기를 내어 당대 자본주의 선진국을 포함한 세계 각국의 선진적인 과학기술, 보편적인 경제 관리 경험과 그 밖에 유익한 문화를 배우고 실천 속에서 검증하고 발전시킨다. 이렇게 하지 않으면 우매하게 되고 현대화를 실현할 수 없다. 넷째, 민주·자유·평등·박애의 관념은 인류 정신의 일차적인 대(大) 해방이다.[54] 이를 보면 후야오방이 사상적으로 매우 개방적이고 자유주의적인 성향마저 갖고 있다는 사실을 알 수 있다.

그러나 보수파가 이런 초고 내용을 수용할 리 없었다. 후차오무와 덩리췬은 후야오방이 작성한 초고를 완전히 부정하고 '정신오염 제거'와 '부르주아 자유화 반대'를 핵심으로 하는 새로운 초고(말로는 '수정고'라 불렀다)를 작성하여 덩샤오핑과 천원에게 보냈다. 천원은 '수정고'에 찬성했고, 덩샤오핑은 후야오방의 초고에 찬성했다. 이렇게 해서 보수파와 개혁파의 입장을 대변하는 2개의 초고가 제시되었고, 이를 둘러싸고 여름 휴가지인 베이다이허(北戴河)에서 개최된 회의에서 격렬한 논쟁이 전개되었다.[55]

파벌과 투쟁

먼저 후차오무, 덩리췬, 왕전, 펑전, 보이보, 위추리는 후야오방의 초고를 비판했다. 그동안 공산당이 강조한 '부르주아 자유화 반대'가 빠져 있다는 것이 이유였다. 이런 비판에 직면하여 후야오방은 양보할 수밖에 없었고, '부르주아 자유화 반대'를 수용했다. 그래서 "부르주아 자유화는 사회주의 제도의 부정이며 자본주의 제도를 주장하는 것으로, 인민의 이익과 역사 조류의 근본적인 위반이며, 광대한 인민이 굳건히 반대하는 바이다."를 초고에 추가했다.

그런데 루딩이(陸定一: 전 공산당 중앙 선전부 부장)가 반대하고 나섰다. "애매하게 자유화 반대를 제기하는 것은 원칙상으로, 또한 헌법이 규정한 언론·학술·창작의 자유 등 인민의 기본권과 충돌한다."는 것이다. 또한 "이것이 조성할 결과는 매우 나쁘며, 우리나라의 학술 문화와 정치 생활 민주화의 번영에 매우 불리하다."라고 말했다. 후야오방은 최종적으로 후차오무의 수정고도, 루딩이의 문제 제기도 받아들이지 않고 약간의 보완을 마친 자신의 초고를 확정했다.[56]

이런 충돌은 1986년 9월에 개최된 공산당 12기 6중전회로 이어졌다. 루딩이는 자신이 속한 소조 모임에서 '부르주아 자유화 반대'에 이의를 제기했으나 다른 사람의 동의를 얻지 못했다. 그러자 이번에는 전체회의에서 다시 한 번 반대 의견을 발표했다. 그의 발언은 커다란 박수를 받았고, 완리도 루딩이의 발언을 지지했다. 반면 위추리와 양상쿤은 루딩이의 발언을 비판했다.[57]

이때 논쟁을 지켜보던 덩샤오핑이 화가 나서 강력하게 루딩이를 비판했다.[58]

부르주아 자유화 반대는 내가 가장 많이 이야기했고, 또한 내가 가장 잘 지켰다. 왜 그런가? 첫째, 현재 대중 중에, 젊은이 중에 한 사조가 있는데 그 사조가 바로 자유화다. 둘째, 외부에서 선동하는 것이다. 예를 들어 홍콩과 대만의 의론이 있는데, 모두들 우리의 4항 기본원칙을 반대하고, 우리가 자본주의 제도를 노입해야 한다고 주장한다. 그렇게 해야 비로소 진정으로 현대화를 한다고 간주한다. 자유화는 무엇인가? 실제로 그것은 우리의 현행 정책을 자본주의의 길로 끌고 가는 것이다. (……)

자유화 그 자체는 부르주아지(자산계급)의 것이며, 프롤레타리아 자유화나 사회주의 자유화란 없다. 자유화 그 자체는 우리의 현행 정책과 현행 제도의 대항이다. 반대 혹은 수정이라고 해도 좋다. 실제 상황을 보면, 자유화를 하는 것은 우리를 자본주의의 길로 끌고 가는 것이며, 따라서 나는 부르주아 자유화 반대라는 표현법(提法)을 쓴다. 여기서 무엇을 쓰고 저기서 무엇을 쓰건 중요하지 않고, 현실 정치는 우리가 「결의」에 이것〔즉 '부르주아 자유화 반대'〕을 써 넣을 것을 요구한다. 내가 쓸 것을 주장한다. 〔내가〕 보건대, 자유화 반대는 이번뿐만이 아니라 앞으로 10년, 20년은 더 이야기해야 한다.[59]

덩샤오핑의 이 발언으로 모든 토론은 끝났다. 그가 이렇게 선언한 상황에서 감히 누구도 이의를 제기할 수 없었다. 회의가 끝난 후 후야오방은 덩의 발언이 아직 정리되지 않았다며 「결의」만 외부에 발표하고 '논쟁'은 아직 발표하지 말라고 지시했다. 그런데 왕전은 중앙당교에서 덩샤오핑의 발언을 인쇄하여 배포했다. 그러면서 후야오방이 고의로 덩샤오핑의 뜻을 왜곡한다고 비판하고, 덩리췬과 후차오무에게 이를 덩에게 보고하라고 지시했다. 보수파가 덩샤오핑의 발언을 무기로 '부르주아 자유화 반대' 투쟁을 본격적으로 전개하기 시작한 것이다.

이렇게 덩샤오핑의 강력한 주장으로 '부르주아 자유화 반대'는 당론으로 결정되었다. 후야오방은 지식인 문제에 제대로 대처하지 못했다는 비판 속에서 매우 피동적이고 어려운 처지에 다시 몰리게 되었다. 이런 상황에서 학생운동이 발생했던 것이다.

자오쯔양의 정치비서였던 바오퉁(鮑彤)

바오퉁은 중국의 정치개혁이 단기적으로는 정치 제도화에 힘써 정치체제의 효율성을 높이고, 장기적으로는 정치 민주화를 달성해야 한다는 구상을 갖고 있었다. 이는 한국과 대만 등 아시아의 일부 개발도상국이 추진했던 '정치 제도화 우선 전략'을 모방한 것이다. 자오쯔양이 강조한 당정 분리의 방침도 이런 맥락에서 제기된 것이다. 그 밖에 자오쯔양과 바오퉁은 급격한 민주화를 반대했는데, 이것도 한국과 대만 등 동아시아 국가의 경험에 근거한 주장이었다. 이들의 구상을 종합한 정치개혁 방안이 바로 '신권위주의론'이다.

왕뤄왕
(王若望, 1918~2001)

1980년대 반체제 지식인 중 한 명인 왕뤄왕은
중국작가연합회 이사, 상하이시 작가협회 이사
등을 역임한 저명한 문필가다.

팡리즈
(方勵之, 1936~2012)

팡리즈는 중국과학기술대학 물리학과
교수이자 부총장으로, 이미 국제적으로 이름난
천체물리학자였다. 팡리즈는 1985년과 1986년에
전국의 대학을 돌면서 민주주의를 고취시키는
강연을 했고, 그의 강연은 학생들에게 커다란
영향을 미쳤다.

류빈옌
(劉賓雁, 1912~1992)

1980년대 말 반체제 지식인 중 한 명인 류빈옌은
《인민일보》 기자, 중국작가연합회 부주석 등을
역임했다. 그는 특히 공산당 간부의 부정부패나
권력 남용을 신랄하게 비판하는 기사를 쓰기로
유명했다.

5 학생운동과 후야오방의 퇴진

1986년 9월에 개최된 공산당 12기 6중전회에서 통과된 「정신 문명 결의」는 현실에서 큰 효과가 없었다. 덩샤오핑의 정치개혁 주 장으로 촉발된 지식인과 학생들의 민주주의 요구는 이미 공산당의 결정만으로 해결할 수 있는 상황이 아니었다.

그해 11월 안후이성 허페이시(合肥市)의 중국과학기술대학(과기 대) 시위를 시작으로 학생운동이 전국으로 확산되었다. 이 중 상하 이시와 베이징시의 학생 시위는 가장 규모가 컸고, 이는 덩샤오핑 을 포함한 원로들에게 큰 충격을 주었다. 반면 후야오방은 여전히 대화와 인도를 통해 문제를 해결하자고 주장했으나 원로들은 이런 나약한 총서기를 더 이상 용납할 수 없다며 비판 회의를 소집하기 에 이른다.

(1) 학생운동의 발생(1986~1987년)

학생운동은 안후이성 허페이시에 있는 과기대의 시위로 시작
되었다. 1986년 11월 하순에 시작된 지방인민대표대회(지방인대) 대
표 선거 과정에서 학생들은 학교 당국의 일부 비민주적인 행태에
불만을 품고, 12월 1일에 「과대 유권자(科大選民)에게 드리는 편지」
라는 제목의 대자보를 붙였다. 이들은 대자보를 통해 "인민대표대
회(人大: 인대)는 소수의 고무도장"이라고 비판하며, "진정한 민주를
위해 투쟁하자!"고 호소했다. 이로써 학생 시위의 서막이 열렸다.

12월 4일에는 인대 대표의 후보와 유권자가 만나는 일종의 합
동 유세회가 개최되었다. 여기서 8명의 학생 후보는 과기대를 "민주
특구(民主特區)"로 만들자고 주장했다. 이 학교의 부교장인 팡리즈
는 이들의 발언을 적극 지지했다. 그는 이렇게 강조했다. "정치개혁
토론은 이미 오랫동안 했다. 많은 사람들이 돌파구는 지방에 있다고
말했는데, 군중들이 이번 사건을 통해 보여 주었다. 우리는 개혁 추
진의 방법을 찾을 수 있을 것이다." 또한 그는 "민주는 위에서 아래
로 주는 것이 아니라 우리 스스로 쟁취하는 것"이라고 강조했다.[1]

학생들은 적극 호응했다. 12월 5일 오후 1시에 과기대, 허페이
공업대학, 안후이대학 등에서 수천 명의 학생들이 합동 시위를 전
개했다. 학생들은 외쳤다. "내려 주는 민주는 필요 없다!" "진정
한 민주는 우리의 투쟁으로!" "봉건 독재 타도!" "관료주의 타도!"
"쑨중산(孫中山: 쑨원) 만세!" "민주, 민권, 민생을 원한다!" 이어서

12월 9일에 2차 학생 시위가 대규모로 벌어졌다. 2000명의 학생들이 정부 청사로, 2000명의 학생들이 《안후이일보》로 달려가 학생들의 시위를 보도하라고 요구했다.

이 무렵 과기대 교내에 매우 민감한 전단이 살포되었다. 제목은 「일당독재는 민주를 방해하는 주요 장애물이다」였다.

> 중국공산당은 이미 민주 발전의 주요한 장애물이다. (······) 마르크스주의는 하나의 과학으로 인류 사회의 실천을 지도하는 데 적지 않은 역할을 했다. 그러나 그것은 하나의 과학일 뿐이며, 다른 모든 곳에 적용되는 어떤 진리는 아니다. 그것은 사회과학의 한 분과일 뿐이고, 기타 사회과학과 동등한 지위를 갖는다. (······) 인민공화국의 일체 권리는 인민에게 있다! 중국공산당은 하나의 정당, 하나의 사회단체로서 절대로 인민 위에 군림할 수 없고, 다른 정당과 동등한 지위를 누릴 뿐이다.[2]

상하이시의 학생운동과 장쩌민의 활약

과기대의 학생 시위는 다른 곳으로 퍼져 나가기 시작했다. 상하이시에는 1986년 12월 7일과 18일에 퉁지대학(同濟大學)에 「과대(科大)는 행동하는데 우리는 어떻게 할 것인가?」라는 대자보가 붙었다. 12월 18일에는 당시 시장이던 장쩌민이 자신의 모교인 자오퉁대학(交通大學)을 직접 방문해서 학교 및 학생들의 상황을 시찰했다. 장쩌민은 학생들과 대화를 나누면서 학생 시위를 선제적으로

막는 데 성공했다. 이는 매우 유명한 일화가 되었는데, 간단히 소개하면 이렇다.[3]

장쩌민이 강당의 단상에서 마르크스주의, 사회주의, 공산당의 영도 등을 강연하고 있을 때, 학생들은 야유를 퍼부었다. 일부는 밑에서 웅성거리며 사회주의 제도를 비판했다. 장쩌민은 학생들에게 말했다.

"네 이름이 무엇이냐? 올라와서 말할 수 있느냐?"

한 학생이 앞으로 나와 세 마디를 했다.

"첫째, 모두 시장을 존중합시다. 둘째, 시장님, 훈시는 짧게 해 주십시오. 셋째, 내 이름, 주소, 연락 전화는 이렇습니다."

장쩌민은 말을 이어 갔다.

"학교에 들어올 때 보니 대자보에 '국민의, 국민을 위한, 국민의 정부(民有民享民治政府)'라고 쓴 것을 보았는데……."

그때 갑자기 한 학생이 소리쳤다.

"당신은 그게 누구의 말인지 압니까?"

장쩌민이 반문했다.

"학생들 중에 혹시 게티즈버그(Gettysburg) 연설의 전문을 외울 수 있는 사람이 있는가?"

대답이 없었다. 그러자 장쩌민은 영어로 된 전문을 암송했다. 학생들은 아무 말도 하지 못했다. 장쩌민은 학생들에게 한 수 가르친다는 태도로 말했다.

"여러분은 아직 어리고, 단지 서방 민주의 모피만을 알 뿐이지 그 실질을 이해하지 못한다."

장쩌민의 영웅담은 오래가지 못했다. 12월 19일에 퉁지대학, 푸단대학의 일부 학생들이 다시 시위를 시작했고, 시내 중심인 인민광장에서 자오퉁대학 등지에서 온 학생들과 합류했다. 이들은 "자유 만세!" "학생 만세!" "단결분투!"라는 펼침막을 걸었다. 수만 명의 구경꾼이 모여들었다. 이들은 시장과의 대화를 요구했고, 부시장이 나와 대화했으나 성과가 없었다. 그러자 이번에도 다시 장쩌민이 나와 학생들을 설득해서 새벽 녘에 귀교시켰다. 이때 상하이시 정부가 버스를 제공했다.

곧이어 12월 22일과 23일에 다시 퉁지대학, 자오퉁대학, 푸단대학 등 20여 개의 대학들이 가두시위를 전개했다. 이로 인해 상하이시의 전체 교통이 마비되었다. 학생들은 외쳤다. "우리의 인권을 돌려달라!" "우리의 자유를 돌려달라!" "구타한 놈을 엄벌하라!" "파시스트를 타도하자!" "체포 학생을 석방하라!"

베이징시의 학생운동과 덩샤오핑의 지시

상하이시 외에도 우한(武漢), 항저우(杭州), 난징(南京), 청두(成都), 시안(西安), 톈진(天津), 창사(長沙) 등의 대도시에서 4항 기본원칙을 겨냥하는 시위가 전개되었다. 이 중 베이징시의 시위는 상하이시 시위와 함께 대표적인 학생운동으로 기록되었다.

베이징시에서의 시위는 1986년 12월 10일에 시작되었다. 칭화대학과 베이징대학에 과기대의 상황을 소개하는 대자보가 붙었고,

12월 23일에는 칭화대학, 베이징대학, 런민대학 학생 3000명이 런민대학에 모여 시위를 벌였다. 이에 대응하여 12월 26일에 베이징시 인민대표대회 상무위원회는 「베이징시 시위 임시규정」(소위 '10조 규정')을 제정했다. 모두 10조로 구성된 「규정」의 핵심은 시위는 사전에 공안 기관에 등록한 후 허가를 받아야만 할 수 있다는 조항이다. 이를 무시하듯 12월 29일에 베이징사범대학 학생들이 베이징대학에 진입하여 시위를 벌였다.[4]

12월 31일에는 베이징대학, 칭화대학, 베이징사범대학 등에 '수도 대학생 민주운동연합회(首都高校學生民主運動聯合會)' 명의로 「원단(元旦)에 시위하자!」라는 대자보가 붙었다.

> 우리 1차 연합 시위 활동은 신년 원단에 시작한다. 정오 12시에 시작하여 오후 5시에 끝나며, 장소는 창안가(長安街) 신화먼(新華門) 〔당정 최고 지도자들이 거주하는 중난하이(中南海)의 입구〕이고, 방식은 연좌시위다. 그때 대표들은 당국에 다음 사항의 요구를 제시한다. (1) 기층 당원이 공산당 13차 당대회 대표를 민주적으로 선출하고, 대표들이 중앙위원을 민주적으로 선출한다. (2) 인민이 인민대표를 민주적으로 선출하고, 정부 구성원은 인대가 제안·심의·임명한다. (3) 민간인(私人)과 단체의 자체적인 신문 발행을 허락하며, 독점적인 언론 매체의 추악한 국면을 철저히 바꾼다. (4) 정치 박해를 금지하고, 정치범을 석방하며, 민주운동으로 인해 청년 학생을 체포하지 않는다. (……)[5]

드디어 덩샤오핑이 나섰다. 덩은 1986년 12월 30일에 후야오 방, 자오쯔양, 완리, 후치리, 리펑, 허둥창(何東昌: 국무원 교육위원회 부주임) 등을 불러 학생들의 시위에 강경하게 대처하라고 지시했다. 여기에는 덩샤오핑이 1989년 톈안먼 민주화 운동을 포함하여 모든 민주화 운동을 바라보는 관점과 태도, 그리고 이에 대한 일관된 대처 방침이 들어 있다.

　　학생 시위는 큰일이야 일어나지 않겠지만, 문제의 성질에서 보면 매우 중대한 사건이다. 무릇 〔학생들이〕 톈안먼〔광장〕을 뚫고 들어올 때는 굳건한 조치를 취해야 한다. 베이징시가 이미 시위 규정을 공포했는데, 그것은 법률 성질이고 반드시 굳건히 집행해야 하고 결코 양보할 수 없다. 우리가 이전의 학생 소요〔1985년 9~10월 반일 시위를 말함.〕에서는 주로 소통과 인도(疏導)의 방법을 사용했는데, 그것은 필요한 조치였다. 소통과 인도는 법률 수단의 운용도 포함한다. 만약 사회질서를 파괴하고 형법에 저촉되면 반드시 굳건히 처리해야 한다. 무릇 일이 벌어지는 곳을 보면, 그곳의 지도자는 깃발이 선명하지 못하고 태도가 굳건하지 못하다. 이것은 한두 곳의 문제가 아니며, 1~2년의 문제도 아니다. 몇 년 동안 부르주아 자유화 사조 반대에서 깃발이 선명하지도, 태도가 굳건하지도 못한 결과다. 깃발 선명하게 4항 기본원칙을 견지해야 하는데, 그러지 않아 부르주아 자유화를 방임했다. 문제는 바로 여기에 있다. (……)

〔(『덩샤오핑 선집』에는 없지만 원래 했던 말) 〔1980년대에〕 폴란드 지도자는 정신을 똑바로 차리고 태도를 굳건히 하여 노동연대(Solidarity)와 교회 세력이 결탁하고, 여기에 서방 세력의 지원을 받는 상황에 직면하여, 군사 통제를 이용하여 국면을 통제했다. 이는 독재 수단(專制手段)을 사용하지 않으면 안 된다는 것을 증명한다.)[6] 독재 수단이 없으면 안 된다. 독재 수단은 말만 할 것이 아니라 반드시 필요할 때에는 사용해야 한다. 당연히 사용할 때에는 신중해야 하고 사람을 붙잡을 때에는 최소화해야 한다. 그러나 만약 어떤 사람이 유혈 사태를 일으킨다면 어떤 방법이 있겠는가? 우리의 방침은 먼저 그들의 음모를 폭로하고, 최대한 유혈 상태를 피하면서 — 설사 우리 사람이 다치는 한이 있어도 — 사태를 일으켜 형법을 저촉한 사람을 의법 처리해야 한다. 이렇게 결심하지 않으면 이 사건을 제지할 수 없다. 만약 조치를 취하지 않으면 우리가 후퇴하는 것이고, 이후에는 더욱더 곤란해진다.[7]

덩샤오핑의 이 말은 1989년 톈안먼 시위의 유혈 강경 진압에 대한 암시 혹은 사전 경고로 들린다. 공산당과 정부는 덩의 지시에 즉각 반응했다. 우선 1987년 1월 1일에 톈안먼 광장에 대한 엄중한 경계가 실시되었다. 오후 1시쯤 수백 명의 학생들이 국가박물관 쪽에서 튀어나와 "10조 수정!" "폭정 반대!" "언론 자유!" 등의 구호를 외치다가 이 중 52명이 체포되었다. 낮 시위가 무산되자 학생들은 교내에서 항의 활동을 전개했다. 1월 2일 새벽 1시 30분에 학생들의 교외 시위가 시작되었다. 약 400명이 3시 30분에 톈안먼 광장에 도착했고, 학교가 제공하는 차량을 타고 5시 30분에 귀가했다. 한편 베이징시 학생연합회의 1월 1일 시위 호소에 따라 18개의 성·직할시의 28개 도시에 있는 대학에서 대자보가 붙고 집회가 열렸다.[8]

한편 학생운동의 처리 방침을 놓고 총서기 후야오방과 나른 지도자들, 특히 혁명원로들 간에 갈등이 깊어져 갔다. 후야오방은 학생 지도자에 대해 '냉정한 처리(冷處理)'와 함께 '소통과 인도'를 통한 문제 해결을 주장했다. 그가 1985년 9~10월에 베이징시에서 벌어졌던 반일(反日) 학생 시위를 평화적으로 해결했던 방식이다. 반면 혁명원로들과 다른 지도자들은 달리 생각했다. 예를 들어 톈진시 당서기인 리루이환(李瑞環)은 강경한 방침을 주장했다. "중국공산당의 영도권은 수천만 명의 혁명 열사의 머리로 얻은 것이다. 누가 우리의 영도권을 요구한다면 그만큼의 머리를 내놓아야 한다." 그는 톈진시 당위원회 회의에서 후야오방의 방침이 지나치게 나약하다고 비판했다. 덩샤오핑은 리루이환을 칭찬했다.

1986년 12월 25일에는 왕전이 천피셴(陳丕顯)과 함께 톈진시를 방문하여 리루이환을 격려했다. 또한 그곳의 원로 간부들을 만나 이야기할 때, 왕전은 흥분하여 탁자를 치면서 학생운동과 일부 반체제 지식인뿐 아니라 후야오방도 격렬하게 비난했다.

반혁명 분자들이 반란을 일으켰다(造反)! 민족의 패륜아들이 말을 만들고 일을 꾸미고 파괴하며, 공산당을 전복시키려고 한다.

　　　　　　　　　　　　　　　　　　파벌과 투쟁

(······) 현재도 아직 우파(右派)가 있고, 현재도 아직 반혁명이 있다! 무슨 팡리즈(方勵之)인가, 반혁명이지! (······) 어떤 사람〔후야오방을 지칭〕은 무슨 냉처리인가를 말하는데, 열처리(熱處理)다. 열처리는 총을 쏘고 구덩이에 처넣는 것(一槍一窟窿)이고, 냉처리는 얼려서 아이스 바(凍成冰棍)를 만드는 것이다. 우리의 감옥은 장칭(江青)도 가두었는데, 왜 그따위 교수와 대학원생을 가두지 못하는가?[9]

왕전의 분노와 비난은 12월 31일에 있었던 중앙당교 회의의 발언으로 이어졌다.

너희에게 300만 명의 학생이 있다면, 내게는 300만 명의 해방군이 있다. 내가 그 개자식들의 대가리를 치겠다! (······) 너희는 우리가 누군지 아느냐? 나는 관제묘(關帝廟)에서 큰 칼을 들고 서 있는 저우창(周倉)〔『삼국지』에서 관우를 호위했던 충성스런 무장〕이다. 믿지 못하겠으면 와서 시험해 보라![10]

학생운동에 대한 덩샤오핑의 지시에 따라 1987년 1월 6일에는 '중앙 1호' 문건이 비공개로 하달되었다. 이로써 1982년부터 1985년까지 5년 동안 지속되던 '농촌 중앙 1호 문건의 시대'가 여기서 끝났다. 1987년의 '중앙 1호' 문건은 덩이 1986년 12월 30일에 발언한 내용(앞에서 인용)을 정리한 것이다. 동시에 이 문건은 총서기 후야오방을 비판한다는 사실을 공산당 전체에 공포했다.

현재 부르주아 자유화 반대 투쟁은 우리 당의 운명과 사회주의의 앞길, 전면적인 개혁과 대외개방의 성패와 관계된다. 따라서 깃발이 선명하고 입장이 굳건하게 투쟁의 대열에 서야 한다. 어떤 형식으로든 학생 시위에 참여하거나 지지하는 것은 절대로 허용하지 않는다. 위반자는 공산당 규율(黨紀), 공청단 규율(團紀), 정치 규율(政紀), 학교 규율(校紀)로 처분하고, 상황이 엄중하고 교육을 통해 개조할 수 없으면 엄중 처리한다.[11]

이후 공산당은 학생운동 관련자들을 일사천리로 처리했다. 1987년 1월 12일에 공산당 중앙과 국무원은 과기대의 관웨이옌(管惟炎) 교장과 팡리즈 부교장을 파면했다. 같은 해 1월 13일에 상하이시 기율검사위원회(기위)는 왕뤄왕의 당적을 박탈했다. 다음 날 중앙기위는 "누구든지 당의 정치규율을 위반하거나, 4항 기본원칙을 위반하거나, 부르주아 자유화를 선전하는 사람은 당기 처분을 받는다."라는 통지를 하달했다. 이어 1월 17일에 안후이성 기위는 팡리즈의 당적을 박탈했고, 1월 23일에 《인민일보》당위원회는 류빈옌의 당적을 박탈했다.[12] 왕뤄왕, 팡리즈, 류빈옌은 덩샤오핑이 1986년 12월 30일에 후야오방 등을 불러 지시할 때, 직접 이름을 거명하면서 비판했던 '부르주아 자유화'의 대표 인물들이었다.

이렇게 해서 학생운동은 끝났다. 그러나 그 불씨는 여전히 살아 있었고, 2년 후 톈안먼 광장과 전국의 주요 대도시에서 더욱 크게 타올랐다.

학생운동의 원인: 2개의 다른 진단

그렇다면 학생 시위는 왜 발생했는가? 이에 대해서는 개혁파와 보수파가 다르게 주장한다. 먼저 후야오방이 지도하는 서기처의 인식을 살펴보면, 1986년 12월 8일 후치리의 주재로 서기처 회의가 개최되어 학생 시위 문제를 토론했다. 회의에서는 두 가지가 원인으로 지목되었다. 첫째는 교내 문제에 대한 불만으로 원인의 3분의 2를 이것으로 진단했다. 형편없는 음식, 치안 부재 등에 학생들이 폭발했다는 것이다. 초기의 주장은 주로 여기에 집중되었다. 둘째는 민주와 자유 등과 관련된 것으로 원인의 3분의 1에 해당한다고 간주했다. 11월 하순 이후 시위에서 이에 대한 주장이 강화되기 시작했다.[13]

이런 원인 분석에 입각하여 서기처는 세 가지 판단을 내렸다. 첫째, 지금은 전국의 경제 상황이 건국 이래 가장 좋은 시기 중의 하나다. 둘째, 현재 발생한 문제는 학생들 간에 생긴 것이므로 전국 정세에 영향을 미치지는 않을 것이다. 원인을 분석해 보면 학교 관리에 확실히 문제가 있고, 민주 생활 면에도 문제가 있다. 개선하고 개혁해야 한다. 셋째, 잘 인도해야 한다. 진압하면 안 되고, 단숨에 일축해 버려도 안 된다. 그렇다고 방임해서도 안 되는데 그렇게 하면 파란을 일으킬 것이다. 이때 후야오방은 중국도 자본주의 사회(예를 들어 홍콩)의 시위 처리법을 배워서 적용해야 한다고 주장했다. 공동 조사와 대화 등 평화적인 방법을 이용한 문제 해결이 그것이다. 또한 자유와 민주에 대한 "적당한(適當)" 논의는 좋지만 일정

한 범위를 벗어나서는(出格) 안 된다고 말했다.[14)]

반면 보수파의 판단은 달랐다. 예를 들어 1986년 12월 24일에 개최된 중앙 3개 직속기구 회의에서 허둥창은 학생 시위의 원인으로 몇 가지를 들었다.(참고로 이 회의에는 리펑도 참석했다.) 먼저, 사상계(思想界)에 있는 일부 인사의 무책임한 연설과 글이 원인이었다. 또한 한국과 소련 등에서 발생한 민주화 운동의 영향도 받았다. 그 밖에 대학교 내의 문제도 이번 운동을 초래하는 원인이었다. 학생들의 사회적 책임감 부족, 대학교 당국의 사상 정치공작의 미흡, 학생 수의 급증과 열악한 학교 시설 등이 대표적이다.

또한 이 회의에서 허둥창은 이번 학생운동이 세 가지 특징을 갖고 있다고 지적했다. 첫째로 민주·자유·관료 독재의 반대를 구실로 일을 꾸민다. 둘째로 학생들이 상호 연대한다. 셋째로 헌법에 위배되는 구호를 제창한다. 일례로 학생들은 "4인방을 원하지 후야 오방은 필요 없다!" "화둥(華東) 5성의 자치(自治)를!" "민주·민권(民權)·민치(民治)!" "마르크스주의를 중국에서 추방하자!" 등을 외쳤다.[15)] 이런 허둥창의 판단은 덩샤오핑과 천윈 등 원로들의 판단과 일치했다.

마지막으로 학생들은 시위의 원인을 달리 분석했다. 학생들이 대자보나 구호에서 구내식당의 음식 등 교내 문제를 말하는 것 같지만 이것은 표면적인 원인이고 실제 원인은 다른 곳에 있다. 하나는 정치개혁과 경제개혁이 제대로 추진되지 않는 것에 대한 불만이다. 다른 하나는 부정부패 확산에 대한 불만이다. 학생들은 현재 보수파와 개혁파가 나뉘어져 있다고 생각했고, 개혁파를 지원해 개혁의 깃발을 높이 들어 더욱 힘 있는 개혁을 추진해야 한다고 주장했다.[16] 이런 학생들의 분석에 대한 타당성은 1989년에 톈안먼 시위가 발생함으로써 증명되었다.

이처럼 학생운동의 원인에 대한 진단이 공산당 지도부 내에서 달랐기 때문에 이에 대한 해결책도 서로 달랐다. 예를 들어 개혁파는 학생들과의 대화 등 평화적인 방법을 통한 문제 해결을 주장했다. 그러나 정치의 주도권은 덩샤오핑과 천윈 등 혁명원로들이 장악하고 있었다. 때문에 단속과 진압 등 강경한 정책을 주장하는 보수파의 견해가 주류가 되어 학생운동을 처리했다.

(2) 후야오방의 퇴진(1987년 1월)

자오쯔양에 따르면, 후야오방의 퇴진은 1986년 여름 베이다이허 회의 때 원로들 사이에서 이미 결정되었다고 한다. 부르주아 자유화 반대에 대한 후야오방의 우유부단한 태도, 덩샤오핑을 비롯한 원로들의 퇴진 문제 거론 등 몇 가지 이유로 원로들은 후야오방이 총서기직을 맡는 것이 더 이상 적합하지 않다고 판단했다. 다만 당시 결정은 1987년 가을에 개최 예정인 공산당 13차 당대회에서 모양새 있게 후야오방의 직무를 교체하자는 식으로 논의되었다. 예를 들어, 공산당 총서기에서 중앙고문위 주임으로 자리를 옮길 수 있다. 덩샤오핑은 이런 인사 변경을 후야오방과 사적으로 논의했고, 후도 이를 기꺼이 받아들였다고 한다.[17] 그런데 1986년 12월에 터진 학생운동은 원래 예정된 후야오방의 퇴진을 더욱 앞당겼고, 그 방식도 명예로운 퇴진이 아니라 당내 비판을 통한 사실상의 파면으로 바뀌었다.

후야오방의 비판 모임 준비는 1987년 1월 4일에 시작되었다. 자오쯔양에 따르면, 그날 갑자기 덩샤오핑 집에서 회의가 개최되었다. 회의에는 덩샤오핑, 천윈, 양상쿤, 보이보, 왕전, 펑전, 완리, 자오쯔양이 참석했다. 리셴녠은 상하이에 있었기 때문에 참석할 수 없었다. 먼저 덩은 후야오방이 제출한 편지를 공개했다. 총서기로서 신중하지 못한 일 처리, 4항 기본원칙의 준수와 부르주아 자유화 반대에서 나타난 문제점 등을 스스로 인정하고 사직을 요청하는 내용이었다. 회의 참석자들은 당연히 후야오방의 사직에 동의했고 이에 대한 반대 의견은 없었다.

이후 덩샤오핑은 후야오방을 대신하여 공산당 13차 당대회 이전까지 당무를 주관할 '5인 소조'를 구성했다. 자오쯔양, 완리, 후치리, 보이보, 양상쿤이었다. 이들 중 보이보는 천윈의 대리인, 양상쿤은 덩샤오핑의 대리인 성격을 띠고 있었다. 또한 덩은 '부드러운 방식(軟處理)'으로 후야오방 문제를 처리하자고 제안했다. 첫째, 후야오방이 총서기직에서는 물러나지만 정치국 상무위원은 유지하도록 해서 국내외 파장을 줄인다. 둘째, 중앙고문위가 주체가 되어 민주생활회(民主生活會: 당 영도 간부들이 참여하는 모임)를 개최하여 후

파벌과 투쟁

야오방의 잘못을 비판하고 충고한다. 셋째, 중앙위원회 전체회의의 형식이 아니라 정치국 확대회의 형식으로 후야오방의 사직을 수락한다고 선포한다. 이것도 역시 후야오방 퇴진의 충격을 최소화하기 위한 조치였다.

이런 덩샤오핑의 후야오방 처리 방침에 대해 아무도 의견을 내지 않았다. 다만 천원은 활기찬 모습으로 회의 내내 비교적 많은 말을 했다고 한다. 그는 특히 "오늘 결정은 합법적이고 절차에 부합한다고 매우 정중하게 선포"했다.[18] 이후의 번복을 사전에 막기 위한 발언이라 할 수 있다.

후야오방 비판 회의 개최

자오쯔양에 따르면, 후야오방을 비판하기 위한 민주생활회는 I월 10일부터 15일까지 오전 중에 진행되었고, 그중 하루는 종일 열렸다. 회의는 중앙고문위 명의로 소집되었고 보이보가 주관했다. 참석자는 중앙고문위 상무위원, 정치국원, 서기처 서기, 국무원 국무위원, 전국인대 부위원장과 전국정협 부주석, 중앙군위의 각 부서장, 공산당 중앙 각 부서 책임자들이었다. 덩샤오핑과 천원, 리셴녠은 회의에 참석하지 않았다. 다른 자료에 의하면 참석자들은 정치국원과 혁명원로 등 모두 I7명이었으며 원로들이 회의를 주도했다.[19]

후야오방 비판 회의가 개최되기 사흘 전인 1987년 I월 7일에 5인 소조는 예비회의를 개최했다. 회의에서는 덩샤오핑의 지시에 따라 "회의 분위기를 가급적 부드럽게 한다."라는 방침을 재확인했다.[20] 또한 자오쯔양은 민주생활회 개최 하루 전인 1월 9일 밤에 후야오방의 집을 방문해서 회의의 방침과 이후에도 후가 정치국 상무위원의 자리를 계속 유지할 수 있도록 허용했다는 결정을 알려 주었다.[21] 그러나 실제로 비판 회의는 이렇게 '부드럽게' 진행되지 않았다.

후야오방의 입장에서 볼 때, 그가 범한 가장 큰 실수는 이 모임의 진정한 목적을 정확히 몰랐고, 그래서 제대로 대비하지 못했다는 점이다. 그는 단순히 사직서만 제출하면 끝나는 것으로 생각했다. 그래서 민주생활회의 첫날인 1월 10일에 "대국(大局)을 고려해서" 또한 "일부 내 사람들을 보호하기 위해" 자기의 본심과는 다르게 일종의 자기비판인 「자기검토(我的檢查)」를 발표했다.[22] 그리고 이를 근거로 사직을 요청했다. 이는 이미 정해진 절차였다.

나는 정치 원칙의 엄중한 잘못을 범했고, 당에 엄중한 손해를 조성했다. 정치적으로 나는 단지 '좌경화(左)'의 방지에만 주의했지 우경화(右)의 방지에는 주의하지 못했다. 사람 등용(用人)에서 내 의견에 동의하는 사람을 쓰기를 좋아했고, 내 의견에 동의하지 않는 사람을 쓰기를 좋아하지 않았다. (……)[23]

이어서 회의 참석자들의 비판이 쏟아졌다. 오직 한 사람, 시진핑의 아버지인 시중쉰만이 비판 대열에 참여하지 않았다. 대신 그는 이렇게 갑자기 회의를 개최하여 후야오방을 비판하는 것은 옳지

파벌과 투쟁

않다고 지적했다.[24] 그러나 그뿐이었다. 후야오방에게 "우리는 같은 배를 탔다."라고 말했던 자오쯔양이나, 안후이성에서 올라와 부총리가 된 이후 줄곧 후야오방의 입장을 지지한 개혁파의 동지 완리도 비판 대열에 동참했다. 후야오방은 그 누구도 자신을 옹호해주지 않는 것을 보고 크게 실망했다. 후야오방이 특히 가슴 아프게 생각한 것은 믿었던 친구들이 자신을 신랄하게 비판한 일이었다.

먼저 후에게 타격을 준 것은 중앙기위 제2서기인 왕허서우(王鶴壽)의 비판이었다. 그는 어린 시절부터 후야오방과 절친한 친구였고, 그래서 타오주(陶鑄)와 함께 세 사람은 일찍이 '도원삼결의(桃園三結義)'를 맺은 걸로 유명했다. 그런데 왕허서우는 후야오방이 사적으로 한 이야기까지 들먹이면서 후를 궁지로 몰았다. "내가 후야오방의 집에 갔을 때, 그가 감정이 매우 격해져서 일부 원로들이 자신을 숙청하려고 한다면서 화가 담긴 말을 했다."라고 공개 석상에서 고자질한 것이다. 후는 이에 큰 충격을 받았다.[25] 왕허서우가 후야오방과 친하다는 사실은 이미 잘 알려졌기 때문에 후와 함께 자기도 쫓겨날까 봐 선수를 친 것으로 보인다. 권력이란 원래 이런 것이다.

서기처 서기 위추리(余秋里)의 신랄한 비판도 후야오방에게는 충격이었다. 자오쯔양에 따르면, 후야오방과 위추리는 몇 년 동안 매우 친밀한 관계를 유지했다. 일례로 공산당 12차 당대회(1982년)를 준비할 때 후야오방이 위추리에게 인사 문제를 맡겼을 정도로 그를 신뢰했다. 또한 지난 몇 년 동안 후야오방은 위추리를 대동하고 여러 지방과 군대를 시찰했다. 특히 경제 문제와 관련해서 후야오방은 위추리의 의견을 존중했다. 그런데 위추리는 후야오방이 덩샤오핑을 포함한 원로들의 퇴진 문제에 대해 발언했던 자료를 체계적으로 수집해서는 비판 회의 자리에서 들이대며 후야오방을 다그쳤다. "당신의 의도는 무엇이었느냐? 왜 그렇게 말했는가?" 당시 후야오방이 느꼈을 배신감은 충분히 짐작할 수 있다. 자오쯔양은 위추리의 이런 행태를 두고 "이자의 평소 모습은 강직해 보였는데, 결정적인 순간에 자기편을 공격하고 자신을 보호하다니, 그야말로 그의 진면목이 폭로되는 순간이었다."라고 평가했다.[26]

한편 자오쯔양도 이 회의에서 후야오방의 비판 대열에 참여했다. 자오쯔양은 다른 사람들도 다 비판을 했기 때문에 자신도 형식적으로 비판한 것뿐이라고 말했다. 하지만 그가 발언한 내용을 보면 꼭 그런 것 같지는 않다. 그가 비판한 발언은 자오쯔양의 회고록에는 없고 양지성의 책에 실려 있다.

> 야오방은 사람됨이 관후(寬厚)하고, 논쟁을 해도 원한으로 기억하지 않으며, 같이 일하기를 좋아한다. 그러나 약점도 있다. 남달리 특별한 주장을 내세우기를 좋아하고, 사람을 놀래기를 좋아하고, 조직의 구속을 받지 않으려고 한다. 현재 원로들이 살아 있는데도 이러한데, 장래에 상황이 변해서 그의 권위가 더욱 높아지면 큰 문제가 될 가능성이 있다. 사람이 좋아도 변하기 마련이다. 스탈린과 마오쩌둥과 같은 위대한 인물도 문제가 생겼다. 나는 과

파벌과 투쟁

거에도 생각했었는데, 비록 우리가 현재는 잘 협력하고 있지만 장래에 그런 상황이 도래하면 협력을 잘할 수 있을지 말하기 어렵다. 〔그래서〕 일찍이 1984년에 나는 샤오핑 동지에게 이런 내용의 편지를 쓴 적이 있는데, 거기서 당의 영도제도 문제를 이야기했다.[27]

주위의 관찰자에 따르면, 후야오방은 이날의 민주생활회를 매우 고통스러워 했다고 한다. 단적으로 그는 회의가 끝난 직후 회인당(懷仁堂: 회의 장소로 사용된 건물) 앞에서 대성통곡을 했다. 만약 억울한 마음이 사무치지 않았으면 그런 장소에서 그렇게 통곡하지는 않았을 것이다. 특히 후야오방은 '홍소귀'(紅小鬼: 1934년부터 1935년까지 약 1년 동안 10만 킬로미터의 대장정에 참여했던 공산주의청년단 단원을 이르는 말로, 대장정 당시 이들의 평균연령이 18세였기 때문에 이런 별칭이 붙었다.) 출신으로 수많은 전쟁터에서 삶과 죽음의 문턱을 넘나들었다. 또한 그는 문혁 10년 동안에 온갖 고통을 겪으면서도 자신의 원칙과 정신을 굳세게 지킨 정치 지도자였다.[28] 완리는 이런 후야오방을 동정하여 그날 저녁에 그가 좋아하는 개고기 요리를 준비해서 집으로 보냈다고 한다.[29]

후야오방 비판의 백미는 덩리췬이었다. 덩리췬은 5~6시간을 비판했는데 "발언 시간도 가장 길었고, 비판 수준도 가장 높았다." 덩리췬은 후야오방의 자기 검토를 근거로 "야오방 동지는 1월 10일 회의의 자기 검토에서 정치 원칙의 엄중한 잘못을 범해 당에 엄중한 손실을 조성했다고 말했는데"로 시작하여 여섯 가지 문제점을 상세하게 지적했다. 사상통일 면에서는 4항 기본원칙을 강조하지 않았다. '정신오염 제거'와 '부르주아 자유화 반대'에서는 '긍정-부정-재긍정-재부정'을 반복하면서 동요했다. 좌경화와 우경화 방지에서는 좌경화만 경계했지 우경화는 경계하지 않았다. 사람 등용 문제에서는 부르주아 자유화를 범한 사람은 중용하면서 4항 기본원칙을 견지한 사람은 배척했다. 원래 간부 관리는 정치국 상무위원 중에서 천윈의 고유한 업무였는데 후야오방이 천윈의 권한을 빼앗았다. 그밖에도 "야오방 동지의 중대 문제는 집단을 중시하지 않고, 기율을 준수하지 않은 것이다."[30]

이 상황에 대해 덩리췬 본인은 조금 다르게 설명한다. 우선 자신이 발언한 시간은 대여섯 시간이 아니라 두 차례를 합해도 세 시간 반에 불과하다. 또한 자신이 이렇게 혹독하게 후야오방을 비판한 것은 원로들이 요청했기 때문이다. 즉 민주생활회가 소집되기 전에 양상쿤과 보이보가 자신을 찾아와 후야오방을 비판하는 발언을 준비하라고 요청했다. 이때 덩리췬은 자기보다 후차오무가 후야오방의 잘못을 더 많이 알고 있다고 말하면서 비판 임무를 후차오무에게 넘기려 했다. 그런데 양상쿤과 보이보는 자신에게 강도 높은 비판 발언을 계속 요구했다.[31] 이런 해명과 상관없이 덩리췬이 후야오방을 비판한 내용을 보면 그가 매우 체계적으로 자료를 준비했고 본인을 포함하여 보수파 전체의 의견, 특히 덩샤오핑과 천윈의 의견을 집대성해서 말했다는 인상을 준다.

민주생활회가 끝나고 이틀 후인 1월 16일에 정치국 확대회의가 개최되었다. 이번에는 덩샤오핑과 천윈도 참석했다. 덩샤오핑은 토론을 금지했고, 천윈만 간단히 발언했다. "주의하라, 우리의 이번 회의는 합법(合法)이다." 천윈은 후야오방 비판과 그의 총서기직 사퇴가 사후에 번복되는 일이 없도록 다시 한 번 이렇게 발언했다. 이후 준비된 「중공중앙 정치국 확대회의 공보(公報)」가 거수 방식으로 통과되었다. 「공보」는 후야오방의 과오와 네 가지 결정 사항을 담고 있다.

후야오방 동지는 회의에서 당중앙 총서기를 맡은 기간에 당의 집단지도 원칙을 위반했고, 중대한 정치 원칙 문제에서 실수를 범했다고 자기 검토했으며, 또한 당중앙 총서기 직무의 사직을 중앙이 비준해 줄 것을 요청했다. 회의는 후야오방 동지에게 엄숙한 동지식의 비판을 진행했고, 동시에 그의 업무 성과를 사실대로 긍정했다. 확대회의는 아래와 같이 결정한다.
첫째, 후야오방 동지의 총서기 직무 사직 요청을 일치 동의하여 수용한다.
둘째, 자오쯔양 동지를 대리 당중앙 총서기로 일치 추천 및 선출한다.
셋째, 이상의 두 가지 사항은 당의 다음 중앙위원회에 추인을 요청한다.
넷째, 후야오방 동지의 중앙 정치국 위원, 중앙 정치국 상무위원의 직무는 계속 보유한다.[32]

이후 '중앙 19호' 문건이 비공개로 하달되면서 후야오방의 청산은 완료되었다. '중앙 19호' 문건에는 경제 업무에서 후야오방이 범한 중대한 잘못에 대한 지적, 1987년 1월 2일 후야오방이 덩샤오핑에게 보냈던 사직 요청 편지, 민주생활회 중 1월 10일에 후야오방이 발표한「자기검토」와 15일에 발표한「나의 입장(表態)」이 들어 있다.

이런 일련의 과정에 대해 훗날 후야오방은 다음과 같이 회고했다. 이를 보면 1989년 톈안먼 사건 이후 자오쯔양이 왜 끝까지 자신의 잘못을 인정하지 않았는지를 짐작할 수 있다.

〔민주〕생활회가 이와 같은 방식으로 개최되어 나를 매장할 줄 (搞臭)은 생각지도 못했다. 중앙 19호 문건은 치욕이다. 그중 많은 이야기는 내가 말한 것이 아니라 떠도는 말이다. 예를 들어 3000명의 일본인 초청은 외교부에서 신청한 것이고, 1989년 말까지 1만 명이 왔다. 〔이는〕 정치국 상무위원이 모두 동의한 것이고, 다들 동의해서 내가 3000명을 비준한 것뿐이다. 총서기가 그런 정도의 권력도 없는가?[33]

1987년 1월의 〔민주〕생활회는 완전히 의외의 돌발적인 것이었다. 원래 사직서만 제출하면 일이 끝나는 줄 알았다. 〔민주〕생활회에서 보이보가 개막사를 했는데, '모두들 서로 간에 어떤 의견이 있으면 말해 보라. 야오방이 먼저 시작하라.'는 정도다. 첫 번째 포

파벌과 투쟁

문을 연 것은 위추리였다. 덩리췬은 대여섯 시간을 말했다. 이처럼 비판하여 나를 매장할 줄은 생각지도 못했다. 일찍이 이럴 줄 알았다면, [공산당 총서기의] 사직서를 제출하지 않았을 것이다.[34]

여담으로 이렇게 후야오방이 총서기직에서 물러난 이후 덩샤오핑은 후의 마음을 달래 주려고 여러 차례 자기 집으로 초청했다고 한다. 그러나 후야오방은 한 번도 응하지 않다가 1987년 12월 30일에 딱 한 번 덩의 집을 방문했다. 그런데 두 사람은 모처럼 만났는데 단 한마디 말도 없이 그냥 카드만 쳤다고 한다. 참고로 두 사람은 브리지(카드 게임의 한 종류)가 수준급이라고 한다. 덩샤오핑은 이후에도 후야오방을 다시 초청했지만 후야오방은 몸이 좋지 않다는 핑계로 끝내 거절했다.[35]

(3) 후야오방은 왜 실각했는가?

그렇다면 후야오방은 왜 총서기직에서 쫓겨난 것일까? 다시 말해 후야오방은 왜 덩샤오핑과 천윈의 신뢰를 완전히 잃은 것일까? 이에 대해서는 여러 이야기가 있는데 종합하면 크게 세 가지다. 첫째는 지식인 정책에서 덩샤오핑과 후야오방 간에 심각하게 벌어진 차이다. 즉 '부르주아 자유화 반대'와 '정신오염 제거'에서 후야오방은 나약한 모습을 보여 준 것으로 간주되었고, 이로 인해 원로들은 그에 대한 정치적 신뢰를 철회했다. 둘째는 원로들의 퇴진 등 인사 문제를 함부로 이야기한 것이다. 그 밖에 후의 업무 추진 방식이나 활동 방식이 총서기에는 걸맞지 않는다는 원로들의 판단도 있다. 이중에서 관건은 첫째와 둘째 이유다.[36]

지식인 정책의 차이

먼저 후야오방은 지식인에 대해 시종일관 관대한 태도와 정책을 취했다. 단적으로 그는 1978~1980년의 '베이징의 봄', 1981년의 「짝사랑」 사건', 1983년의 '정신오염 제거', 1985~1986년의 학생운동에서 항상 대화와 인도를 통한 평화적인 문제 해결을 주장했다. 반면 보수파와 혁명원로, 특히 덩샤오핑은 그와 다른 정책을 고수했다. 덩샤오핑은 자신이 주도했던 1957년의 반우파 투쟁을 긍정적으로 평가했다. 그래서 그때 방식과 유사한, 나아가 문혁 시기에 사용했던 방식과 크게 다르지 않은 비판운동을 통해 지식인을 확실하게 통제해야 한다고 주장했다. 이런 덩의 관점에서 보면, 후야오방은 총서기로서 마땅히 견지해야 하는 굳건한 당성(黨性)을 망각하고, 정치적 위험 앞에서 유약하고 지리멸렬한 모습을 보인 실망스런 존재일 뿐이다.

자오쯔양 등 여러 사람들의 증언에 따르면 덩샤오핑은 세 차례에 걸쳐 후야오방에게 실망했다고 한다. 첫째는 1981년 사상이론전선에서 보인 허약함, 즉 후야오방이 「짝사랑」 사건'을 좀 더 단호하게 처리하지 않은 것이다. 둘째는 1983년에 제기된 '정신오염 제거'에서 보인 후야오방의 소극적인 태도다. 셋째는 1986년 12월과 1987년 I월에 발생한 학생운동에서 보여 준 후의 미온적이고 우유부단한 태도다. 이처럼 후야오방에 대한 덩샤오핑의 불만은 몇 년 동안 누적되었다.

덩샤오핑은 후야오방에게 이와 관련하여 몇 차례 경고를 보냈다고 한다. 예를 들어 1984년 6월 덩은 후치리를 찾아가서 '정신오염 제거'에서 후야오방이 나약한 모습을 보인 것은 '근본적인 잘못(缺陷)'이라고 비판했고, 이를 후에게 전달하라고 지시했다. 또한 덩은 1985년 7월 베이다이허 회의기간에 다시 후치리와 차오스를 찾아가서 지식인의 자유화 문제에 주의해야 하고, 이를 후야오방에게 전하라고 지시했다.

그런데 후야오방은 덩샤오핑의 경고를 번번이 무시했다. 단적으로 1985년 베이다이허 회의에서 후치리와 차오스가 후야오방에게 덩의 말을 전했지만, 후야오방은 그냥 신장(新疆) 자치구로 시찰을 떠났다. 이에 자오쯔양이 다시 후야오방을 찾아가서 "어르신이 몇 차례 이야기를 했는데, 왜 아직도 입장을 표명하지 않는가?"라고 재촉했지만, 후야오방은 역시 아무런 대답도 하지 않았다. 이 무렵 덩샤오핑과 후야오방의 갈등은 이미 해결할 수 없는 지경에 이르렀다.[37]

덩샤오핑의 퇴진 문제

이런 상황에서 두 가지 사건이 발생하여 둘의 갈등은 더욱 깊어졌다. 하나는 1985년 6월 3일에 발표된 루컹(陸鏗)의 인터뷰 기사다. 루컹은 중국에서 우파(右派)로 분류되는 고참 저널리스트였고, 1978년에 홍콩으로 건너가서 계속 언론에 종사하다가 《백성(百姓)》지의 편집장이 되었다. 그는 1985년 1월에 후야오방을 몇 시간 동안 인터뷰하고, 그 내용을 「후야오방 방문기」라는 장문의 기사로 발표했다.

후야오방은 이 인터뷰에서 개혁 과정에서 발생한 개혁파와 보수파 간의 갈등 상황을 설명했다. 루컹은 이 기사에서 후야오방은 찬양한 반면, 덩샤오핑을 포함한 원로들은 실명을 거론하면서 비판했다. 또한 그는 "야오방 당신은 왜 덩 어르신이 계실 때 중앙군위를 장악해 주석이 되지 않느냐?"라는 매우 민감한 질문을 던졌다. 이에 후야오방은 "그런 문제는 생각해 보지 않았다."라고 답변했다.[38]

후야오방의 인터뷰 내용이 알려지면서 덩샤오핑은 분노했다. 1985년 7월에 덩은 후치리와 차오스를 찾아가 "야오방과 루컹의 대화는 말도 안 된다."라고 비판했다. "루컹은 야오방에게 아첨하는 수법으로 우리의 정책을 공격했는데, 야오방 이자는 히죽대고, 하는 말도 근엄하지 않으며, 완전히 죽이 잘 맞았다." 1986년 여름에 덩샤오핑은 이 문제를 다시 제기하면서 양상쿤에게 말했다. "루컹이 야오방을 치켜세우면서 우리를 반대하도록 했다." "최근 몇 년 동안 내게 잘못이 있다면 바로 야오방 그자를 잘못 본 것이다." 이때부터 후야오방에 대한 덩샤오핑의 태도가 근본적으로 변했고, 원로들 또한 마찬가지였다. 그리고 바로 이 무렵에 이미 원로들은

후야오방을 경질하기로 결정했다.[39]

다른 하나는 후야오방이 덩샤오핑의 퇴진에 동의하고, 이를 공개적인 장소에서 거론한 일이다. 앞서 보았듯 후야오방은 루컹과의 인터뷰에서 덩샤오핑의 퇴진 문제를 거론했을 뿐만 아니라 유럽 방문 때에도 기자의 질문에 답하는 과정에서 이를 여러 번 언급했다. 또한 공산당 최고 지도자들이 참석한 어느 비공식 모임에서 덩샤오핑이 은퇴 의사를 밝혔을 때, 나머지 참석자들은 모두 반대했는데 후야오방 혼자만 동의하는 일이 있었다. 후야오방은 덩이 진심으로 이런 말을 했다고 믿었기 때문이다. 이런 이유로 1986년 12월 25일에 천피셴이 왕전과 함께 톈진시의 리루이환을 방문했을 때 "덩샤오핑은 당의 영수"라고 강조했던 것이다. 또한 이런 배경에서 1986년 12월 《선전청년보(深圳青年報)》에 「샤오핑 동지의 은퇴를 환영한다」라는 글이 실렸을 때 당 지도자들은 격노했고, 이 신문사는 조사를 받고 신문은 일시 폐간되었다.[40]

1986년 5월에 덩샤오핑과 후야오방이 둘이서 사적으로 공산당 13차 당대회의 인사 문제를 논의할 때에도 같은 일이 반복되었다. 후야오방은 자신은 이미 70세에 달했기 때문에 총서기직에서 사퇴하겠다고 말했다. 덩샤오핑은 자신을 포함한 모든 원로가 사퇴하고, 후야오방은 중앙군위 주석 혹은 국가 주석을 맡는 것이 좋겠다고 역으로 제안했다. 후야오방은 덩의 제안에 아무 생각 없이 동의했다. 그런데 뒤에 덩은 완리를 찾아가서 "왜 후야오방은 나를 쫓아내려고 하느냐?"라고 질문했다고 한다. 완리가 "아마 실언일 것이

다."라고 대답하자, 덩은 "아니다. 나를 대신하고 싶어 한다."라고
말했다. 이런 사실을 두고 민주생활회에서 한 참석자는 후야오방에
게 "덩샤오핑의 사퇴를 종용했고 야심이 있다."라고 비판했다. 이
에 대해 후야오방은 "덩샤오핑의 완전 사퇴(全退)와 나의 부분 사퇴
(半退)는 덩샤오핑과 내가 사적으로 나눈 대화이고, 당시에 나는 동
의했다."라고 답변했다.[41]

　　반면 자오쯔양의 견해는 다르다. 후야오방이 덩샤오핑의 퇴진 문
제를 거론한 일이 후가 퇴진한 주요 원인이 아니라는 것이다. 후야오
방이 덩의 퇴진 문제를 자주 언급했고, 이에 대해 덩이 다소 불쾌하
게 생각했다는 것은 분명한 사실이다. 이런 점에서 후야오방은 좀 더
신중했어야 했다. 그러나 '부르주아 자유화 반대' 문제와 루컹 인터
뷰가 주요 원인이었지 이 문제는 주요 원인이 아니라는 것이다.[42]

　　그런데 여러 상황을 종합해 보았을 때 자오쯔양의 이런 주장
은 타당하지 않다. 덩샤오핑의 퇴진은 덩 개인에 그치는 일이 아니
라 원로 전체에 영향을 미치는 일이기 때문이다. 만약 덩이 퇴진하
면 다른 원로들도 퇴진해야 한다. 그래서 대부분의 원로들은 자신
의 자리를 지키기 위해 후야오방이 덩의 퇴진에 동의했을 때 상당
한 불만과 반감을 가졌을 것이다. 그래서 후의 퇴진을 강력히 요구
했을 가능성이 높다.

'이중 정치구조'의 희생양

　　그런데 후야오방의 퇴진은 구조적인 차원에서 바라볼 필요가

187　　　　　　　　　　　　　　　　　　　　　　　파벌과 투쟁

있다. 이와 관련하여 양지성은 '노인정치(老人政治)'의 문제를 제기한다. 노인정치에서는 명의상의 최고 권력자(총서기)와 실제 권력자(덩샤오핑과 천윈)가 분리되어 있다. 그리고 실제 권력자인 덩과 천이 동의하면 대부분의 결정이 이루어진다. 그 과정에서 리셴녠과 다른 원로들은 의견을 제시하고, 덩과 천은 원로들의 견해를 고려한다. 이에 비해 총서기는 자오쯔양의 말처럼 '비서실장(大秘書長)'에 불과하다. 이처럼 "노인정치는 명의상의 권력과 실제 권력이 분리되어 심각한 정치 위기를 잠재하고 있다. 일단 위기가 발생하면 일선 업무를 맡은 명의상의 지도자는 희생양이 된다. 후야오방이 희생되었고 자오쯔양이 그 다음이다."[43]

양지성의 이런 지적은 타당하다. 다만 좀 더 체계적인 분석이 필요하다. 그래서 나는 앞에서 '이중 정치구조'를 제기했던 것이다. 이중 정치구조는 원로정치와 공식정치로 구성된다. 원로정치는 공식 직위가 아니라 개인적 권위와 명성에 기반하여, 또한 방대한 인적 관계망에 기반하여 정책 결정과 인사 등 중요한 문제에 대한 권한을 행사한다. 반면 공식정치는 공산당과 국가의 공식 직위에 기반하며, 원로정치가 결정한 정책을 집행하거나 권력 운영 과정에서 필요한 정책을 결정하는 권한을 행사한다.

문제는 이런 이중 정치구조가 명확한 권한과 절차에 대한 규정이 없어서 항상 서로 충돌할 위험성이 있다는 사실이다. 그리고 이런 충돌이 발생할 때 원로정치가 공식정치를 압도하면서 공식정치의 구성원이 교체된다. 후야오방과 자오쯔양은 그렇게 해서 실각했다. 이중 정치구조는 집단지도 체제가 수립되면서 해소되었고, 이 것은 장쩌민 시기에 시작되어 후진타오 시기에 완료되었다.(이것이 『개혁과 개방: 덩샤오핑 시대의 중국 I(1976~1982년)』의 12장에서 설명한 내용이다.)

후야오방은 덩샤오핑이 몇 차례에 걸쳐 경고의 메시지를 보냈 는데 왜 이를 무시했을까? 자오쯔양의 말처럼, 최소한 덩샤오핑을 직접 찾아가 자신이 왜 그런 입장과 정책을 취하는지를 해명하고 이해를 구해야 하지 않았을까? 그런데 후야오방은 그렇게 하지 않 았다. 이는 그의 성격과도 관련이 있을 수 있다. 여러 사람들이 지 적하듯, 후야오방은 권모술수를 모르고, 자기를 보호할 줄도 모르 며, 솔직하고 이상적인 성격을 갖고 있었다. 아니면 자신이 해명해 보았자 덩샤오핑이 절대로 수용하지 않을 거라고 생각했을 수도 있 다. 덩은 마오쩌둥이 붙여 준 별명인 '철공소(鋼鐵公司)'처럼 자신이 옳다고 판단하면 설사 마오쩌둥이 협박해도 꿈적도 하지 않는 사람 이었다.

그러나 후야오방의 이런 행동은 이중 정치구조에 대한 무력감 혹은 반감의 산물일 수 있다. 그는 리루이에게 이렇게 말했다.

나는 노인을 존중했지만 동시에 독립적으로 생각했다. 온 힘 을 다해 두 노인(즉 덩샤오핑과 천윈) 간의 소통과 조정을 위해 노력 했고, 큰일은 반드시 보고하여 지시(請示)를 받았다. 동시에 2명의 '좌파 대왕'(左王)(즉 후차오무와 덩리췬)의 공공연한 공격과 암암리의 중상모략(明槍暗箭), 그리고 그들의 각종 방해에 맞서야만 했다.

(의견 대립이 발생하면 왜 정치국 상무위원회를 개최하지 않는가?-리루이의 말) 정치국 상무위원회는 매우 적게 열렸다. 샤오핑이 말했다. '이야기해도 의견이 모아지지 않는데(즉 덩샤오핑과 천윈이 의견 일치를 볼 수 없는데), 열 필요가 없다.' 나는 일 년에 한 번 천윈의 집을 방문했다.(야오방이 말로 표현할 수 없는 고충이 있는 것처럼 느껴졌기 때문에 더 이상 깊게 질문할 수가 없었다-리루이의 말) 샤오핑은 귀가 얇다.(때때로 2명의 '좌파 대왕'의 말을 듣는 것을 가리킨다. — 리루이의 말)[44]

이처럼 이중 정치구조 속에서 덩샤오핑과 천윈을 조정하는 것이 너무 힘들기 때문에, 또한 과연 어떤 내용을 어디까지 어떻게 설명하고 이해를 구해야 할지 난감했기 때문에 후야오방은 덩샤오핑의 경고와 다그침에도 불구하고 그냥 있었을 수 있다. 동시에 총서기로서 더 이상 이런 식으로 정책을 결정하고 집행하지 않겠다고 다짐했을 수도 있다. 그는 후지웨이의 말처럼 '인민이 주인(主人翁)이 되어야 한다.'는 확고한 신념을 갖고 있었고, 그래서 학생운동이나 지식인의 민주화 요구를 무력으로 억압해서는 안 된다고 주장했다.[45] 이런 자신의 신념을 지키기 위해 원로정치의 압력에 맞서겠다고 생각했을 수도 있다.

후야오방의 퇴진과 자오쯔양의 역할

마지막으로 후야오방의 실각 과정에서 자오쯔양이 과연 어느 정도의 역할을 했는지 하는 문제가 있다. 자오쯔양 책임론은 후야오방 계열의 지식인들이 제기했다. 중앙당교 이론정책실의 주임이 있던 우장(吳江)은 『10년의 길: 후야오방과 함께한 날들』에서 "후야오방의 갑작스런 퇴진에는 자오쯔양이 관건적인 역할을 했다."라고 주장했다. 우장에 따르면, 1984년에 자오가 덩샤오핑에게 편지를 써서 후가 과도하게 국무원 업무에 관여했다고 비난함으로써 '집단지도 원칙을 파괴했다.'는 죄명이 생겼다. 또한 자오가 '부르주아 자유화 반대'에 힘쓰지 않았다고 비난함으로써 후의 죄가 추가되었다. 중앙당교 이론 정책실의 부주임이었던 롼밍(阮銘)도 『덩샤오핑 제국』에서 유사한 주장을 제기했다.[46]

자오쯔양은 이런 주장에 반론을 제기한다. 먼저 1984년의 편지는 후야오방을 비방하는 내용이 아니라 지도체제 일반에 대한 내용을 담고 있기 때문에 이것이 후에 대한 공격이라는 지적은 타당하지 않다. 이를 뒷받침하기 위해 자오쯔양은 그의 회고록에서 편지 원문을 공개했다. 실제로 이 편지 내용에는 후야오방을 직접 거명하거나 그의 문제점을 지적하는 내용이 없다.[47] 또한 후야오방의 문제점(예를 들어 '부르주아 자유화 반대에 유약했다.')을 비판한 것은 민주생활회에서 다른 사람들이 비판했듯이 형식적인 차원에서 비판한 것뿐이다.[48]

이런 자오쯔양의 해명에 대해 그의 핵심 조력자였던 바오퉁은

파벌과 투쟁

적극적으로 지지했다. 예컨대 자오가 1984년에 편지를 쓴 것은 덩샤오핑과 천윈이 살아 있을 때 공산당과 국가의 지도체제를 정비하자고 주장하기 위해서였다. 다시 말해 후야오방을 비판하기 위해 자오가 이 편지를 쓴 것이 아니다.[49] 다만 바오퉁은 왜 자오쯔양이 후야오방을 비판하는 회의에서 이 문제를 공개적으로 제기했는지에 대해서는 언급하지 않았다.

반면 다른 사람들은 이 해명에 동의하지 않는다. 1984년에 자오가 쓴 편지는 두 가지 점에서 문제가 있다. 첫째, 경제를 담당하는 총리가 원로들에게 정치개혁에 대한 편지를 쓴 것은 타당하지 않다. 만약 정말로 이 문제를 해결하고 싶었다면 자오쯔양이 후야오방과 상의하여 공동으로 문제를 제기하는 것이 훨씬 효과적이었다. 둘째, 1987년 1월의 민주생활회에서 자오쯔양이 이 편지를 언급한 것은 적절하지 않았다. 이는 곧 후야오방에 대한 비판을 의미하기 때문이다.[50] 덩리췬도 이런 관점에서 자오쯔양의 행동을 해석했다. 즉 자오쯔양은 후야오방이 민주집중제와 당의 규율을 준수하지 않기 때문에 덩샤오핑과 천윈이 살아 있을 때 이 문제를 해결해야 한다고 주장했다는 것이다.[51]

당시 광둥성 당서기를 역임한 런중이(任仲夷)도 자오쯔양이 1984년에 쓴 편지를 비판적으로 평가했다. 그에 따르면 편지에는 후야오방에 대한 언급이 없었다고 하지만 이 편지는 후야오방과 자오쯔양이 단결하지 못했다는 사실을 보여 준다. 런중이는 자오쯔양에게 묻는다. "공산당과 국가 영도제도라는 큰 문제를 다루면서 왜 총리가 총서기와 사전에 상의하지 않았는가? 왜 두 사람이 공동 명의로 덩에게 건의하지 않았는가? 만약 두 사람이 공동으로 건의했으면 효과가 더욱 크지 않았을까? 민주생활회에서 보이보가 이 편지를 언급했을 때 후야오방이 비로소 편지의 존재를 알았고, 그래서 당시에 그는 크게 놀랐다."[52]

한편 민주생활회에서 자오쯔양이 후야오방을 비판한 것도 마찬가지로 문제가 있다는 비판이 있다. 즉 자오쯔양은 당시 분위기상 어쩔 수 없어서 그렇게 했다고 하지만 이는 타당하지 않다는 것이다. 예를 들어 그 모임에서 시중쉰은 후야오방을 비판하지 않았다. 만약 자오쯔양이 개혁파로서 후야오방을 보호할 생각이 있었다면 완리 등과 함께 후를 변호했어야 했다. 또한 만약 그렇게 몇 사람의 개혁파 지도자들이 협력했다면 후의 퇴진을 막지는 못했을지라도 최소한 후야오방에게 큰 위안을 주었을 것이다. 그러나 자오쯔양은 그렇게 하지 않았다.[53]

후야오방의 퇴진과 이에 대한 자오쯔양의 책임 문제는 앞으로도 계속 논쟁이 될 것이다. 많은 사람들이 지적하듯 유감스러운 점은, 만약 후야오방과 자오쯔양이 개혁파의 핵심 지도자로서 서로 잘 협력했다면 더욱 바람직한 결과가 나왔을 수도 있었는데 실제로는 그렇게 하지 못했다는 사실이다. 후야오방의 퇴진과 2년 후 자오쯔양의 퇴진, 그로 인해 발생한 수많은 사람들의 희생과 개혁의 좌절은 아쉬운 결과다. 그러나 두 사람은 비록 개혁파로서 큰 의미에서 지향점은 같았지만 정치개혁과 경제개혁 등 세부 정책에 대해서는 의견이 달랐다. 또한 성격과 업무 방식에서도 차이를 보였다. 성장 배경과 직책 및 임무가 달랐기 때문이다.

설령 두 사람이 협력할 의지가 있었다고 해도 쉽지는 않았을 것이다. 정치 지도자 개인 간의 교류를 엄격히 금지하는 불문율이 공산당 내에 존재하는 상황에서 후야오방과 자오쯔양이 사적으로 만나 의견 차이를 해소하기는 쉽지 않았다. 또 주요 현안마다 두 사람이 같은 입장에서 밀접히 협력했다면 둘이 '작당(作黨)'했다고 오해받았을 것이다. 이 경우에는 덩샤오핑과 천윈 등 원로들의 비판과 공격을 더 일찍, 더 강력하게 받았을 수도 있다. 결국 후야오방의 퇴진을 포함한 주요 문제는 당시 정치체제의 문제점, 즉 이중 정치구조에서 기인한 것이므로 개인 차원에서 쉽게 해결할 수 있는 문제가 아니었다. 이 점이 비극이다.

**1986년 학생운동
(1986년 12월)**

덩샤오핑의 정치개혁 주장으로 촉발된 지식인과
학생들의 민주주의 요구는 이미 공산당의
결정만으로 해결할 수 있는 상황이 아니었다.
그해 11월 안후이성 허페이시(合肥市)의
중국과학기술대학(과기대) 시위를 시작으로
학생운동이 전국으로 확산되었다.

**1986년 학생운동
(1986년 12월)**

학생운동은 안후이성 허페이시에 있는
과기대의 시위로 시작되었다. 1986년 11월
하순에 시작된 지방인민대표대회(지방인대)
대표 선거 과정에서 학생들은 학교 당국의 일부
비민주적인 행태에 불만을 품고, 12월 1일에
「과대 유권자(科大選民)에게 드리는 편지」라는
제목의 대자보를 붙였다. 이들은 대자보를
통해 "인민대표대회(人大: 인대)는 소수의
고무도장"이라고 비판하며, "진정한 민주를 위해
투쟁하자!"고 호소했다. 이로써 학생 시위의
서막이 열렸다.

1986년 학생운동
(1986년 12월)

상하이시 외에도 우한(武漢), 항저우(杭州),
난징(南京), 청두(成都), 시안(西安), 톈진(天津),
창사(長沙) 등의 대도시에서 4항 기본원칙을
겨냥하는 시위가 전개되었다. 이 중 상하이시와
베이징시의 학생시위는 가장 규모가 컸고,
이는 덩샤오핑을 포함한 원로들에게 큰 충격을
주었다.

1986년 학생운동
(1986년 12월)

1986년 학생운동이 수호하고자 한 것은
민주주의, 자유, 평등이었다. 그들은 폭정과
독재를 멈출 것을 강력하게 요구했다. 학생들은
"내려 주는 민주는 필요 없다!" "진정한 민주는
우리의 투쟁으로!" "봉건 독재 타도!" "관료주의
타도!" "민주, 민권, 민생을 원한다!" 등의 문구가
적힌 배너를 내걸었다.

위추리
(余秋里, 1914~1999)

후야오방 비판 회의에서 서기처 서기 위추리의
신랄한 비판은 후야오방에게는 큰 충격이었다.
자오쯔양에 따르면, 후야오방과 위추리는 몇
년 동안 매우 친밀한 관계를 유지했다. 일례로
공산당 12차 당대회(1982년)를 준비할 때
후야오방이 위추리에게 인사 문제를 맡겼을
정도로 그를 신뢰했다. 또한 지난 몇 년 동안
후야오방은 위추리를 대동하고 여러 지방과
군대를 시찰했다. 특히 경제 문제와 관련해서
후야오방은 위추리의 의견을 존중했다.

왕허서우
(王鶴壽, 1909~1999)

후야오방에게 타격을 준 것은 중앙기위
제2서기인 왕허서우의 비판이었다. 그는
어린 시절부터 후야오방과 절친한 친구였고,
그래서 타오주(陶鑄)와 함께 세 사람은 일찍이
'도원삼결의(桃園三結義)'를 맺은 걸로 유명했다.
그런데 왕허서우는 후야오방이 사적으로
한 이야기까지 들먹이면서 후를 궁지로
몰았다. "내가 후야오방의 집에 갔을 때, 그가
감정이 매우 격해져서 일부 원로들이 자신을
숙청하려고 한다면서 화가 담긴 말을 했다."라고
공개 석상에서 고자질한 것이다. 후는 이에 큰
충격을 받았다. 왕허서우가 후야오방과 친하다는
사실은 이미 잘 알려졌기 때문에, 후와 함께
자기도 쫓겨날까 봐 선수를 친 것으로 보인다.
권력이란 원래 이런 것이다.

6 비운의 '정치개혁 청사진': 공산당 13차 당대회

1987년

파란 많은 1986년을 마감하고 1987년에 접어들었다. 학생운동은 끝났고, 후야오방은 총서기직에서 물러났으며, 민주와 자유를 요구했던 반체제 지식인들은 당적을 박탈당했다. 덩샤오핑의 정치개혁 촉구로 조성되었던 개방적이고 자유로운 분위기는 끝났다. 이를 대신해 4항 기본원칙과 부르주아 자유화 반대를 강조하는 '좌(左)경화 시대'가 막 시작되었다. 만약 이런 분위기가 지속된다면 공산당 13차 당대회는 12차 당대회(1982년)만큼이나 보수적인 정책을 결정하는 회의로 끝날 것이다.

어떻게 할 것인가? 덩샤오핑은 자오쯔양을 내세워 분위기 반전을 시도한다. 그가 추구하는 '공산당 영도하의 급속한 경제 발전'을 달성하기 위해서는 개혁 개방을 더욱 확대해야 하고, 이를 위해서는 좌경화된 정치 분위기를 바꾸지 않으면 안 되었기 때문이다. 이는 몇 가지 방향에서 진행되었다. 우선 자오쯔양이 부르주아 자유

파벌과 부쟁

화에 반대하고 개혁 개방을 강조하는 내용의 담화를 발표했다. 그리고 원로의 대규모 퇴진을 통해 지도부의 쇄신을 꾀했다. 마지막으로 개혁적인 정치 보고를 준비했다. 이런 덩샤오핑의 태도 변화와 자오쯔양의 노력이 결합하여 공산당 13차 당대회는 역대 어느 대회보다 개혁적인 인선을 단행했고, 그 결과 새로운 이론과 노선을 채택할 수 있었다. 다만 그것은 2년 후 새로운 풍파를 만나 제대로 실현되지 못하는 비운을 맞는다.

공산당 13차 당대회는 1987년 10월 25일부터 11월 1일까지 개최되었다. 4700만 명의 당원을 대표하여 1936명의 대표가 참석했다. 공식 의제는 세 가지였다. 첫째는 중앙위원회 정치 보고 등 각종 업무 보고의 청취와 심의다. 둘째는 「공산당 당헌(黨章)」의 수정이다. 셋째는 인선이다. 참고로 덩샤오핑은 공산당 13차 당대회는 두 가지 주요 문제를 다룰 것이라고 말했다. 하나는 정치개혁이고, 다른 하나는 지도부의 연소화(年輕化)를 위한 세대교체다.[1] 실제로 모두 이루어졌고, 이는 매우 중요한 의미가 있다.

이번 회의에서는 중앙위원 175명과 후보위원 110명, 중앙고문위 위원 200명, 중앙기위 위원 69명이 선출되었다. 다음 날 열린 공산당 13기 중앙위원회 1차 전체회의(13기 1중전회)에서는 자오쯔양이 총서기로 선출되었다. 중앙군사위원회(중앙군위)는 덩샤오핑이 주석으로, 자오쯔양이 1부주석으로, 양상쿤이 상무 부주석으로 결정되었다. 그 밖에도 천원이 중앙고문위 주임으로 비준되었고, 차오스는 중앙기위 선거에서 서기로 선출되었다.[2]

(1) '좌경화된' 분위기의 전환

1987년 1월 1일 자《인민일보》는 원단 사설로 「4항 기본원칙의 견지는 개혁 개방을 잘하는 근본 보장이다」를 발표했다. 4항 기본원칙을 견지하여 깃발 선명하게 부르주아 자유화를 반대하자는 내용이었다. 자오쯔양의 말처럼 "1987년은 자유화 반대의 흐름 속에서 시작되었다."[3] 1월 28일에는 개방적인 주허우쩌를 대신하여 보수적인 왕런즈(王忍之)가 공산당 중앙 선전부장에 임명되었다. 이로써 '관송(寬鬆)·관용(寬容)·관후(寬厚)'의 '3관 정책'이 폐기되었다. 1월 말에는 국무원 직속의 신문출판국(新聞出版局)이 신설되어 신문과 잡지, 서적에 대한 통제가 강화되었다.[4]

1월 6일에는 '중앙 1호' 문건이 비공개로 하달되었다. 덩샤오핑이 1986년 12월 30일에 후야오방 등에게 한 말을 정리한 내용이다.

깃발 선명하게 4항 기본원칙을 견지해야 한다. 그렇지 않으면 부르주아 자유화를 방임하는 것이다. 문제는 바로 여기서 시작된다. (……)

4항 기본원칙은 반드시 강조해야 한다. 인민 민주 독재도 또한 반드시 강조해야 한다. 안정 단결의 정치 국면을 쟁취해야 하는데, 인민 민주 독재가 없으면 안 된다. (……)

우리는 민주를 강조해야 하지만 부르주아지(자산계급)의 민주를 도입할 수 없고, 삼권분립을 실시할 수 없다. (……) 자유화 반대는 적어도 20년은 해야 한다. 민주는 단지 점차로 개방할 수 있고, 서방의 것을 그대로 가져올 수 없다. 그렇게 가져오면 반드시 혼란에 빠진다.[5]

이 같은 공산당의 강경한 방침과 얼어붙은 분위기를 반영하여, 당시에는 4항 기본원칙을 풍자한 노래가 유행했다고 한다.

민주는 '크면' 안 되고(民主不能大)〔즉 '대민주'는 안 되고〕,
자유는 '화하면' 안 되고(自由不能化)〔즉 '자유화'는 안 되고〕,
정부는 욕할 수 없고(政府不能罵),
샤오핑은 퇴진할 수 없다네(小平不能下).[6]

그런데 좌경화된 정국은 개혁 개방에 결코 유리하지 않았다. 후야오방을 퇴진시킨 일대 광풍이 지나가자 덩샤오핑도 상황을 파악하기 시작했다. 이런 상태가 지속되면 국내외적으로 개혁 개방에 대한 의문이 제기되고, 이는 곧 경제성장과 사회 안정에 불리한 상황이 초래된다는 점을 발견한 것이다. 예를 들어 보수적인 분위기는 외자 유치에 불리하다. 실제로 1984년부터 1986년까지 외국 투자는 매년 48%씩 증가했는데, 1987년 상반기에는 단지 16%만 증가하는 데 그쳤다. 여기에 더해 덩의 아들 덩푸팡(鄧朴方)은 부르주아 자유화 반대에 대해 아버지와 다른 생각을 갖고 있었다.[7] 이런 상황들이 종합적으로 영향을 미쳐 덩샤오핑은 좌경화된 분위기를 바꾸기로 결심한다.

자오쯔양의 '중앙 4호' 문건 작성

먼저 자오쯔양은 덩리췬이 작성하고 있던 '부르주아 자유화 반대 통지'와는 별도로 '중앙 4호' 문건을 작성하기 시작했다. 덩리췬의 초고는 자유화 반대를 정치뿐 아니라 경제·사회·문화·교육 등의 전 분야로, 또한 도시뿐 아니라 농촌까지 확대 실시한다는 내용을 담고 있다. 반면 자오쯔양의 초안은 자유화 반대를 엄격히 제한하는 내용을 담고 있다. 우선 부르주아 자유화 반대는 공산당 내부로 한정하고, 사회단체나 지식인 사회로는 확대하지 않는다. 또한이것은 정치사상 영역에 한정하고, 경제와 문화 등 다른 영역으로 확대시키지 않는다. 그 밖에 자유화 반대는 주로 정치 원칙과 방침의 문제를 해결하는 데 중점을 둔다. 따라서 자유화 반대는 경제정책이나 농촌정책, 과학기술의 연구, 문예의 창작 모색, 인민의 생활과 연계시켜서는 안 된다.[8]

자오쯔양은 자신의 초안을 서기처의 토론을 거치지 않고 바로 덩샤오핑에게 보고했다. 덩리췬이 서기로 있는 상황에서 토론에 부칠 경우 보수파의 반격이 예상되었기 때문이다. 덩샤오핑은 자오의 초고에 동의했고, 서기처에서 토론이 진행될 때 '좌파 대왕' 후차오무와 덩리췬도 동의할 수밖에 없었다. 이렇게 해서 내용이 훨씬 완화된 「현재의 부르주아 자유화 반대에 관한 중공중앙의 몇 가지 문제의 통지」, 즉 '중앙 4호' 문건이 1월 28일 열린 정치국 확대회의를 통과했다.[9] 자유화 반대를 전면적으로 확대하여 정국의 주도권을 잡겠다는 보수파의 구상은 이렇게 해서 좌절되었다.

그러나 보수파의 공세는 계속되었다. 1987년 4월 6일에서 12일까지 허베이성 줘저우(涿州)에서는 공산당 중앙 선전부의 지지하에 《홍기(紅旗)》, 《광명일보》 등의 신문과 잡지에서 이론과 문예를 담당하는 관계자 120여 명이 참석하는 비공개회의가 개최되었다. 여기서는 이론과 문예 2개의 전선에서 마르크스주의자가 연합하여 부르주아 자유화 반대 투쟁을 어떻게 전개할 것인지를 논의했다. 이는 '중앙 4호' 문건의 범위를 넘어서는 것이었다. 특히 신임 선전부장인 왕런즈는 덩리췬이 제창한 '제2의 정상화(撥亂反正)'를 주장했다. 여기서 '제1의 정상화'는 문혁의 전면 부정을, '제2의 정상화'는 개혁 개방의 전면 부정을 의미한다. 자오쯔양은 이런 사실을 덩샤오핑에게 보고했고, 덩은 자오에게 좌파 풍조를 중지시키라고 지시했다.[10]

자오쯔양의 '5·13 담화'와 덩리췬의 권력 약화

덩샤오핑의 지지를 얻은 자오쯔양은 곧 반격했다. 먼저 1987년 5월 13일에 선전·이론·신문·당교(黨校) 간부회의를 개최하여 부르주아 자유화 반대에 대한 주요 방침을 발표했다. 소위 '5·13 담화'였다. 자오쯔양은 이로써 보수파의 좌경화에 급제동을 거는 데 성공했고, "순조롭게 13차 당대회 보고를 기안하는 데에도 좋은 환경을 만들었다."[11]

부르주아 자유화 반대를 추진한 지도 이미 4~5개월이 넘었다. 전당의 노력하에 정치사상 영역에서 매우 커다란 변화가 발생했다. 부르주아 자유화가 범람하는 상황은 이미 전환되었다. 큰 환경(大氣候)이 바뀌었고, 국면이 이미 통제에 들어왔나. (······) 종합하면, 작년 겨울과 비교할 때, 우리 사회는 더욱 안정되었고, [이는] 국민경제의 안정적인 발전의 좋은 흐름을 보장한다.[12]

며칠 전에, 내가 샤오핑 동지에게 보고했을 때, 샤오핑 동지는 작년에 발생한 풍파[학생운동]가 개혁과 개방에 영향을 미쳐서는 안 되고, 개혁 개방은 견지해야 할 뿐만 아니라 더욱 빨리 해야 한다고 말씀하셨다. (······)

3중전회 이래의 노선은 실사구시(實事求是)이며, 중국의 실제에서 출발하여 중국 특색의 사회주의를 건설하는 노선이다. 이 노선은 두 개의 기본점을 갖고 있다. 하나는 4항 기본원칙의 견지다. 다른 하나는 개혁 개방·활력(搞活)의 견지다. 당의 노선은 두 개의 기본점 견지고, 당의 선전 공작은 반드시 두 개의 기본점을 움켜쥐어 하나라도 놓쳐서는 안 된다고 결정했다. (······)

사실 개혁하지 않으면 필연적으로 부르주아 자유화를 조장한다. 따라서 오직 개혁이 있어야만 사람의 적극성과 창조성을 발휘할 수 있고, 여기서 다시 생산력을 크게 발전시켜 사회주의의 우월성을 충분히 실현하고, 사회주의가 진정으로 매력(吸引力)을 갖도록 만들 수 있다. 만약 개혁하지 않으면 생산력의 발전은 속박되고, 사회주의 우월성의 발휘는 제한되며, 사회주의가 매력이 없게

파벌과 투쟁

되니, 어찌 부르주아 자유화를 크게 돕는 것이 아닌가?[13]

이 무렵은 자오쯔양과 보수파 간의 대립이 이미 심각한 상황이었다. 후야오방 타도에 성공한 보수파는 이제 자오를 겨냥해 집중 공격했다. 그러나 자오쯔양의 반격은 여기서 멈추지 않았다. 이번 기회에 선전과 이념의 통제권을 장악하고 있던 '좌파 대왕'을 완전히 제압해 그 본부를 해체하기로 결정한 것이다. 덩샤오핑은 자오쯔양의 견해에 동의했다. 그 결과 몇 가지 조치가 취해졌다.

우선 자오쯔양의 제안에 따라 덩샤오핑은 덩리췬에게 더 이상 선전 임무를 맡기지 않기로 결정했다. 이를 위해 덩리췬을 서기처 서기에서 해임하고, 대신 정치국 후보위원이 될 수 있도록 조치하기로 결정했다. 또한 자오쯔양은 덩샤오핑의 동의를 얻어 덩리췬이 주임을 겸직하고 있던 서기처 중앙연구실을 폐지했다. 그동안 이 연구실은 덩리췬의 지도하에 개혁파 지도자와 지식인에 대한 자료를 수집하고, 그들을 비판하는 문건을 작성하는 등 좌파의 두뇌 역할을 해 왔다. 마지막으로 자오쯔양은 좌파가 장악했던 중앙당교의 이론지인 《홍기》를 폐간하는 대신 《구시(求是)》를 1988년 6월에 창간했다.[14]

이렇게 해서 자오쯔양은 보수파 원로들의 공적(公敵)이 되었다. 자오쯔양에 따르면, 원로들은 "후야오방이 재임 당시 하고 싶어 했지만 실제로는 하지 못한 일을 오히려 내가 해 버렸다고 생각했다."[15] 이처럼 자오쯔양은 후야오방과는 달리 권력 기반을 공고히

하기 위해 전략과 전술을 적절히 구사할 줄 알았고, 덩샤오핑의 지지를 동원하여 다른 원로들의 반대를 제압할 줄도 알았다. 이런 점에서 후야오방이 혁명가라면, 자오쯔양은 정치가다. 그러나 '좌파 대왕'의 섬멸전은 위험천만한 일이었다. 천윈, 왕전, 리셴녠 등 보수파 원로들이 덩리췬을 각별히 아꼈기 때문이다.

덩리췬과 원로들 간의 관계

자오쯔양에 따르면, 덩리췬과 천윈, 왕전, 리셴녠 세 원로 간의 관계는 "아주 각별"했다. 앞서 말했듯 1980년에 덩리췬은 서기처 연구실을 통해 천윈의 경제사상을 대대적으로 선전했다. 사실 덩리췬은 『덩샤오핑 문선』을 출간하기에 앞서 이미 1978년에 『천윈 문선』을 출간하기도 했다. 또한 덩리췬은 리셴녠이 국무원 제5판공실을 책임지고 있었을 때 그를 보좌했던 핵심 간부였다. 이런 인연을 배경으로 그는 1987년에 『리셴녠 문집』의 편찬 팀을 이끌었다.

덩리췬과 왕전 간의 관계는 더욱 깊었다. 건국 초기에 덩리췬은 왕전이 지도하던 신장(新疆) 당위원회에서 선전부장을 맡았었다. 당시 왕전이 목축업 집단화(合作化)라는 무모한 정책으로 중앙의 비판을 받았는데, 덩리췬은 끝까지 왕전을 변호하면서 신임을 얻었다. 이후 왕전이 덩리췬의 든든한 후원자가 된 것은 두말할 필요가 없었다. 반면 덩샤오핑은 1986년 이전에 이미 후차오무를 멀리했고, 덩리췬도 싫어하지는 않았지만 그가 좌경화 수법을 좋아한다는 사실을 알고 있었다.[16]

파벌과 투쟁

한편 덩리췬은 자오쯔양의 반좌경화(反左) 조치에 대해 혹평했다. 덩리췬에 따르면, 자오쯔양은 후야오방과는 "근본적으로 다른" 성격과 행동을 했다. 예를 들어 후야오방은 음모를 꾸밀 줄 모르고 공명정대하며, 관점이 달라도 논의하고 난 뒤에는 뒤끝이 없다. 반면 자오쯔양은 음모를 꾸밀 줄 알 뿐만 아니라 너무 교묘해서 당하는 사람조차 그 사실을 모른다. 서기처 중앙연구실이 폐지된 것도, 잡지 《홍기》가 폐간된 것도 다 그렇다. 덩리췬은 자오가 자기를 정리하려고 이런 일을 실행하고 있었다는 사실을 몰랐다고 한다. 한마디로 자오쯔양은 음모가이고, 그가 1989년 톈안먼 사건 이후 퇴진한 것은 인과응보다.[17]

(2) '이중 정치구조' 확립: 인선 과정과 결과

자오쯔양의 회고록에는 공산당 13차 당대회를 준비하면서 주요 지도부 인선이 어떻게 결정되었는지에 대한 흥미로운 기록이 있다. 이를 중심으로 인선 과정을 살펴보는 것은 당시의 실제 정치 과정을 이해하는 데 큰 도움이 된다.

공산당 13차 당대회의 인선에서는 크게 두 가지 문제가 중요했다. 하나는 원로의 퇴진 문제이고, 다른 하나는 정치국 상무위원회의 구성이다. 실제로 이 두 문제는 서로 연결되어 있었다. 덩샤오핑, 천윈, 리셴녠 등 원로들이 정치국 상무위원회를 차지하고 있었으므로 이들이 은퇴하지 않는 한 새로운 지도자가 추가로 충원될 수 없기 때문이다. 그런데 원로들의 퇴진과 상무위원회 인선 문제는 덩샤오핑을 제외하고는 그 누구도 처리할 권한이 없었다. 이런 이유로 이 두 가지 인선은 덩샤오핑이 직접 나서서 원로들 간의 이견을 조정하고 결정하는 방식으로 이루어졌다.[18]

원로들의 퇴진과 덩샤오핑의 '특수 지위'

덩샤오핑은 먼저 원로들이 정치국과 정치국 상무위원회에서 모두 은퇴할 것을 주장했다. 또한 일부 원로는 당·정·군의 공식 지위에서 완전히 은퇴(全退)하고, 일부 원로는 직위에 남아 새로운 지도부를 보좌하는 부분적인 은퇴(半退)를 제안했다. 예를 들어 덩샤오핑은 중앙군위 주석을, 천윈은 중앙고문위 주임을, 리셴녠은 전국정협 주석을, 양상쿤은 국가 주석을 맡는다. 즉 부분적으로만 은퇴한다. 반면 나머지 원로들인 쉬샹첸, 녜룽전, 덩잉차오, 펑전은 모든 직위에서 완전히 은퇴한다.

이런 덩샤오핑의 제안에 대해 천윈, 리셴녠, 펑전 등은 처음에는 수용하지 않았다. 그러나 덩샤오핑은 입장을 바꾸지 않았고, 보이보가 덩을 대신해서 원로들 사이를 오가며 절충해 나갔다. 1987년 7월 3일에 천윈이 드디어 덩의 제안을 수용했다. 그러자 나머지 원로들도 이를 수용할 수밖에 없었다. 이후 7월 7일에 덩샤오핑의 집에서 개최된 '5인 소조'(후야오방의 퇴진 이후 임시로 총서기 직무를 집단적으로 대행했던 자오쯔양, 완리, 후치리, 보이보, 양상쿤) 회의에서 원로들의 거취

파벌과 투쟁

문제가 확정되었다.[19]

그런데 원로들은 정치국 상무위원회에서는 물러나지만 정치적 영향력을 계속 행사하기 위한 보완책을 마련했다. 즉 덩샤오핑이 "중대 문제에 대해서는 여전히 의견을 묻고 최종 결정을 내린다." 라는 비밀 방침이 공산당 13기 1중전회에서 공식 결정되었다. 물론 덩샤오핑이 중대한 문제를 결정할 때에는 천원 및 리셴녠과 논의해야 한다.[20] 또한 정치국 및 정치국 상무위원회가 개최될 때에는 덩샤오핑을 대신하여 양상쿤이, 천원과 리셴녠을 대신하여 보이보가 배석(列席)할 수 있다는 결정이 추가되었다.[21] 이런 '비밀 결정'은 보이보가 제안하고 덩샤오핑이 수용한 것인데 아마도 원로들의 의견을 취합한 제안으로 보인다. 결과적으로 덩샤오핑, 부분적으로는 천원과 리셴녠이 공산당의 중대 정책에 대한 최종 결정권을 확보하게 되었다. 이로써 '이중 정치구조'가 완성되었다.

이처럼 덩샤오핑의 '특수 지위'를 인정한 것은 다른 각도에서 보면 최고 통치 엘리트들 간의 통합과 단결을 유지하기 위한 공산당의 고육지책으로 볼 수 있다. 집단지도 체제는 중요한 정책과 인사 문제를 둘러싸고 최고 정치 엘리트들 간에 대립과 갈등이 발생하면 교착상태에 빠질 위험이 있다. 이런 위험에 대비하여 한 명의 최고 지도자에게 최종 결정권을 부여하여 문제를 해결한다. 덩샤오핑이 장쩌민을 3세대 지도자의 "핵심(核心)"으로 명명한 것도 이 때문이다. 이런 이유로 『톈안먼 페이퍼(The Tiananmen Paper)』를 편찬한 앤드루 네이선(Andrew J. Nathan) 교수는 마오쩌둥이나 덩샤오핑 등

중국의 최고 지도자가 초헌법적인 성격을 갖고 있었지만 정당성이 없었다고는 말할 수 없다고 평가했다.[22]

한편 이 같은 덩샤오핑의 '특수 지위'는 공산당 13차 당대회 직후에 간접적인 방식으로 공표되었다. 예를 들어 1987년 11월 2일에 당대회 대변인 주무즈(朱穆之)는 기자회견을 개최하여 새로 선출된 5명의 상무위원을 소개하면서 덩샤오핑의 특수 지위에 대해 언급했다. "덩샤오핑이 당과 국가에서 수행하는 영도 역할은 당내에서 어떤 직무를 맡는지에 의해 결정되는 것이 아니다." 이 내용은 당일 《인민일보》에 바로 실렸다. 다음 날 《인민일보》에는 다음과 같은 내용으로 자오쯔양의 보충 설명이 실렸다. "우리 당과 국가의 중대 문제의 결정자(決策者)로서 샤오핑 동지의 지위와 역할은 역사의 검증을 거친 것으로, 당내외와 국내외에 공인된 것이다."[23]

그런데 덩샤오핑의 특수 지위는 1989년 5월에 중국을 방문한 고르바초프와 자오쯔양의 회담 시 드러났다. 자오쯔양이 이런 상황을 상세히 설명하고, 그것이 언론을 통해 보도되면서 세간에 널리 알려진 것이다. 당시는 톈안먼 광장에서 학생들이 단식을 하는 등 민주화 운동이 한창 진행되고 있었다. 그래서 덩샤오핑과 그의 가족들은 자오쯔양이 일부러 이런 사실을 흘려서 학생운동 진압과 관련한 모든 책임을 덩에게 떠넘기려 한다고 거세게 비난했다. 반면 자오는 이런 사실은 이미 세상이 다 안다고 주장했다. 자오는 1987년 11월에 열린 공산당 13차 당대회의 폐막 직후 개최된 기자회견장에서 주무즈 대변인이 공개적으로 한 발언, 자오쯔양 본인이 한 발언을 근

파벌과 투쟁

거로 제시했다.

정치국 상무위원회의 인선

한편 정치국 상무위원회 구성도 1987년 7월 7일에 열린 '5인 소조' 회의에서 결정되었다. 원래 정치국 상무위원회는 자오쯔양, 리펑, 차오스, 야오이린, 후치리, 완리, 톈지윈으로 구성할 예정이었다. 그런데 공산당 13차 당대회 전체 인선을 책임지고 있던 '7인 소조'(보이보, 양상쿤, 왕전, 야오이린, 쑹런충(宋任窮), 우슈취안(伍修權), 가오양(高揚)으로 구성되었고 보이보가 주도했다.)가 완리와 톈지윈은 정치국 상무위원회 위원으로 적절하지 않다는 의견을 제시했다. '7인 소조'의 조원을 겸직하고 있던 야오이린이 그날 개최된 '5인 소조' 회의에서 갑자기 이런 의견을 전달한 것이다.

이런 상황에서 덩샤오핑은 완리와 톈지윈을 정치국 상무위원회에서 제외하기로 결정했다. 이 문제를 가지고 더 이상 논의할 시간이 없다고 판단했기 때문이다. 이렇게 해서 정치국 상무위원회는 7명이 아니라 5명으로 최종 확정되었다. 자오쯔양은 인선 과정에 대해 이렇게 평가했다. "야오이린은 평소 사람들에게 성실하고 온후한 인상을 주고, 겉보기엔 공정한 것 같은데, 실제로는 책략에 능하고 꼼수를 부리는 사람이라고 느꼈다."[24] 자오쯔양이 보기에 완리와 톈지윈은 보수파의 책략 때문에 정치국 상무위원회에서 제외되었다. 완리와 톈지윈이 자오쯔양을 지지하는 개혁파 지도자라서 보수파가 이들의 정치국 상무위원회 진입을 반대했다는 것이다. 만약 이때 두 사람이 정치국 상무위원이 되었다면 톈안먼 사건에서 자오쯔양이 그렇게 심하게 고립되지는 않았을 것이다.

국가 주석과 국무원 총리, 전국인대 위원장 인선도 7월 7일 '5인 소조' 회의에서 결정되었다. 덩샤오핑은 양상쿤을 국가 주석으로 확정했고, 완리를 전국인대 위원장에 임명하자고 제안했다. 그런데 정치국 상무위원회 위원 선정에서 보았듯, 완리는 다른 원로들의 불신을 받고 있는 상황이라 덩은 완리에게 특별한 지시를 내렸다. 즉 원로들의 집을 일일이 방문해 자기비판을 하면서 양해를 구하라는 것이었다. 완리는 덩의 지시를 따랐고, 결국 전국인대 상무위원회 위원장이 되었다.[25] 이처럼 인선은 덩샤오핑이 주도했지만 원로들의 동의를 얻지 못하면 그 누구도 임명될 수 없었다.

총리 인선은 오랫동안 고민하다가 리펑으로 최종 결정되었다. 천윈과 리셴녠이 지지한 결과였다. 우려도 있었다. 리펑이 경제 업무를 모를 뿐만 아니라(그는 수력발전 전문가이다.) 경제개혁 경험도 없었기 때문이다. 그러나 대안이 없어서 리펑으로 결정되었다. 야오이린도 추천되었으나 몸이 허약하고 재정과 무역 업무를 주로 담당했기 때문에, 또 경험에도 한계가 있어서 덩샤오핑이 반대했다. 또한 완리도 추천되었는데, 원로들이 반감을 갖고 있을 뿐만 아니라 나이가 너무 많은 것도 문제시되었다.

리펑을 총리로 임명하는 대신 보완책이 마련되었다. 자오쯔양이 총서기가 된 이후에도 경제 업무를 계속 담당한다는 것이다. 이에 따라 중앙 재경영도소조 조장을 총리인 리펑이 아니라 총서기인

파벌과 투쟁

자오쯔양이 맡게 되었다.[26] 이로써 총서기가 중앙 재경영도소조의 조장을 맡는 관행이 만들어졌다. 역할 분담 면에서 보면 사실상 총서기가 아니라 총리가 경제 업무를 주관하므로 중앙 재경영도소조의 조장은 총리가 맡는 것이 타당하다. 그러나 리펑의 개인적인 사정으로 인해 이렇게 결정되었다. 이후 장쩌민과 시진핑도 이런 관행을 따라 재경영도소조의 조장을 맡았다.

[표 6-1] 정치국 상무위원회 (5명, 1987년 10월)

이름	연령	전직	현직	비고
자오쯔양(趙紫陽)	68	국무원 총리	공산당 중앙 총서기 / 중앙군위 부주석	연임
리펑(李鵬)	59	국무원 부총리	국무원 총리	신임
차오스(喬石)	63	공산당 대외연락부장 / 공산당 조직부장 / 정법위원회 서기 / 국무원 부총리	중앙기율검사위 서기	신임
후치리(胡啓立)	58	서기처 서기	좌동	신임
야오이린(姚依林)	70	국무원 상업부 부장	국무원 부총리	신임

〈출처〉 中共中央組織部·中共中央黨史研究室,『中國共産黨歷屆中央委員大辭典 1921-2003』(北京: 中共黨史出版社, 2004), p. 1227.

[표 6-1]은 정치국 상무위원회의 인선 결과를 정리한 것이다. 이미 말했듯이 덩샤오핑, 천윈, 리셴녠 등 원로들은 정치국 상무위원회에서 은퇴했다. 이때 자오쯔양은 덩샤오핑의 정치국 상무위원회 잔류를 적극 주장했다. 당내 직위와 상관없이 어차피 덩이 최고

지도자 역할을 할 것이기 때문에 공식 조직 내에 있는 것이 좋겠다고 판단한 것이다. 또한 덩이 남아 있지 않으면 정치국 상무위원회의 권위가 약화되기 때문에 업무 처리를 위해서도 덩이 정치국 상무위원회에 남아 있을 필요가 있었다.

그러나 덩샤오핑은 이런 자오쯔양의 제안을 거절했다. 그 결과 자오쯔양이 우려했던 일이 머지않아 현실화되었다. 즉 정치국 상무위원회는 중요한 정책을 결정하는 '최고 결정기구'가 아니라 원로들이 결정한 정책을 집행하는 '최고 집행부'로 전락했다. 총서기도 자오쯔양이 말한 것처럼 공산당의 실제 대표가 아니라 원로정치의 비서실장(祕書長)에 불과하게 되었다. 이로써 '이중 정치구조'가 완성되었다.

정치국의 인선과 덩리췬의 낙선

[표 6-2]는 정치국의 인선 결과를 보여 준다. 눈에 띄는 점은 1986년 학생운동의 처리 과정에서 단호한 입장을 견지했던 두 사람의 지방 지도자가 정치국에 진입한 것이다. 장쩌민(상하이시 당서기)과 리루이환(톈진시 당서기)이다. 장쩌민은 직접 대학을 방문해서 학생들을 설득했을 뿐만 아니라 시위 현장에도 가서 학생들을 설득해 학교로 돌려보내는 등 학생운동의 해결을 위해 적극적으로 나섰다.

리루이환은 대화와 인도를 통한 문제 해결을 주장한 후야오방을 비판하면서 학생운동에 대해 매우 강경한 태도를 보였다. 덩샤오핑과 원로들은 장쩌민과 리루이환의 이런 태도를 칭찬했다. 두

파벌과 투쟁

사람은 1989년 톈안먼 사건의 처리 과정에서도 공로가 인정되어 정치국 상무위원회에 진입하면서 리펑·차오스와 함께 '3세대'지도자의 핵심 인물이 된다.

[표 6-2] 정치국 (18명: 정치국 상무위원회 5명 포함, 1987년 10월)

이름	연령	전직	현직	비고
완리(萬里)	71	국무원 부총리 / 서기처 서기	전국인대 상무위원회 위원장	연임
톈지윈(田紀雲)	58	국무원 부총리	좌동	연임
장쩌민(江澤民)	61	상하이시 당서기	좌동	신임
리톄잉(李鐵映)	51	국무원 전자공업부 부장	좌동	신임
리루이환(李瑞環)	53	톈진시 당서기	좌동	신임
리시밍(李錫銘)	61	베이징시 당서기	좌동	신임
양루다이(楊汝岱)	61	쓰촨성 당서기	좌동	신임
양상쿤(楊尚昆)	80	중앙군사위 상무부주석	좌동 / 국가 주석	연임
우쉐첸(吳學謙)	66	국무원 외교부장	국무원 부총리	연임
쑹핑(宋平)	70	공산당 조직부장	좌동	연임
후야오방(胡耀邦)	72	공산당 중앙위원회 총서기	다른 직무 없음	연임
친지웨이(秦基偉)	73	베이징군구 사령원 / 정치국 후보위원	중앙군사위 위원 / 국무원 국방부장	연임
딩관건(丁關根)	58	국무원 철도부 부장	국무원 국가계획위원회 주임 / 대만사무판공실 주임	후보

〈출처〉組織部·央黨史研究室,『中國共産黨歷屆中央委員大辭典 1921-2003』, p. 1227.

흥미로운 점은 덩리췬이 정치국원 명단에 없다는 사실이다. 특히 덩샤오핑이 덩리췬을 정치국 후보위원에 포함시키라고 지시했는데 결과는 그렇게 되지 않았다. 왜 그랬을까? 공산당 13차 당대회부터 중앙위원, 정치국원, 중앙고문위 위원, 중앙기위 위원 선거에 '차액선거'(差額選擧: 정원보다 후보가 일정 비율 이상으로 많은 제한적 경쟁선거)가 도입되었다. 그런데 덩리췬은 중앙위원들이 선출하는 정치국원 선거에 나가 보지도 못했다. 당 대표들이 선출하는 중앙위원 신거에서 떨어졌기 때문이다. 덩리췬은 중앙위원에 선출되지 못했기 때문에 정치국원에는 당연히 선출될 수 없었다. 이후 덩샤오핑은 덩리췬을 중앙고문위 상무위원으로 다시 추천하라고 지시했는데 이마저도 낙선했다. 결국 덩리췬은 중앙고문위 위원직만을 겨우 유지할 수 있었다. 덩리췬은 이처럼 두 번이나 낙선하면서 눈물을 흘렸다고 한다.[27]

이번 선거에서 보수파의 약세는 덩리췬뿐만이 아니었다. '좌파 대왕' 중 하나인 후차오무도 중앙고문위 상무위원 선거에서 득표수가 가장 적은 당선자(187표 중 135표 득표)로 기록되었다. 참고로 덩리췬은 같은 선거에서 187표 중 85표만을 얻어 과반수 득표에 실패함으로써 낙선했다. 동시에 그는 최저 득표자라는 불명예도 함께 안았다. 이들 외에도 중앙 선전부장인 왕런즈는 중앙위원은 고사하고 당 대표 선거에서도 떨어져 당대회에 참석하지 못했다. 사실 덩리췬도 이런 불상사가 예상되어 선거 단위를 베이징이나 상하이가 아니라 장시성(江西省)으로 옮겼다.[28]

반면 개혁파는 공산당 대표와 중앙위원들의 전폭적인 지지를 얻었다. 예를 들어 후야오방은 그해 1월에 불명예스럽게 총서기직에서 물러났지만, 당 대표들이 선출하는 중앙위원 선거에서 1800여표(총 1936표)를 얻어 압도적인 지지로 당선되었다. 또한 중앙위원이 투표하는 정치국원 선거에서도 173표 중 166표를 얻어 당선되었다. 이때 반대표는 단지 7표뿐이었는데, 그중 하나는 후야오방 본인의 표였다.[29] 이처럼 후야오방은 비록 총서기에서는 물러났지만 여전히 당 대표와 중앙위원의 지지를 받았다.

덩리췬은 자신의 낙선에 대해 달리 설명한다. 한마디로 '음모가'인 자오쯔양이 '공작'을 부린 결과로 낙선했다는 것이다. 덩리췬에 따르면, 자오는 서기처 중앙연구실을 폐쇄한 직후 이를 전당에 통지함으로써 '덩리췬은 끝났다.'는 분위기를 조성했다. 페이샤오퉁(費孝通: 저명한 인류학자)은 자신의 낙선 사실을 곧바로 알고 자기들끼리 전화를 하면서 통쾌해 했다고 한다. 즉 이들이 사전에 작당하지 않았으면 이렇게 신속하게 반응할 수 없다는 것이다.

게다가 리셴녠의 증언에 따르면, 공산당 13차 당대회가 개최될 때 후베이성(湖北省) 대표단 내에서 덩리췬을 낙선시키기 위한 활동이 전개되었다고 한다. 이 지역뿐만 아니라 랴오닝성, 상하이시, 구이저우성(貴州省) 대표단 내에서도 그런 낙선 활동이 있었다고 덩리췬은 주장한다.[30] 이는 모두 자오쯔양이 자신을 낙선시키기 위해 꾸민 일이라는 것이다. 이런 덩리췬의 주장이 사실인지는 확인할 수 없지만 당시 공산당 내에 '반(反)덩리췬' 혹은 '반좌파' 분위기가 강했던 것은 분명한 사실이다.

덩리췬의 총서기 추천 시도

내친김에 덩리췬을 총서기로 선임하려고 했던 천윈과 왕전 등 보수파 원로들의 시도가 좌절된 상황도 간단하게 살펴보자. 자오쯔양은 1987년 여름 무렵 왕전의 부름을 받고 그의 집을 방문했다. 이때 왕전은 자오에게 총서기가 되지 말고 총리로 남아 있으라고 제안했다. 자오쯔양은 원래 총서기가 되고 싶지 않았기 때문에 왕전에게 덩샤오핑을 직접 설득하라고 요청했다. 이 일이 있은 후 자오쯔양은 왕전이 덩리췬을 총서기로 추천하려고 적극적으로 움직이고 있다는 사실을 알게 되었다. 게다가 많은 사람들이 덩리췬이 총서기가 되면 안 된다고 걱정했다. 자오쯔양은 이 일을 겪으면서 덩리췬이 총서기가 되는 문제에 대해 경계심을 갖게 되었다고 증언했다.[31]

그렇다면 덩리췬의 총서기 추천은 왜 좌절되었을까? 먼저 당시 중앙 조직부 상무 부부장이던 리루이(李銳)가 자오쯔양을 통해 덩샤오핑에게 보낸 편지가 큰 역할을 했다. 이 편지에서 리루이는 "덩리췬은 중앙에서 영도 직무를 수행하는 기간에 언행이 당과 국가에 매우 불리하여 당내외의 광대한 간부 군중에게 영향이 매우 나쁘고, 따라서 13차 당대회 이후 덩리췬은 중앙의 영도 직위에서 물러나야 한다."라고 주장했다. 동시에 덩리췬을 반대하는 세 가지 이유를 제시했다. 첫째, 개혁 개방 방침을 일관되게 저지했다. 둘째, 조직상 엄중하게 기율을 준수하지 않았다. 셋째, 사상적으로 좌경 교조주의를 견지하여 공산주의의 이상을 헛되이 논의하고, 이론 수준이 매우 낮다.[32]

또한 리루이는 덩리췬의 과거 행적을 고발하기 위해 1945년에 자신과 자신의 처가 직접 겪었던 사건의 공식 기록을 첨부했다. 당시 리루이는 간첩 혐의로 공산당의 특별 조사를 받았다. 또한 옌안의 4대 미인 중 하나라는 그의 아내도 격리 조사를 받았는데 그녀의 조사관이 바로 덩리췬이었다. 그런데 덩리췬이 조사관의 신분을 이용하여 그의 아내를 협박하면서 간통을 했다는 것이다. 나중에 이 일이 발각되어 덩리췬과 리루이의 아내는 함께 비판을 받았다. 이때 덩리췬의 비판 회의를 주재한 사람이 양상쿤이었다. 리루이는 그의 아내가 보관하고 있던 이 비판 회의의 자료를 덩샤오핑에게 제출한 것이다. 리루이의 편지를 보고 덩샤오핑은 세 가지 결정을 내린다. 첫째, 덩리췬의 당내 직위를 박탈한다. 둘째, 덩리췬의 정치국 후보위원은 보류한다. 셋째, 리루이는 옛날의 복수를 하지 말라.[33]

이보다 더 중요한 원인은 덩리췬에 대한 자오쯔양의 보고였다. 자오쯔양은 덩리췬이 '제2의 정상화(撥亂反正)'를 주장하면서 개혁 개방의 방침을 사실상 부정하고 있다고 덩샤오핑에게 알렸다. 덩은 만약 덩리췬이 총서기가 될 경우 개혁 개방을 전면적으로 부정할 것을 우려하여 덩리췬의 총서기 추천을 반대했다. 천윈은 덩리췬의 총서기 선임이 불발된 것에 대해 강한 불만을 표출하면서 이렇게 말했다고 한다. "이것은 리루이와 바오퉁(鮑彤: 자오쯔양의 정치 비서)이 한 짓이다!"[34] 이 일을 계기로 천윈과 왕전 등 보수파 원로들의 자오쯔양에 대한 불만과 비판은 한층 강화되었다.[35]

서기처와 중앙군사위원회의 인선

[표 6-3]은 서기처의 인선 결과다. 표를 보면 당시 45세의 원자바오를 비롯하여 비교적 젊은 지도자들이 서기로 충원되었음을 알 수 있다. 이렇게 되면서 서기처가 차세대 지도자를 육성하는 역할을 담당하도록 하겠다는 구상이 실현되었다. 참고로 원자바오는 '4세대' 지도자의 선두 주자로 2002년 공산당 16차 당대회 이후 정치국 상무위원이 되었고, 다음 해 열린 전국인대 연례회의에서 국무원 총리로 선출되었다. 반면 2002년 16차 당대회 이후에 총서기가 된 후진타오는 13차 당대회에서는 중앙위원에 불과했다. 공산당 13차 당대회의 시점에서 보면 원자바오가 후진타오보다 당내 지위가 더 높았는데 이후에 이것이 역전된 것이다. 이런 상황은 후야오방과 자오쯔양 간에도, 장쩌민과 리펑, 차오스 간에도 나타났다.

한편 전체적으로 보면 공산당 13차 당대회에서는 지도자의 세대교체가 전보다 더욱 적극적으로 추진되었다. 주요 기구 구성원의 평균연령이 이를 잘 보여 준다. 정치국 상무위원의 평균연령은 공산당 12차 당대회(1982년)에서는 73.8세였는데, 13차 당대회에서는 63.6세로 10세가 낮아졌다. 덩샤오핑, 천윈, 리셴녠, 예젠잉 등 혁명원로들이 은퇴한 결과다. 또한 정치국원의 평균연령도 공산당 12차 당대회에서는 71세였는데, 13차 당대회에서는 64.1세로 7세가 낮아졌다. 마지막으로 서기처 서기의 평균연령은 공산당 12차 당대회의 64세에서 13차 당대회의 56.4세로 7.5세가 낮아졌다.[36)] 이렇게 해서 1983년부터 본격적으로 추진되었던 지도자 세대교체, 혹은 예

파벌과 투쟁

비 지도자 육성은 분명한 성과를 보였다.

[표 6-3] 서기처 (5명, 1987년 10월)

이름	연령	전직	현직	비고
후치리(胡啓立)	58	공산당 중앙 판공청 주임	정치국 상무위원	연임
차오스(喬石)	63	공산당 대외연락부장 / 공산당 조직부장 / 정법위원회 서기 / 국무원 부총리	중앙기율검사위 서기	신임
루이싱원(芮杏文)	60	상하이시 서기	다른 직무 없음	신임
옌밍푸(閻明複)	56	공산당 중앙 통전부 부장	좌동	신임
원자바오(溫家寶)	45	중앙판공청 부주임	중앙 판공청 주임	후보

〈출처〉 組織部·央黨史硏究室, 『中國共産黨歷屆中央委員大辭典 1921-2003』, p. 1227.

[표 6-4] 중앙군사위원회 (1987년 10월)

구분	이름	연령	전직	비고
주석	덩샤오핑(鄧小平)	83	정치국 상무위원 / 중앙군위 주석	
제1부주석	자오쯔양(趙紫陽)	68	국무원 총리, 정치국 상무위원	총서기
상무 부주석 겸 비서장	양상쿤(楊尙昆)	80	중앙군위 위원 겸 비서장	정치국원 / 국가 주석
위원	류화칭(劉華淸)	73	해군 사령원	

〈출처〉 組織部·央黨史硏究室, 『中國共産黨歷屆中央委員大辭典 1921-2003』, p. 1227-1228.

마지막으로 [표 6-4]는 중앙군위의 인선 결과다. 여기서 알 수
있듯 공산당 13차 당대회의 인선 결과 중앙군위 내에서는 공산당
총서기인 자오쯔양(중앙군위 부주석)이 당내에 아무런 직위도 없는

덩샤오핑(중앙군위 주석)의 수하에 있는 현상이 나타났다. 1982년에 개최된 공산당 12차 당대회 시기에는 그래도 덩샤오핑이 정치국 상무위원이었다. 때문에 공산당 총서기(후야오방)와 중앙군위 주석(덩샤오핑)이 달랐어도 어느 정도 모양새는 갖추고 있었다. 그러나 이 번에는 덩샤오핑이 정치국 상무위원에서 은퇴하면서 그런 모양새조차 갖추지 못했다. 이는 2002년부터 2004년까지 장쩌민이 총서기에서는 은퇴했으나 중앙군위 주석에서는 은퇴하지 않음으로써 '두 주석 체제', 즉 국가 주석 겸 공산당 총서기인 후진타오와 중앙군위 주석인 장쩌민이 공존하는 상황의 전례라고 할 수 있다.

(3) '사회주의 초급 단계론'과 새로운 기본 노선

공산당 13차 당대회에서는 매우 중요한 몇 가지 이론 및 노선이 결정되었다. 이는 덩샤오핑의 지도하에 자오쯔양이 준비한 '정치 보고'를 통해 발표되었다. 중국의 사회주의 상황을 재해석하여 '사회주의 현대화 건설' 노선(개혁 개방)을 이론적으로 정당화한 '사회주의 초급(初級)단계론', 이에 근거한 새로운 기본 노선인 '한 개의 중심(一個中心)과 두 개의 기본점(兩個基本點)', 마지막으로 이 두 가지를 근거로 제시된 '세 발걸음(三步走) 전략'이 그것이다.[37] 이것은 후에 '중국 특색의 사회주의 이론'의 중요한 구성 요소가 되고, 다시 '덩샤오핑 이론'의 핵심 내용이 된다.

　　　　　　　　　　　　　　　파벌과 투쟁

'사회주의 초급 단계론'

중국이 사회주의 초급 단계에 진입했다는 주장은 이전부터 있었다. 마오쩌둥은 사회주의가 2단계로 구성되어 있고, '1단계는 발달하지 않은 사회주의, 2단계는 비교적 발달한 사회주의'라고 주장했다. 1958년에는 저명한 경제학자인 쑨예팡(孫冶方)이 이를 구체화하여 '사회주의 초급 단계'와 '사회주의 고급단계'라는 표현을 사용했다. 이후 1961년에는 왕쉐원(王學文)이 《경제연구(經濟研究)》에 발표한 한 논문에서 "우리나라는 현재 사회주의 초급 단계에 놓여 있다."라고 최초로 명확히 규정했다.[38]

개혁기에도 사회주의 초급 단계라는 표현이 사용되었다. 1981년 6월의 공산당 11기 6중전회에서 통과된 「역사 결의」는 "우리의 사회주의 제도는 여전히 초급 단계에 있다."라고 말했다. 또한 1982년 9월의 공산당 12차 당대회의 정치 보고는 "우리나라의 사회주의는 아직 초급 발전단계에 놓여 있다."라고 주장했다. 가장 최근에는 1986년 9월 공산당 12기 6중전회에서 통과된 「정신문명 건설 결의」에 "우리나라는 사회주의 초급 단계에 놓여 있다."라는 표현이 있다.[39]

이처럼 '사회주의 초급 단계'라는 용어는 자오쯔양이 처음 사용한 것이 아니었다. 그리고 바로 그런 이유로 자오쯔양은 이 용어에 주목했다. 자오쯔양에 따르면, 당시 "가장 큰 생각은 논쟁을 일으키지 말자는 것이었다. 사회주의 초급 단계는 자오쯔양이 발명한 것이 아니라서 당시에 논쟁이 없었다. 우경화 반대(反右)에 중점을 두고 있던, 사상이 보수적인 사람들도 이 표현에 반대하지 않았다."

왜냐하면 사회주의 초급 단계에서는 중국이 사회주의에 진입했다는 사실을 부정하지 않기 때문이다.[40] 이처럼 이 용어는 자오쯔양이 고심 끝에 찾아낸 것이었다.

그렇다고 자오쯔양의 공이 없는 것은 아니다. 자오쯔양에 따르면 자신이 기여한 점은 두 가지다. 하나는 사회주의 초급 단계를 개혁 개방을 정당화하는 이론적 근거로 제시했다는 점이다.[41] 다른 하나는 이에 기초하여 새로운 기본 노선을 제시하여 아주 논리적이고 설득력 있게 개혁 개방의 '이론-노선-방침'의 체계를 구성했다는 점이다. 그래서 덩샤오핑은 이런 자오쯔양의 노력을 매우 높이 평가했다고 한다.

사회주의 초급 단계론은 몇 가지 내용으로 구성된다. 우선 "우리나라는 현재 사회주의 초급 단계에 놓여 있다."라는 명제가 제시되었다. 이는 두 가지 함의를 갖는다. 첫째, 중국은 이미 사회주의에 진입했고, 따라서 사회주의를 반드시 견지하고 여기서 벗어나서는 안 된다. 이는 중국이 더 이상 반(半)봉건 사회도 자본주의 사회도 아님을 분명히 한 것이다. 둘째, 그렇지만 중국의 사회주의는 아직 초급 단계에 놓여 있다. 따라서 이에 맞추어 공산당의 기본 노선과 방침을 결정해야 한다.[42]

또한 사회주의 초급 단계의 "주요 모순"은 "인민의 날로 증가하는 물질문화 수요와 낙후된 사회 생산력 간의 모순"이다. 그래서 현 단계의 주요 모순을 해결하기 위해서는 상품경제를 발전시켜야 하고, 생산의 효율성을 높여야 하며, 점차로 공업·농업·국방·과학

파벌과 투쟁

기술의 현대화를 달성해야 한다. 한마디로 사회주의 현대화 건설에 매진해야 한다. 이렇게 해서 "사회주의 사회의 근본 임무는 생산력 발전"이라는 명제가 자연스럽게 도출된다. 이 명제에 따라 "생산력 발전에 유리한가 여부가 현재 우리가 모든 문제를 고려하는 출발점이고, 모든 업무를 검토하는 근본 기준이 된다."[43]

새로운 기본 노선: '한 개의 중심과 두 개의 기본점'

사회주의 초급 단계는 "중국 특색의 사회주의"의 새로운 "기본 노선"으로 연결된다. 중국의 현 상황이 새롭게 규정되었기 때문에 여기에서 새로운 노선이 나오는 것은 당연하다. "경제 건설을 중심으로 하고, 4항 기본원칙의 견지와 개혁 개방의 견지를 유지한다." 가 바로 그것이다. 이것이 유명한 '한 개의 중심과 두 개의 기본점' 명제다. 먼저 중국이 추구하는 중심은 '경제 건설'(경제 발전) 하나뿐이다. 그런데 경제 건설을 추구할 때에는 반드시 두 개의 기본점을 견지해야 한다. 하나는 '4항 기본원칙'이고, 다른 하나는 '개혁 개방'이다.

이처럼 '한 개의 중심과 두 개의 기본점'이라는 새로운 기본 노선은 '사회주의 초급 단계론'과 논리적으로 잘 연결될 뿐만 아니라 덩샤오핑의 핵심 사상인 '공산당 영도하의 급속한 경제 발전 추구'를 간단명료하게 잘 표현하고 있다. 이 때문에 덩샤오핑은 흡족한 마음으로 이 표현법을 여러 번 되뇌면서 자오쯔양을 매우 칭찬했다고 한다.[44]

물론 보수파가 '한 개의 중심과 두 개의 기본점'을 쉽게 수용한 것은 아니었다. 자오쯔양에 따르면, 그가 1987년 1월 30일 설 하례식에서 처음으로 이 표현법을 사용했을 때 예상치 못하게 보수파의 강한 반대에 부딪혔다고 한다. 그들은 4항 기본원칙과 개혁 개방을 농력에 놓고 언급할 수 없다고 주장했다. 4항 기본원칙이 중심(綱)이고, 개혁 개방은 부수적 요소(目)에 불과하다는 것이다.[45] 사실이는 1979년에 덩샤오핑이 4항 기본원칙을 제시했을 때부터 보수파들이 견지해 오던 입장이기 때문에 새로울 것은 없었다. 보수파들은 4항 기본원칙으로 개혁 개방을 약화 혹은 통제하기 위해 이를 주장했던 것이다. 보수파의 이런 주장은 일차적으로는 자오쯔양의 비판에 의해, 근본적으로는 덩샤오핑의 확고한 입장에 의해 수그러들었다.

'세 발걸음(三步走)' 발전 전략

마지막으로 자오쯔양은 사회주의 초급 단계론, '한 개의 중심과 두 개의 기본점'의 기본 노선에 입각하여 중국이 21세기 중반, 정확히는 건국 100주년이 되는 2049년까지 추진할 3단계의 경제 발전 전략을 제시했다.

당의 11기 3중전회 이후 우리 경제 건설의 전략 배치는 대체로 3단계로 나눌 수 있다. 1단계(第一步)는 1980년의 국내총생산(GDP)을 2배로 늘려 '온포(溫飽) 문제'(생계 문제)를 해결하는 것이

파벌과 투쟁

다. 이 임무는 기본적으로 달성했다. 2단계는 본 세기 말(2000년) 까지 국내총생산을 다시 2배로 늘려 인민 생활이 '소강(小康) 수준'(기본 생활의 영위 수준)에 도달하는 것이다. 3단계는 다음 세기 중엽(2049년 건국 100주년)에 1인당 국내총생산을 중등발전국가 수준으로 발전시켜 인민 생활이 비교적 부유하게 되어, 현대화를 기본적으로 실현하는 것이다.[46]

중국의 경제 발전 전략은 그동안 진화에 진화를 거듭했다. 국민경제 1차 5개년(1953~1957년) 계획의 첫해인 1953년 6월에 마오쩌둥은 '과도기 총노선'과 '총임무'를 제기했다. 이는 중국의 건국 (1949년)에서 사회주의 개조 완성(1956년 공산당 8차 당대회)까지의 과도기에 대한 발전 전략이다. 이에 따르면 중국은 상당한 기간 동안에 국가 주도로 사회주의 공업화를 점차로 실현하고, 국가가 농업, 수공업 및 자본주의 상공업의 사회주의 개조를 점차 실현한다. 이 것이 총노선이고 총임무다. 이는 상대적으로 온건한 전략이다.

그러나 1957년 하반기에 좌경사상이 대두되면서 이 같은 온건한 총노선과 총임무는 폐기되었다. 대신에 마오쩌둥은 1957년 11월에 '영·미추월(以超英趕美)'이라는 새로운 발전 전략을 제시했다. 여기서 중국이 영국과 미국을 추월하는지 여부를 판단하는 기준은 철강 생산량이었다. 그래서 당시에는 '철강 중심(以鋼爲綱)'이라는 구호가 제기되었다.

농업·공업·국방·과학기술의 '네 가지 현대화' 발전 전략은 그

뒤에 나온 것이다. 1959년에 마오쩌둥은 '네 가지 현대화'를 최초로 제기했고, 이에 따라 '영·미추월' 전략은 조용히 폐기되었다. 이를 이어 저우언라이 총리는 1964년 12월에 개최된 3기 전국인대 연례회의에서 체계화된 네 가지 현대화 구상을 발표했다. 즉 저우는 "너무 길지 않은 역사 시기 내에, 현대적인 농업·공업·국방·과학기술의 사회주의 강국을 건설하여, 세계 수준을 좇아가고 또한 추월하자."라고 주장했다. 이렇게 해서 ① 농업의 현대화, ② 공업의 현대화, ③ 국방의 현대화, ④ 과학기술의 현대화라는 '네 가지' 현대화의 표현법이 완성되었다.

또한 지우언라이는 이런 네 가지 현대화의 목표를 달성하기 위한 '두 단계(兩步)' 발전 전략을 제시했다. 다만 두 단계의 특정한 시기를 규정하지는 않았다. 먼저 1단계에서는 독립적이고 비교적 완전한 공업 체계와 국민경제 체제를 수립한다. 2단계에서는 이를 토대로 삼아 전면적으로 농업·공업·국방·과학기술의 현대화를 실현하여 중국 경제를 세계의 선두에 놓는다. 이런 네 가지 현대화 구상은 1974년 1월에 개최된 4기 전국인대 연례회의의 정부 업무 보고에서 반복되었다. 이는 저우 총리의 마지막 보고가 되었다.[47]

네 가지 현대화 전략은 1978년 공산당 11기 3중전회에서도 계승되었다. 공산당 13차 당대회에서 결정된 '세 발걸음(三步走)' 발전 전략은 바로 이 같은 네 가지 현대화 전략을 대신하여 등장한 것이다. 이후에도 세 발걸음 발전 전략은 계승되었다. 예를 들어 후진타오는 2002년에 개최된 공산당 16차 당대회에서 이를 변형하여

2020년까지 실현할 중간 단계의 국가 발전 목표로 '전면적 소강사회'를 제시했다. 2012년에 등장한 시진핑도 이를 계승하였다. 즉 시진핑은 2021년 공산당 창당 100주년에는 '전면적 소강사회'를 달성하고, 2049년 건국 100주년에는 '중화민족의 위대한 중흥'을 달성하겠다는 '중국의 꿈(中國夢)'을 발표했던 것이다.[48]

연해 개방 전략의 제시

그 밖에도 공산당 13차 당대회에서는 두 가지의 중요한 개혁 개방 정책이 제시되었다. 이에 대해서는 중국 학자들이나 공산당이 그렇게 강조하지 않지만 이후 전개된 개혁 개방을 놓고 볼 때 매우 중요한 조치였다.

첫째로 자오쯔양은 정치 보고에서 체계적인 연해 개방 전략을 제시했다. 즉 그는 "경제특구(4개 도시) - 연해 개방도시(14개 도시) - 연해 경제 개방구(開放區) - 내지(內地)"로 연결되는 "개방 체제(格局)"를 형성할 것을 주장했다.[49] 당시까지 개방은 '경제특구 - 연해 개방도시'에 머물러 있었다. 경제특구는 1980년에, 연해 개방도시는 1984년에 공식 결정된 것이다. 자오쯔양은 이를 더욱 확대하여 연해 지역 전체뿐만 아니라 내지까지 연결하여, 전방위적이고 전면적으로 중국을 개방하는 전략을 제시한 것이다.

자오쯔양은 공산당 13차 당대회 이후 이 전략을 더욱 발전시킨다. 그에 따르면, "1987년 가을부터 1988년 1월 초까지 푸젠, 광둥, 저장, 장쑤 등의 지역을 장기간 시찰하여 현지의 현(縣)·시(市)·지

(地)·성(省)의 간부들과 좌담회를 갖고, 또 중앙 관련 부서와 충분히 의견을 교환한 뒤에"연해 발전 전략을 제기했다. 주요 내용은 "1억에서 2억 인구가 사는 연해 지역에서 전략적으로 대외형 경제를 발전시키고, 세계경제의 구조 조정 기회를 충분히 이용하여 언해 경제 발전을 가속해야 한다는 것"이다.[50] 1988년 1월 23일 자오가 이런 내용을 담은 「연해 지역 경제발전의 전략문제」를 덩샤오핑에게 보고했을 때 덩도 이를 적극 지지했다. 덩은 이 보고에 대해 "완전히 찬성한다. 특히 대담하게 일하고, 발걸음을 빨리 하여 절대로 시기를 놓치지 말라."고 지시했다.[51]

구체적인 내용은 몇 가지다. 연해 지역에는 대외개방형 경제 발전을 위주로 해서 노동집약형 제품이나 노동집약과 기술집약이 결합된 제품을 생산한다. 그리고 해외에서 자금과 설비·원자재를 수입하고, 이를 국내에서 가공·생산하여 국제시장에 판매한다. 또한 향진기업(鄕鎭企業)을 적극 발전시켜 대외개방형 경제의 주력군으로 삼는다. 그 밖에도 기존의 무역체제를 대폭 개혁한다. "요컨대 인구 1억에서 2억에 달하는 연해 지역과 이곳의 생산 및 기업을 국제시장으로 향하게 하고, 국제시장의 교환과 경쟁에 참여하게 한다."[52] 자오쯔양의 이런 구상은 그가 총서기에서 물러난 뒤에도 실제로 추진되어 큰 성공을 거두었다.

'사회주의 상품경제론'

둘째로 자오쯔양은 '계획경제 위주와 시장조절 보완'이라는 천원의 경제원리를 돌파하여 '사회주의 상품경제론'을 제기했다. 1982년에 개최된 공산당 12차 당대회에서 중국은 "공유제를 기초로 계획경제"를 실행하고, "국가의 통일적인 계획의 일정한 범위" 내에서 "가치법칙(즉 시장)의 조절 역할"을 허용한다고 결정했다.[53] 이처럼 이전까지 진행된 경제개혁은 어디까지나 계획경제를 굳건히 유지한 상태에서 이를 보완하기 위해 부분적으로 시장을 도입하는 것이었다.

그런데 자오쯔양은 정치 보고에서 '사회주의 상품경제'를 제시했고, 그것은 "계획과 시장이 내재적으로 통일된 체제"라고 주장했다.

> 사회주의는 계획이 있는 상품경제 체제로, 마땅히 계획과 시장이 내재적으로 통일된 체제여야 한다. (……) 계획과 시장의 역할 범위는 모두 전 사회를 포괄한다. 새로운 경제운영 기제는, 전체적으로 말하면, 마땅히 '국가의 시장 조절, 시장의 기업 인도'의 기제여야 한다. 국가는 경제 수단, 법률 수단, 필요한 행정 수단을 운영하여 시장의 수요와 공급 관계를 조절하고, 적절한 경제 및 사회 환경을 조성하며, 이로써 기업이 정확하게 경영 정책을 결정하도록 인도해야 한다. 이 목표의 실현은 하나의 점진적인 과정이며, 이를 위해 반드시 적극적으로 조건을 창출해야 한다.[54]

그런데 여기서 상품경제는 곧 시장경제를 의미한다. 1987년 말 혹은 1988년 초에 개최된 정치국 회의에서 국무원 발전연구센터의 마홍(馬洪) 주임은 '사회주의 상품경제'와 '사회주의 시장경제'가 무슨 차이냐고 질문했다. 이때 자오쯔양은 이렇게 답변했다. "실제 업무에서는 차이가 없다. 13차 당대회에서 말한 상품경제는 곧 시장경제다. 두 표현의 의미는 하나다." 후야오방도 같은 생각이었다. 특히 후야오방은 개혁의 관건은 국무원 국가계획위원회를 해체하는 것이라고 주장했다.[55] 이 부서가 계획을 주도하기 때문이다.

이처럼 공산당 13차 당대회는 경제개혁의 방향을 계획경제(천원의 주장)에서 시장경제로 바꾸는 계기가 되었다. 다만 '상품경제' 대신 '시장경제'라는 용어가 공식 채택되기까지는 아직 5년이 더 필요했다. 1992년 14차 당대회에서 '사회주의 시장경제'가 공산당의 방침으로 채택된다.

(4) 정치개혁: '당정 분리'와 자오쯔양의 구상

덩샤오핑은 1980년에 「당과 국가 영도제도의 개혁」이라는 정치개혁 구상을 발표했다. 자오쯔양은 이를 "정치체제 개혁을 진행하는 지도성 문건"이라고 평가했다.[56] 이 글에서 덩샤오핑은 과도한 권력 집중을 현행 정치체제가 안고 있는 최대 문제점으로 지적했다. 여기서 파생된 문제인 당정 결합, 공산당의 정부 대체(以黨代政), 관료주의, 가부장제, 고위 간부의 특권 현상을 해결해야 한다고 주장했다. 이는 1982년에 개최된 공산당 12차 당대회에서 수용되

파벌과 투쟁

어 공식 입장이 되었다. 이처럼 1980년대 정치개혁의 핵심 과제는 과도한 권력 집중의 해소였다.[57]

문제는 이런 구상과 결정이 제대로 추진되지 않았고, 그래서 1986년에 다시 제기되었다는 점이다. 그 결과 공산당 13차 당대회 는 정치개혁을 본격적으로 논의하는 장소가 되었다. 이는 덩샤오핑 의 지시이기도 했다.

정치개혁의 이유·목표·과제

자오쯔양은 정치 보고에서 정치개혁의 추진 이유를 분명히 밝 혔다. 한마디로 "정치체제 개혁을 진행하지 않으면 경제체제 개혁 이 최종적으로 성공할 수 없기 때문이다." 이는 덩샤오핑의 입장 을 대변한 것이다. 덩은 어디까지나 경제개혁과 경제 발전을 위해 정치개혁을 추진해야 한다는 생각을 갖고 있었다. 또한 자오쯔양 은 현행 정치체제가 가진 결점으로 세 가지를 제시했다. 권력의 과 도한 집중, 심각한 관료주의, 봉건주의 영향의 청산 미흡이었다.[58] 1980년에 덩샤오핑은 주로 권력 집중 현상을 지적했는데, 이번에 는 세 가지 문제를 병렬적으로 제시했다. 이렇게 되면서 정치개혁 의 초점이 흐려지는 현상이 나타났다.

정치개혁의 목표는 장기와 단기 두 가지가 제시되었다. 장기 목 표는 "고도로 민주적이고, 법제(法制)가 완비되고, 높은 효율과 활 력이 충만한 사회주의 정치체제를 건립하는 것"이다. 이는 "장기간 의 노력을 통해서만 실현할 수 있는 것이다." 단기 목표는 효율 제고와 활력 강화, 각 방면의 적극성 동원에 유리한 영도체제(領導體制)를 건립하는 것"이다.[59] 두 목표의 차이점은 '정치체제'와 '영도체제'에 잘 드러나 있다. 즉 장기적으로는 현행 정치체제 전체를 민주적이고 효율적으로 개혁해야 하지만, 단기적으로는 공산당을 중심으로 하는 당-국가의 '영도체제'만 개혁하겠다는 것이다. 이렇게 되면서 이번에 추진할 정치개혁의 범위는 축소되었고, 목표도 하향 조정되는 결과가 나타났다.

구체적인 정치개혁의 과제로는 ① 당정 분리(黨政分開), ② 권력 하방, ③ 정부기구 개혁, ④ 간부 인사제도의 개혁, ⑤ 사회 협상 및 대화 제도의 수립, ⑥ 사회주의 민주제도의 개선, ⑦ 사회주의 법제 건설 등 모두 일곱 가지가 제시되었다. 마지막 과제인 법제 건설에서는 "공산당은 헌법과 법률의 범위 내에서 활동해야 한다."라는 '공산당 활동의 법제 원칙'이 강조되었다.[60]

핵심 과제: '당정 분리'와 '정치 영도'

그런데 일곱 가지 과제 중에서 제일 중요한 것은 당정 분리였다. 정치개혁의 단기 목표가 '영도체제' 개혁이고, 공산당은 "사회주의 사업의 영도 핵심"이기 때문에, 공산당이 영도를 잘 하기 위해서는 이 문제를 해결해야 한다. 자오쯔양은 "장기간에 걸쳐 형성된 당정 결합과 당의 정부 대체 문제가 아직도 해결되지 않았고, 이 문제가 해결되지 않으면, 당의 영도는 진정으로 강화될 수 없고 기타 개혁도 순리대로 추진되기 어렵다."라고 주장했다. 그래서 "정치체제 개혁의 관건은 무엇보다 당정 분리"고, "당정 분리는 곧 당정 직능분리"라고 주장했다.

또한 당정 분리의 원칙에 따라 공산당의 국가기관과 사회조직에 대한 영도는 "정치 영도"로 한정되었다. 자오쯔양에 따르면, 정치 영도는 공산당이 원칙과 방향을 제시하고 국가의 중대 사항에 대한 결정을 지도하는 것과, 국가 권력기관에 중요 간부를 추천하는 것을 가리킨다. 정치 영도의 행사를 위한 올바른 방식도 제시되었다. "공산당의 주장은 법적 절차에 따라 국가 의지로 변화되어야 하고, 당 조직의 활동과 당원의 모범 활동을 통해 광대한 인민대중을 동원하여 당의 노선·방침·정책을 실현해야 한다." 그 밖에도 정부 부서에 대응하여 공산당 내에 설치된 유관 부서(對口部門), 국가기관에 설치된 당조(黨組) 및 영도소조(領導小組)도 폐지 또는 축소되어야 한다.[61]

자오쯔양의 구상: '사회 협상과 대화 제도'

당정 분리 다음으로 흥미를 끄는 정치개혁은 '사회 협상 및 대화 제도의 수립'이다. 이는 순전히 자오쯔양의 구상이다. 자오쯔양은 정치 보고에서 "각기 다른 사회 이익과 사회 모순을 정확히 처리 및 조정하는 것이 사회주의 조건하의 중대한 과제"라고 주장했다. 이 과제를 해결하기 위해서는 "상호 소통하는 기회와 통로"가 필요하다. 그래서 "사회 협상 및 대화의 제도를 형성하여, 제때에 원활하고 정확하게 아래의 상황을 위로 전달하고 위의 상황을 아래에 전달하며, 피차 소통하고 상호 이해할 수 있도록 하는 것"이 필요하다. 이를 위해 관련 규정을 제정하고, 전국적 문제·지방적 문제·기층 단위의 중대 문제에 맞추어 세 가지 층위의 제도를 수립하며, 각 층위별로 협상 및 대화를 전개한다.[62]

정치개혁 방안의 작성에 참여한 우궈광 교수의 증언에 따르면, 자오쯔양은 이 제도의 수립을 매우 중시했다고 한다. 개혁 개방이 진행되면서 사회 모순이 증가했고 증가한 사회 모순을 해결하기 위해서는 다양한 정치 통로가 필요한데, 사회 협상 및 대화 제도는 그 통로 중 하나라는 것이다. 하지만 다른 중요하고 시급한 개혁 과제들이 많아서 공산당 13차 당대회 이후 이와 관련된 조치는 아무것도 추진되지 않았다.[63] 이 구상은 2000년대에 다시 주목을 받는다. 최근 들어 '중국 특색의 사회주의 민주'의 한 요소로 강조되는 '협상 민주'(協商民主, consultative democracy)가 이를 잘 보여 준다.[64]

비슷하게 자오쯔양은 공산당과 다른 정치조직(소위 '민주당파(民主黨派)') 간의 협상제도인 다당합작(多黨合作) 제도를 실제로 의미 있는 정치조직으로 만들어야 한다고 주장했다.

나는 공산당 영도의 다당합작과 정치협상제도를 정말로 풍부하고 완전하게 만들고, 정치 참여(參政)의 역할을 발휘하게 하여, 이 제도를 형식에 그치는 것이 아니라, 진짜로 만들어야 한다고 생각했다. 이렇게 되면 각 민주당파가 활기를 띠고 정치 참여와 감독 역할을 발휘할 수 있게 되고, 사회적으로 정치에 참여하고 싶은

　　　　　　　　　　　　파벌과 투쟁

사람은 민주당파라는 형식을 통해 자신의 정치 참여 욕구를 실현할 수 있게 되어, 체제 밖에서 공산당과 대립되는 조직을 또다시 만들 필요가 없게 된다. 이렇게 한다면, 실제로 권력을 나눈 것이라 할 수 있고, 공산당이 권력을 전면적으로 독점하지 않지만, 공산당의 집권(執政) 지위에 절대 도전할 리 없었다. 이를 위해 나는 이미 '공산당 영도하(下)의 다당합작제'를 '공산당 영도의 다당합작제'로 바꿀 것을 제기했다. 차이가 그리 크지는 않지만, '영도'는 정치 문제(즉 공산당과 민주당파가 동등한 지위에서 상호 지도 및 협력하는 문제)이고, '영도하는' 조직 문제(즉 민주당파가 공산당보다 아래의 지위에서 지도받는 문제)다.[65)]

자오쯔양의 이 같은 의욕적인 개혁은 이후 어떻게 되었을까? 그가 제기한 사회 협상 및 대화 제도의 수립과 다당합작제도의 내실화는 당연히 추진되지 않았다. 공산당의 영도, 다른 말로는 공산당 일당제의 유지 혹은 권력 독점을 정치개혁의 확고부동한 원칙으로 삼고 있는 덩샤오핑과 다른 원로들이 이에 동의할 리 없기 때문이다. 특히 1989년에 톈안먼 사건이 발생한 이후 공산당 일당제에 조금이라도 영향을 미칠 수 있는 모든 정치개혁 논의와 실행이 중단되었는데, 사회 협상 및 대화 제도의 수립과 다당합작제도의 내실화에 대한 논의도 중단되었다.

'당정 분리' 반대와 폐기

당정 분리도 마찬가지 운명이었다. 처음에는 중앙과 지방에서 당정 분리를 실현하기 위한 다양한 조치가 실시되었다. 당조(黨組) 폐지는 그중 하나였다. 1988년 7월에 공산당 중앙은 「국무원 긱 부문의 당조 폐지 의견」을 허달했다. 이에 맞추어 국무원의 일부 부서에 설치된 당조가 실제로 폐지되었다.

그러나 당정 분리, 특히 당조 폐지는 공산당과 국가기관 간의 관계에서 예상치 못한 몇 가지 문제를 야기했다. '공산당의 영도' 지위가 약화되고, 국가기관에 대한 공산당의 지도가 제대로 관철되지 않는 문제가 발생한 것이다. 이에 따라 당정 분리 방침은 사실상 폐기되었다.

우선 당정 분리 방침에 따라 당조가 폐지되면서 공산당이 국가기관을 통제하는 중요한 통로이자 수단을 상실했다. 이에 따라 국가기관에 대한 공산당의 영도가 약화될 뿐만 아니라 집권당으로서의 지위도 위협받는다는 비판이 제기되었다. 즉 다당제를 실시하는 미국과 유럽의 국가들에서도 여당은 자신이 획득한 권력을 쉽게 놓지 않는 법인데, 중국에서 유일한 집권당인 공산당이 권력을 방기하려 한다는 것이다.[66] 이는 당정 분리를 통해 공산당이 당 고유의 업무에 종사함으로써 국가기관을 더 잘 지도할 수 있다는 당정 분리 제창자들의 주장과는 전혀 다른 결과였다.[67]

또한 당정 분리 방침에 따라 정책 결정과 집행을 둘러싸고 공산당 계통과 정부 계통이 분리되면서 '2개의 머리를 가진 뱀'과 같

파벌과 투쟁

은 당정 이중권력 구조(黨政二元權力結構)가 형성되었다. 이런 권력 구조에서 공산당과 정부 간에 권력 다툼이 나타났고, 양자 간에 갈등과 대립이 발생할 때 이를 조정할 수 없는 문제도 발생했다. 중국과 같은 당-국가(party-state)체제에서는 공산당과 정부의 권한과 책임이 분명하게 구분되지 않기 때문이다.[68]

이렇게 되면서 현실에서 '세 가지 제도의 병존(三制竝存)' 현상이 나타났다. 첫째는 당정 분리 방침에 따라 공산당과 국가기관을 기능적으로 분리하고, 공산당 조직(일부 인원)이 국가기관에 진입하여 국가를 운영하는 방식이다. 둘째는 공산당이 국가기관 외부에서 국가 업무에 관여하는 당정 분리 이전의 방식이다. 셋째는 공산당이 국가기관 외부에서 국가 운영을 완전히 통제하는 '일원화(一元化) 영도' 방식이다. 이는 마오쩌둥 시대의 방식이다.[69]

이런 문제가 나타나는 과정에서 1989년에 발생한 톈안먼 사건은 공산당이 권력을 상실할 수도 있다는 위기감을 증폭시켰다. 그러나 이때까지는 당정 분리 방침이 완전히 폐기되지는 않았다. 예를 들어 1989년 12월에 발표한 장쩌민의 글을 보면 여전히 당정 직능 분리가 필요하다고 주장하고 있다.[70] 그런데 1990년에 들어서면서 동구 사회주의 국가들이 붕괴하고, 1991년에는 소련마저 붕괴되면서 당정 분리를 폐기한다는 공산당의 방침이 확정되었다.[71] 데이비드 샴보(David Shambaugh) 교수가 주장하듯, 중국 지도자들은 소련이 붕괴하게 된 가장 중요한 원인 중 하나가 선거 등 민주주의 제도를 도입하여 공산당 스스로 권력 독점을 포기한 점이라고 인식했다.[72]

이런 과정을 거쳐 당정 분리 방침은 폐기되었다. 그러면서 당정 관계 개혁을 바라보는 새로운 관점이 제기되었다. 정치개혁에서 관건은 공산당과 국가기관 간의 '결합'이나 '분리' 여부의 문제, 즉 당정 분리냐 아니면 낭성 결합이냐가 아니라는 것이다. '영도당'이면서 '집권당'인 공산당은 당정 분리를 결코 수용할 수 없기 때문이다. 대신 공산당이 집권당의 지위를 공고히 유지한 상태에서, 다시 말해 당정 결합을 전제로 공산당과 국가기관 간의 관계를 법률로 규정하고 이에 입각하여 운영하는 당정 관계의 법제화가 중요하다는 인식이 형성되었다.[73] 의법치국(依法治國)과 의법집권(依法執權) 방침은 이런 변화된 관점에서 나왔다.

그런데 당정 분리는 정치개혁 방안을 만드는 과정에서부터 매우 격렬한 반대에 직면했다. 특히 지방의 당서기들은 당정 분리를 강하게 반대했다. 이는 1950년대부터 공산당 기구를 강화하는 동시에 국가기관에 대한 공산당의 지도를 확대하면서 "기득 이익과 기득 세력의 문제"가 심각해진 결과다. 한마디로 말해, 당정 분리를 실시할 경우 그동안 공산당뿐 아니라 국가기관, 국영기업, 사회단체 등에 대한 통제권을 독점하던 당서기들이 권력을 상실할 것을 우려해 당정 분리를 반대했던 것이다. 그래서 당정 분리 방침이 제기되었을 때 그들은 "결합만 못하다."라거나 "개혁, 개혁 하더니 최후로는 당에까지 칼을 댄다."라고 반발했던 것이다.[74]

자오쯔양도 공산당 13차 당대회 이후에 당정 분리를 추진하는 것이 정말로 어려웠다고 증언한다. 지방의 당정간부들이 집행을 거

파벌과 투쟁

부했기 때문이다.

당정 분리 문제와 공장의 공장장 책임제 실행 문제에 대해 당
내에서는 우려와 저항이 매우 컸다. 상당히 많은 지방 당위원회가
반대했는데, 그들은 당위원회가 권력을 독점하며, 당정이 한 손에
휘어잡고 서기가 모든 것을 결정하는 것에 익숙해져 있었다. 당정
분리를 실행하면 서기는 거의 허깨비가 된다. 따라서 당시 공장장
이 중심 인물이자 법인대표로 확정되자, 서기는 공장에 대해 전면
적인 지도를 실행하지 않고, 주로 당의 업무와 사상 정치 업무에 책
임을 지게 되었다. 실제로 각지에서는 이에 대항하며 집행하지 않
았다. 당정 분리와 공장장 책임제는 실제로 권력의 분배 문제와 관
련되었고, 기득권을 가진 일부 사람들이 권력을 포기하기를 원하지
않아 개혁은 상당히 어려웠다.[75]

정치개혁의 점진적 추진

다른 정치개혁 정책은 이후에 점진적으로 실시되었다. 권력 하
방의 경우 개혁 개방이 진행되면서 중앙의 권한이 지방으로, 공산
당과 국가의 권한이 사회와 기업으로 이양되었다. 정부기구 개혁
도 계속 추진되었다. 단 중점이 변화했다. 기존의 정부 개혁은 기구
축소와 인원 감축에 초점이 맞추어졌다. 그러나 기구와 인원의 '축
소-팽창-재축소-재팽창'이라는 악순환이 반복되면서 개혁의 초
점이 정부 직능의 전환으로 옮겨졌다. 정부는 거시경제 관리나 사

회 관리 등에 집중하고 경제활동은 기업과 사회에 맡기도록 정부의
권한을 축소하는 것이 핵심 내용이었다. 간부 인사제도의 개혁도
1993년 공무원제도의 도입으로 결실을 맺었다. 다만 공무원을 '정
무류(政務類)'와 '업무류(業務類)'로 분류하고, 후자를 자유민주주의
국가에서처럼 정치적 중립을 유지하는 직업 공무원제도로 운영한
다는 원래 계획은 폐기되었다.[76]

　'사회주의 민주제도'를 개선시키는 정책도 추진되었다. 인민대
표대회제도는 '근본 정치제도'로서 입법과 감독 활동이 강화되었
다. 인민정협(人民政協)도 '애국 통일전선 조직'으로 공산당의 지도
하에 사회 각계 인사들이 정치에 참여하는 통로로 다시 활성화되었
다. 군중단체의 자율성도 전보다 강화되었고, 당내 선거도 차액선
거가 도입되면서 전보다 활기를 띠었다.

　'사회주의 법제 건설'의 강화도 마찬가지다. 전국인대와 지방
인대의 입법활동이 강화되면서 법률체제가 수립되기 시작했다. 정
부와 사법기관의 법률 집행(執法)도 전보다 강화되었다. 특히 당시
에는 민주와 법제의 결합이 강조되었다. "개혁을 통해 사회주의 민
주정치가 한걸음씩 제도화와 법률화로 나아가야 한다."라는 것이
다. 그리고 "이것이 문혁의 재연을 방지하여 국가의 장기적인 안정
을 실현하는 근본적인 보장이다."[77]

　한편 공산당 13차 당대회에서는 당내 민주도 정치개혁의 한 범
주로 제시되었다. 먼저 "당내 민주로 인민 민주를 추동하는 것은
사회주의 민주정치를 발전시키는 실행 가능하고 효과적인 경로"

　　　　　　　　　　　　　　　파벌과 투쟁

라는 방침이 제시되었다. 이는 당내 민주를 정치 민주화와 연결시
켜 파악하고, 동시에 정치 민주화를 위해 당내 민주를 추진해야 한
다는 방침을 최초로 천명한 것이다. 또한 당내 민주의 세부 정책으
로 각종 업무 보고 제도(예를 들어 정치국 상무위원회가 정치국에, 정치
국이 중앙위원회에 정기적으로 업무 보고)를 도입하고, 중앙위원회 회의
개최 횟수를 늘리며, 중앙조직의 업무 규칙 제정과 집단지도 체제
를 제도화하고, 선거제도를 개혁하여 중앙위원회 선거에서의 차액
선거를 도입하며, 당원의 권리를 보장하자는 등의 방침이 논의되었
다.[78]

일부 지방에서는 공산당 13차 당대회 이후 당대회의 연례화와
당대회 대표의 상임제 등 새로운 당내 민주정책이 시험 실시되었
다. 이는 공산당 중앙 조직부의 지시에 따른 조치였다. 예를 들어
1988~1989년에 저장성(浙江省)의 타이저우시(臺州市)와 샤오싱시
(紹興市), 헤이룽장성(黑龍江省)의 린디엔현(林甸縣)과 자오둥시(肇東
市), 산시성(山西省)의 다퉁시(大同市)와 훙둥현(洪洞縣), 허베이성(河
北省)의 신지시(辛集市), 후난성(湖南省)의 헝산현(衡山縣) 등 5개 성
의 총 12개 시·현에서 당대회의 연례화가 시험 실시되었다. 당대회
의 연례화는 5년에 한 번 개최되는 당대회를 매년 개최하는 것을
말한다. 이렇게 되면 당대회 대표는 지방의회 의원처럼 매년 당대
회에 참석하여 중요 문제를 토의하고 결정하며, 이를 위해 일상적
으로 활동하게 된다. 이것이 당대회 대표의 상임제였다. 그러나 이
후 7개 지역에서는 이런 실험이 중단되었다.[79]

서기처의 지위 강등: '8차 당대회 체제'의 확립

그 밖에도 공산당 13차 당대회에서는 「공산당 당헌」의 수정을 통해 중앙 서기처의 지위가 하향 조정되었다. 서기처는 이전 규정에 따르면 "중앙 정치국과 그것의 상무위원회의 영도하에 중앙의 일상 공작을 처리"하는 정책 결정 및 집행기구였다. 또한 서기처 서기는 정치국 위원이나 정치국 상무위원처럼 "중앙위원회 전체회의가 선출"했다. 이렇게 되면서 서기처의 정치적 지위는 매우 높아졌다.

그런데 공산당 13차 당대회의 「당헌」 수정을 통해 서기처는 "중앙 정치국과 그것의 상무위원회의 사무기구(辦事機構)"로 강등되었다. 이제 서기처는 더 이상 정책 결정기구가 아닌 것이다. 또한 서기처 서기도 "중앙 정치국 상무위원회가 제청(提名)하고, 중앙위원회 전체회의가 통과"하는 방식으로 선임되면서 지위가 하락했다.[80] 이런 조치는 후야오방이 서기처의 권한을 남용해 국무원의 업무에 관여했다는 비판에 따른 것이다.

이렇게 되면서 공산당 8차 당대회(1956년)에 수립된 권력분립형의 이원체제(二元體制: 소위 '8차 당대회 체제(8大體制)')가 완전하게 복원되었다. '8차 당대회 체제'에서는 정치국과 정치국 상무위원회가 일상적으로 중요 정책을 결정하는 최고 권력기구이고, 서기처는 이들의 사무기구로서 정치국과 정치국 상무위원회가 결정한 정책을 집행하고 보조하는 역할만을 맡는다. 그런데 1980년 2월에 개최된 공산당 11기 5중전회에서 서기처가 다시 설치되었을 때는 정책 결정 및 집행기구로 규정되면서 그 위상이 '8차 당대회 체제'의 서

권력과 투쟁

기처보다 훨씬 높아진다. 그것이 공산당 13차 당대회에서 재조정되면서 '8차 당대회 체제'는 완전히 복원된다. 이런 이원체제는 현재까지 이어지고 있다.

정치개혁에 대한 '비밀 문건'

참고로 공산당 13차 당대회에서 논의하기 위해 작성된 정치개혁 문건은 원래 두 가지였다. 공산당은 정치개혁의 방안을 만들기 위해 1986년에 '중앙 정치체제개혁 연구소조'를 구성했고, 자오쯔양이 이를 이끌었다. 여기에 참여했던 우궈광(吳國光) 교수에 따르면, '연구소조'가 1년 가까이 노력한 결과 1987년 5월에 당대회의 '정치 보고' 초고가 완성되었다. 이 정치 보고 초고의 5부에 정치개혁에 대한 내용이 들어 있다.

그런데 이때 정치 보고와 함께 정치개혁에 대한 방안만을 담은 별도의 '비밀 문건'인 「정치체제 개혁에 관한 전체 구상(總體設想)」이 작성되었다. 우 교수에 따르면, 정치 보고의 정치개혁 방안과 「전체 구상」은 내용상에는 큰 차이가 없다. 그러나 하나는 공개 발표용이고, 다른 하나는 내부 발표용이라 차이가 없진 않다. 예를 들어 「전체 구상」에는 정치개혁의 세부 조치에 대한 상세한 설명이 들어 있다. 또한 정치 보고에서는 말하지 못하는 민감한 정치개혁의 내용도 들어 있다. 다만 그것이 구체적으로 무엇인지는 공개되지 않았다.[81]

자오쯔양이 발표한 정치 보고는 공산당 13차 당대회에서 논의되었다. 그러나 정치체제 개혁에 관한 「전체 구상」은 다른 방식으로 논의되었다. 우선 공산당 정치국은 1987년 9월 19일에「전체 구상」을 토론한 후에 "원칙적 통과"를 결정했다. 약 한 달 후인 10월 20일에는 공산당 12기 중앙위원회 7차 전체회의가 개최되어 이 문건을 토론한 다음에 역시 "원칙적 통과"를 결정했다. 동시에 이때 공산당 13차 당대회의 정치 보고에「전체 구상」의 주요 내용을 써넣는다고 결정했다.[82] 이후「전체 구상」은 외부에 공포하지 않고 "내부적으로 파악하는 원칙"이 되었다. 다시 말해 이 문건은 공산당 13차 당대회에 독립된 문건으로 상정되지 않았다.

그런데 정치국에서 토론된 일부 내용을 보면 정치체제 개혁에 대한「전체 구상」이 무슨 내용을 담고 있는지를 엿볼 수 있다. 우궈광 교수에 따르면, 정치국 회의에서「전체 구상」을 논의할 때 원로들은 당정 분리, 사법독립, 기구개혁, 주요 개념 혹은 표현에 대한 의견을 발표했다. 예를 들어 양상쿤은 중국이 비록 정치개혁을 추진하지만 소련에서 학습했다는 인상을 주지 않기 위해 "정치 개방"이나 "개방 정도" 등의 용어는 사용하지 말자고 주장했다. 또한 대부분의 원로들은 당정 분리에 대해 찬성했다.[83]

한편 공산당 중앙 서기처 연구실의 비서를 역임한 우자샹(吳稼祥)에 따르면, 공산당 13차 당대회는 원래 정치개혁 방안만을 독립적으로 논의하고 이에 대한 결의를 채택하려고 했었다. 그런데 결과적으로는 그렇게 하지 못했다. 대신 자오쯔양이 발표한 '정치 보고'에 정치개혁의 내용을 일부 포함하는 방식으로 정치개혁에 대한 논의가 이루어졌다. 이런 점에서 우자샹은 공산당 13차 당대회에서

파벌과 투쟁

개혁파는 "절반의 승리"만을 거두었다고 주장한다. 즉 독립된 정치 개혁의 방안을 발표하지 못해 정치개혁을 좀 더 철저하게 추진할 수 없게 되었다는 것이다.[84]

그런데 이런 우자샹의 증언은 앞서 살펴본 「정치체제 개혁에 관한 전체 구상」과 관련이 있는 것으로 보인다. 공산당은 원래 13차 당대회에서 통과시킬 목적으로 정치개혁만을 독립적으로 논의하는 별도의 문건을 준비했다. 그런데 이 정치개혁 방안에 민감한 내용이 포함되어 있고, 또한 소련의 민주적인 정치개혁 추진 등 국내외 여러 가지 불리한 상황도 있어서 원래 계획을 변경하여 이를 비밀 문건으로 처리했던 것이다. 또한 이런 판단의 결과 이 문건은 당대회가 아니라 중앙위원회에서만 논의되었다. 다만 이런 추론은 현재로서는 확인할 방법이 없다.

**공산당 13차 당대회
(1987년 10월)**

공산당 13차 당대회는 1987년 10월 25일부터
11월 1일까지 개최되었다. 4700만 명의 당원을
대표하여 1936명의 대표가 참석했다. 공식
의제는 세 가지였다. 첫째는 중앙위원회 정치
보고 등 각종 업무 보고의 청취와 심의다.
둘째는 「공산당 당헌(黨章)」의 수정이다. 셋째는
인선이다. 참고로 덩샤오핑은 공산당 13차
당대회는 두 가지의 주요 문제를 다룰 것이라고
말했다. 하나는 정치개혁이고, 다른 하나는
지도부의 연소화(年輕化)를 위한 세대교체이다.
실제로 이 두 가지가 모두 이루어졌고, 이는 매우
중요한 의미가 있다.

**왼쪽부터 덩샤오핑, 자오쯔양, 리셴녠,
후야오방
(1987년 10월, 공산당 13차 당대회)**

공산당 13차 당대회에서는 매우 중요한 몇
가지 이론 및 노선이 결정되었다. 중국의
사회주의 상황을 재해석하여 '사회주의 현대화
건설' 노선(개혁 개방)을 이론적으로 정당화한
'사회주의 초급(初級)단계론', 이에 근거한 새로운
기본 노선인 '한 개의 중심(一個中心)과 두 개의
기본점(兩個基本點)', 마지막으로 이 두 가지를
근거로 제시된 '세 발걸음(三步走) 전략'이
그것들이다.

보이보
(薄一波, 1908~2007)

'중앙 정당공작 지도위원회'의 상무 부주임과
'중앙고문위'의 상무 부주임을 맡았던 혁명원로
중 한 사람이다. 후야오방을 대신하여 공산당
13차 당대회 이전까지 당무를 주관한 '5인
소조'의 한 사람이기도 했다. 5인 소조에는
보이보 외에도 자오쯔양, 완리, 후치리, 양상쿤이
있었다. 이들 중 보이보는 천원의 대리인,
양상쿤은 덩샤오핑의 대리인 성격을 띠고
있었다.

국가제도의 정비

2부

7 국가기구의 정비와 발전

    지금까지 우리는 개혁 개방의 방침과 정책을 놓고, 또 화궈펑 체제 이후의 권력 분배를 놓고 소위 '개혁파'와 '보수파'라는 정치세력들이 보여 준 경쟁과 협력, 대립과 갈등을 자세히 살펴보았다. 또한 공산당이 문화대혁명(문혁) 동안 파괴된 공산당 조직과 제도를 복원하여 원래의 권위와 안정을 회복해 가는 과정도 살펴보았다.

    그런데 이런 엘리트 정치와 공산당의 정비만이 1980년대에 일어난 정치 변화의 전부는 아니다. 더욱이 이것만 강조하다 보면 중국이 어떻게 개혁 개방의 정책을 성공적으로 추진했고, 지방과 기층에서는 어떻게 대응했는지를 이해할 수 없다. '개혁 개방'은 시장화, 사유화, 개방화, 분권화를 추구하여 경제성장과 사회 안정을 달성하려는 공산당의 새로운 노선이다. 엘리트 정치는 이런 노선을 결정하고 권력을 분배하는 일과 관련되어 있지만 개혁 개방의 세부 정책을 직접 추진한 주체는 아니다.

파벌과 투쟁

따라서 1980년대에 개혁 개방 정책이 어떻게 해서 추진될 수 있었는지 알기 위해서는 엘리트 정치의 아래 단계에서 진행된 국가 기구의 정비와 발전 과정을 살펴봐야 한다. 이것이 세부정책 추진을 가능케 한 요인이기 때문이다. 또한 지방과 기층 단위에서 진행된 다양한 정치 변화도 보아야 한다. 중앙 정치가 개혁 개방의 방침과 권력 분배를 놓고 치열하게 경쟁을 벌일 때, 지방과 기층(구체적으로 농촌)에서는 중앙과 상관없이 당면한 현실 문제를 해결하기 위해 다양한 노력을 기울였다. 이처럼 1980년대에는 지방에서 여러 가지의 정치 변화가 동시에 일어났다.(이 장과 다음 장에서 이런 정치 변화를 살펴보려 한다.)

1980년대 초부터 공산당이 개혁 개방을 본격적으로 추진하면서 국가기구도 본격적으로 정비되기 시작했다. 개혁 개방과 관련된 중요 정책은 공산당이 결정하지만 정책의 집행은 국가기구가 담당하기 때문이다. 다시 말해 국가기구의 정비와 발전 없이는 개혁 개방도 추진될 수 없었다. 이런 점에서 중국이 개혁 개방에 성공할 수 있었던 것은 덩샤오핑과 같은 최고 지도자들의 올바른 정책 결정과 지도 때문이지만 동시에 이를 실무 차원에서 집행할 수 있는 국가기구를 제대로 갖추었기 때문이기도 하다. 한마디로 중국은 정치 제도화(institutionalization) 혹은 국가 건설(state-building)에 매진했고, 그 성과에 힘입어 개혁 개방을 성공적으로 추진할 수 있었던 것이다.

동시에 개혁 개방은 계획경제 체제에서와는 완전히 다른 새로운 국가기구의 역할을 필요로 했다. 개혁 개방, 특히 시장화와 사유화는 계획경제 체제와는 양립할 수 없었다. 이를 추진하기 위해서는 새로운 역할을 해 줄 새로운 국가기구가 필요했다. 그래서 마오쩌둥 시대에는 주목받지 못했던 국가기구가 개혁기에는 활발하게 활동할 수 있었다. 전국인민대표대회(전국인대)와 지방인민대표대회(지방인대)가 대표 사례이며, 법원도 마찬가지다.

중앙정부인 국무원과 각급 지방정부의 역할에도 변화가 필요했다. 무엇보다 공산당의 '일원화(一元化) 영도'에서 벗어나 독자적으로 개혁 개방 정책을 수립하고 집행할 수 있는 명실상부한 '정부'가 요청되었다. 일원화 영도체제에서 정부는 공산당의 '부속품'에 지나지 않았다. 또한 계획경제 체제 때와는 다른 새로운 부서와 젊고 유능한 인원, 또 새로운 경제와 사회의 운영 방식이 필요했다. 이렇게 되면서 정부 개혁은 일찍부터 공산당 지도자들의 주목을 받았고, 실제로 1982년부터 본격적인 개혁이 추진되었다.

그러나 당정 결합(黨政不分)이 유지되는 한 공산당으로부터 정부의 자율성이 크게 높아질 수가 없었다. 또한 계획경제 체제가 중심으로 남아 있는 한 경제에 대한 정부의 통제와 역할이 마오쩌둥 시대와 크게 다를 수가 없었다. 이런 이유로 1980년대에 추진된 정부 개혁은 제한된 범위 내에서 기구 및 인원의 축소와 확대가 반복된 미봉책에 불과했다. 결국 보다 급진적이고 획기적인 정부 개혁은 1992년에 개최된 공산당 14차 당대회에서 '사회주의 시장경제론'이 채택되어 시장경제가 본격적으로 추진되면서 시작되었다. 이런 점에서 1980년대 국가기구의 정비와 발전은 1990년대의 발전을 위한 준비로 평가할 수 있다.

(1) 의회제도의 복원과 발전

전국인대와 지방인대는 1954년에 성립되어 60여 년의 역사를 갖고 있다. 하지만 제대로 활동하기 시작한 것은 1978년 이후부터다. 전국인대가 성립되고 3년 뒤인 1957년에 반우파 투쟁이 시작되면서 활동이 위축되었고, 문혁 기간(1966~1976년)에는 완전히 활동이 중지되었다. 그래서 전국인대가 1978년에 활동을 재개했을 때에는 사실상 처음부터 다시 시작하는 것이나 다름 없었다.

전국인대의 역할 강화 배경

1978년 12월에 개최된 공산당 11기 3중전회에서 '사회주의 현대화 건설'(개혁 개방)이 당 노선으로 결정된 이후 공산당은 다양한 정치개혁을 실시했다. 그중 하나가 바로 의회제도의 정비와 역할 강화였다. 그렇다면 공산당은 왜 전국인대와 지방인대의 역할을 강화하려 했을까? 크게 네 가지 이유가 있다.

첫째는 문혁에 의해 초래된 정치적 혼란을 끝내고 그러한 혼란의 재발을 방지하기 위해서다. 공산당 11기 3중전회에서 공산당은 개혁 개방과 함께 '사회주의 민주' 건설과 '사회주의 법제' 완비를 당의 방침으로 정했다.[1] 민주와 법제가 제대로 발전하지 않아서 문혁이 발생했다고 생각했기 때문이다. 그래서 문혁과 같은 정치적 혼란의 재발을 방지하기 위해서는 '민주 건설'이 필수다. 또한 민주는 법제와 병행되어야 한다. 민주의 내용은 법률에 의해서만 보장되고 법률에 근거해서만 실행될 수 있기 때문이다.[2] 그래서 민주 건설과 법제 개선은 '당의 위대한 역사적 임무의 하나'로서 'II기 3중선회 이래 당 중앙의 기본 방침'이 되었다.[3]

이와 관련하여 1981년 6월 공산당 II기 6중전회에서 통과된 「역사 결의」와 1987년 공산당 13차 당대회의 정치 보고는 다음과 같이 주장했다.

고도의 민주적인 사회주의 정치제도를 건설하는 것은 사회주의 혁명의 근본 임무 중 하나다. 그런데 건국 이래 그 임무를 중시하지 않아 문혁이 발생하는 데 중요한 조건이 만들어졌으며, 이것이 바로 침통한 교훈이다.[4]

총괄하면, 개혁을 통해 우리나라가 사회주의 민주정치를 더욱 제도화, 법률화로 향하게 해야 한다. 이는 문혁의 재현을 막는 일이며, 국가의 장기적인 안정을 위한 근본 조건을 실현하는 일이다.[5]

그런데 민주 건설과 법제 완비를 위해서는 의회제도의 강화가 필수적이다. 의회제도는 "전체 인민이 통일적으로 국가권력을 행사하는 것을 보장하고, 인민 군중이 주인이 되는 적극성과 능동성

파벌과 부생

을 동원할 수 있기" 때문에 민주 건설에 필요하다. 이런 면에서 "사회주의 민주정치 건설에서 가장 중요한 것은 인민대표대회(인대) 제도를 견지하고 완벽하게 하는 일이다."[6)

또한 법제를 완비하려면 국가기관과 국민이 준수할 법률을 제정해야 한다. 동시에 국가기관이 법률에 근거하여 통치하도록 감독하고, 그것을 통해 국민의 기본권을 보호해야 한다. 입법과 감독 역할을 담당하는 국가기관이 바로 전국인대와 지방인대다. 따라서 공산당 11기 3중전회 이래 공산당 중앙은 "사회주의 법제를 건전하게 만들기 위해 다량의 노력"을 기울였고, 그 과정의 일환으로 전국인대와 지방인대의 강화를 추진했다.[7)

이런 노력은 우선 전국인대의 지위를 1954년의 헌법(「54 헌법」) 수준으로 회복하는 것으로 나타났다. 구체적으로 1982년의 헌법(「82 헌법」)은 1975년의 헌법(「75 헌법」)의 문제점을 바로잡았다. 예를 들어 「75 헌법」은 "전국인대는 중국공산당 영도하의 최고 국가 권력기관이다."라고 규정했는데, 「82 헌법」은 "중국공산당 영도하의"라는 조건을 삭제했다.[8) 이렇게 함으로써 전국인대는 법률상으로는 최고 국가 권력기관의 지위를 회복할 수 있었다. 또한 전국인대 대표의 선출 방식과 관련하여 「82 헌법」과 「전국인대 및 지방인대 선거법」은 '특별 초청'과 '협상'으로 대표를 '산출(産出)'한다는 「75 헌법」의 규정을 수정하여 대표를 '선출(選出)'한다고 규정했다.[9) 이것은 전국인대가 국민의 대표 기관임을 분명히 하기 위한 조치였다.

민주 건설과 법제 완비는 전국인대의 입법 강화로도 나타났다.

입법활동은 크게 두 가지를 중심으로 전개되었다. 하나는 국가기관 및 제도와 관련된 법률의 제정이다. 다른 하나는 국민의 기본권과 관련된 법률의 제정이다. 전자와 관련해서는「선거법」,「전국인대 조직법」,「국무원 조직법」,「지방정부 및 지방 각급 인대 조직법」,「인민법원 조직법」,「인민검찰원 조직법」 등이 제정되었다. 후사와 관련해서는「민법총칙」,「형법」,「치안 관리 처벌 조례」,「형사소송법」,「민사소송법」,「행정소송법」,「노동조합법」,「집회 및 시위법」,「부녀권익보호법」,「미성년자 보호법」,「장애인 보호법」 등이 제정되었다.[10]

둘째 이유는 개혁 개방을 추진하기 위해서다. 시장화, 사유화, 개방화, 분권화는 법률체제가 수립되지 않으면 추진될 수 없기 때문이다. 단적으로 시장경제는 계획경제와 다르다. 계획경제는 "일종의 통제경제로서 운영의 기초는 국가의 행정 권력이다. 동시에 계획경제의 주도자는 국가의 계획이고, 운행 조직 방식은 주로 행정명령과 통제"다. 이에 비해 시장경제는 "일종의 법치(法治)경제로서 운영의 기초는 시장 주체의 이익 관계다. 동시에 시장경제의 주도자는 시장이고, 경제 조직 방식은 주로 법률규범"이다.[11] 따라서 시장경제를 도입하기 위해서는 시장 주체(주로 기업과 개인) 및 시장 운영과 관련된 각종 법률을 제정하고 집행해야 했다. 해외 자본의 투자를 유치하기 위해서도 법률 정비는 필수적이었다. 법률로 투자의 안전성을 보장하지 않으면 거액을 투자하려는 외국 투자자가 없을 것이기 때문이다.[12]

파벌과 투쟁

셋째 이유는 국민, 특히 지식인의 민주화 요구에 대응하기 위해서다. 개혁기 국민들은 보다 많은 민주와 자유를 요구했다. 문혁 이후 중국 사회에 만연한 정통성의 위기가 지속된 결과이기도 했고, 정치개혁에 대한 기대치가 높았기 때문이기도 했다. 즉 공산당이 경제개혁과 발전을 위해 정치개혁이 필요하다고 주장하면서 그동안 억압되었던 국민들의 민주화 요구가 분출된 것이다. 1986~1987년의 학생운동과 1989년의 톈안먼 민주화 운동은 이를 잘 보여 준다.

이런 상황은 전국인대의 역할이 강화되는 데 커다란 영향을 미쳤다. 의회의 역할 강화는 현 정치체제를 옹호하기 위해 필수적이었다. 민주화의 내용은 그것을 제기하는 집단의 성격에 따라 다양하다. 그중 문제가 된 것은 현 정치체제를 정면에서 비판한 급진적 지식인들이었다. 앞에서 살펴본 팡리즈, 류빈옌, 옌자치, 쑤샤오즈, 왕뤄왕이 대표적인 인물들이다. 이들은 1980년대 초반부터 사회주의 이념 및 체제를 비판하면서 다당제와 권력분립제도의 도입을 요구했다. 공산당은 한편으로는 이들을 탄압(예를 들어 급진적 지식인들은 모두 1987년 1월을 전후로 공산당에서 제명되었다.)하고, 다른 한편으로는 소위 '중국식 민주주의'를 선전했다. 전국인대와 지방인대의 역할 강화는 그런 시도의 하나였다.

전국인대와 지방인대는 또한 '체제 내 지식인'을 포섭하는 유용한 도구였다. 체제 내 지식인 집단에는 후야오방과 자오쯔양의 싱크탱크(智囊團) 역할을 했던 집단과, 각 민주당파(民主黨派)에 소속된 지식인 집단이 있다. 이들 체제 내 지식인 중에서 특히 중요한 것은 민주당파 소속의 지식인들이었다. 1993년 중국에는 8개의 민주당파가 있었고, 구성원 총수는 34만 명이었다. 이들 중 다수(약 81% 정도)가 교육·과학·문화·예술·경제 의료 등 지식계급 선도하는 지도급 인사였다.[13] 즉 민주당파 구성원은 공산당 밖에서 사회 여론을 형성하는 핵심 세력이었다. 따라서 개혁 개방에 필요한 정치 안정과 전체 지식인 집단을 동원하려면 이들의 정치개혁 요구를 수용하고, 동시에 이들을 체제 내로 포섭해야 했다. 전국인대는 이런 목적에 부응하는 기관이있다.

물론 공산당이 민주당파 지식인의 요구를 모두 수용한 것은 아니었다. 예를 들어 「82 헌법」 제정 과정에서 민주당파 지식인 중 일부는 양원제(兩院制)를 주장했다. 전국정협을 상원(上院)으로 현재의 전국인대를 하원(下院)으로 개조하자는 것이었다. 이런 양원제 주장은 1956년 '백화제방 백가쟁명' 시기에도 제기되었다.[14] 그러나 이런 주장은 공산당이 결코 수용할 수 없었다. 이럴 경우 전국정협에 참여하고 있는 8개 민주당파의 권한이 강화되고, 유사 시 이들이 공산당 일당제에 도전하는 정치세력으로 발전할 수 있기 때문이다. 동시에 양원제가 수립되어 활발히 활동할 경우 공산당이 아니라 의회가 국민의 진정한 대표 기관이 되고, 결과적으로 공산당의 정치적 지위가 약화될 가능성이 컸다. 이런 이유로 양원제 주장은 「82 헌법」의 제정 과정에서 채택되지 않았다.[15] 그러나 이 주장은 이후에도 반복적으로 제기되었다.

파벌과 투쟁

전국인대와 지방인대를 통해 민주당파 소속의 지식인들을 포섭하려는 시도는 여러 방면에서 이루어졌다. 예를 들어 전국인대 대표와 전국인대 상무위원회 위원 중 일정 수 이상을 이들에게 할당하는 방법이 있다. 또한 입법, 감독, 주민 의견 반영 등의 각종 의회 활동을 전개할 때 민주당파 인사의 참여를 보장했다.[16] 그 결과 전국인대는 "민주당파 성원, 무당파(無黨派) 애국인사가 정치활동에 참여하고, 정부 활동을 감독하는 중요한 기구"가 되었다.

마지막 이유는 정부의 관료주의와 부정부패를 감독하기 위해서다. 중국은 1949년 건국 시기부터 정부의 효율성 저하, 관료의 통제 부족, 부정부패, 국가기관의 대중과의 괴리 등을 내용으로 하는 관료제 문제가 심각하게 제기되었다. 특히 중국은 관료제의 역사가 매우 길다는 점, 중국의 정부체제가 기본적으로 소련을 모델로 하고 있다는 점에서 관료제 문제가 매우 심각했다.[17] 그래서 공산당은 1950년대 중반 이후 정풍(整風) 방식, 외부 세력의 동원 방식, 관료제의 전면 파괴 방식, 관료제의 합리화 방식 등 여러 가지 방식을 통해 관료제 문제를 해결하려고 시도했다.[18] 개혁 개방을 추진한 이후에도 정부의 관료제 문제는 여전히 심각했다. 특히 국무원과 지방정부의 기구 팽창, 인원 증가, 재정부담 증가, 행정 효율의 저하, 부정부패 등은 심각한 문제로 제기되었다.

이런 상황에서 공산당은 전국인대와 지방인대의 정부 감독에 주목했다. 즉 의회의 감독 활동을 활성화시켜서 정부 활동을 통제하고 이를 통해 정부의 관료제 문제를 완화하려 했던 것이다. 실제로 의회의 정부 감독을 활성화시키기 위한 몇 가지 조치가 채택되었다. 예를 들어 7기 전국인대 시기(1988~1992년)에 '국민 경제 및 사회발전 계획의 집행 상황과 국가 예산의 집행 상황에 대한 감독'이 전국인대의 중점업무로 결정되었다. 이를 위한 빙인도 미련되었다. 전국인대 상무위원회와 각 전문위원회(專門委員會: 한국 국회의 상임위원회에 해당)는 국무원의 재정 활동과 관련된 보고를 정기(수시)적으로 청취 및 심의하는 제도가 만들어졌다.[19]

또한 7기 전국인대 시기 이후에 전국인대 상무위원회는 법률 집행 감독(執法檢查)을 매우 중시했다. 구체적으로 1990년에 공산당은 전국인대 및 지방인대의 법률 집행 감독을 지지한다는 방침을 천명했다. 그 결과 1991년부터 전국인대와 지방인대는 법률 집행 감독을 입법과 같은 비중을 차지하는 핵심 활동으로 삼겠다고 결정했다.[20]

전국인대의 제도개혁과 역할 강화

전국인대의 제도개혁과 역할 강화는 6기 전국인대 시기(1983~1987년) 동안에 집중적으로 이루어졌다. 펑전(彭眞)은 6기 전국인대 상무위원회 위원장으로서 의회의 지위 제고와 역할 강화에 많은 노력을 기울였다. 특히 「82 헌법」의 제정을 통해 여러 가지 새로운 제도가 도입되었다.

먼저 전국인대 상무위원회의 권한이 강화되었다. 「82 헌법」을 제정하는 과정에서 전국인대 강화 방안으로 세 가지가 제시되었다. 첫째는 전국인대 대표의 수를 축소하고, 전국인대 회의를 자주 그리

파벌과 부생

고 길게 개최하는 방안이다. 예를 들면 약 3000명의 대표를 1000명으로 축소하고, 1년에 2주 정도인 회기를 최소한 몇 개월로 늘리는 방안이다. 이렇게 되면 전국인대는 명실상부한 국가 권력기구로 발전할 수 있다. 둘째는 전국인대를 하원으로 하고 전국정협을 상원으로 하는 양원제를 채택하는 방안이다.(이는 앞에서 살펴보았다.) 셋째는 전국인대 상무위원회를 강화하여 간접적으로 전국인대를 강화하는 방안이다. 이 방안 중 세 번째가 최종적으로 결정되었다. 첫 번째 및 두 번째 방안으로 할 경우 '공산당만이 전체 인민과 민족의 이익을 대변한다.'는 원칙이 약화될 것을 우려했기 때문이다.[21]

먼저 전국인대 상무위원회의 권한을 강화하기 위해 상무위원회 위원들(약 150명)의 겸직이 금지되었다.[22] 전국인대 대표(약 3000명)는 기본적으로 겸직 대표이기 때문에 국가기관의 공무원도 선출될 수 있었다. 반면 전국인대 상무위원회 위원은 국무원이나 지방정부, 인민법원, 인민검찰원의 직책을 맡을 수 없다. 겸직 금지는 위원이 의회 활동에 전념할 수 있게 하기 위한 조치였다.[23] 전국인대 상무위원회의 권한도 확대되었다. 「54 헌법」은 상무위원회에 입법권을 부여하지 않았다. 그런데 「82 헌법」은 전국인대 상무위원회가 전국인대와 함께 입법권을 행사하도록 규정했다. 또한 「82 헌법」은 전국인대 상무위원회에 헌법 및 법률의 감독권을 부여했다. 이는 전국인대에는 없는 권한이다.

또한 전국인대 상무위원회 산하에 전문위원회를 설치하여 의회의 전문성을 높였다. 전문위원회는 한국 국회 상임위원회(standing committees)와 성격과 임무가 유사하다. 우선 전문위원회의 수가 증가했다. 제6기 전국인대 시기(1983~1987년)에는 민족(民族), 법률(法律), 재정경제(財政經濟), 교육·과학·문화·위생(敎育科學文化衛生), 외사(外事), 화교(華僑) 위원회 등 모두 6개의 전문위원회가 있었다. 이후 내무사법(內務司法) 위원회(1988년), 환경자원보호(環境資源保護) 위원회(1993년), 농업농촌(農業農村) 위원회(1998년) 등 3개의 전문위원회가 증설되어 9개의 전문위원회(1998년)가 있다. 그 밖에도 지도기구인 위원장회의(委員長會議), 정책 및 조절기구인 비서처(秘書處), 사무기구인 판공청(辦公廳)이 설치되었다.[24]

전국인대의 입법활동도 제도화되었다. 「82 헌법」이 제정되면서 전국인대와 전국인대 상무위원회의 입법 권한이 분명하게 구별되었다. 전국인대는 「헌법」과 「민법」, 「형법」 등 '기본 법률(基本法律)', 전국인대 상무위원회는 '기타 법률'을 제정할 수 있고, 기본 법률의 부분 개정도 할 수 있다. 6기 전국인대 시기(1983~1987년)에는 입법 절차의 규정이 마련되었다. 예를 들어 전국인대 상무위원회는 2단계 심의제도(兩審制度)를 도입했다. 즉 법률은 예비 심의와 정식 심의라는 최소 2단계의 심의를 거쳐 제정되도록 했다. 두 심의 사이에는 일정한 시간을 두어 전국인대 상무위원회가 법안을 깊이 있게 심의할 수 있도록 했다.[25] 전국인대 연례회의의 기본 법률 심의도 마찬가지였다. 즉 연례회의에 상정되는 모든 법률은 전국인대 상무위원회의 사전 심의를 거치게 했다. 따라서 기본 법률은 전국인대 상무위원회가 심의하는 기타 법률보다 더 많은 단계를 거쳐

파벌과 투쟁

야 했다.

지방인대의 복구와 발전

1978년 이후 지방인대의 개혁도 이루어졌다. 가장 중요한 것은 선거제도 개혁과 지방인대의 조직 및 권한 강화다. 먼저 1979년에 「선거법」이 개정되면서 지방인대 대표의 직접선거 범위가 확대되었다. 즉 향급(鄕·鎭)에서 현급(縣·市·區) 지방인대 대표의 선거까지 직선제가 확대되었다. 반면 성급 지방인대와 전국인대 대표는 하급 지방인대가 선출하는 간선제를 유지했다.[26] 또한 정원보다 후보를 일정 비율 이상으로 많게 하는 제한적 경쟁선거, 즉 차액선거(差額選擧)가 도입되었다.[27] 마지막으로 지역 유권자의 후보 추천권이 확대되었다. 이런 개혁 조치로 인해 1980~1981년 지방인대 직접선거는 전에 없는 활발한 참여와 운동이 가능했다.(이에 대해서는 이 책의 I권인『개혁과 개방: 덩샤오핑 시대의 중국 I(1976~1982년)』의 10장에서 이미 자세히 검토했다.)

한편 1979년에는 「지방인대 및 인민정부 조직법」 제정과 이후의 개정을 통해 지방인대의 조직과 권한이 강화되었다. 두 가지 사항이 특히 중요하다. 우선 현급 이상의 지방인대에는 상무위원회와 전문위원회 혹은 공작(工作) 위원회가 설치되었다. 이에 따라 지방인대의 활동 능력이 크게 향상되었다. 이전에는 지방인대의 상설기구가 없었기 때문에 폐회 기간에 일상적인 활동이 불가능했다. 또한 지방정부의 각 부서에 대응해 이들을 감시하고 독자적인 연구

및 조사 활동을 전개할 수 있는 전문위원회가 없었기 때문에 지방
인대의 활동에는 한계가 있었다. 이제 현급 이상의 지방인대는 상
무위원회와 전문위원회를 갖게 됨에 따라 활동 능력이 강화되었다.

일부 지방인대가 입법권을 갖게 된 것도 매우 중요하다. 성급
(성·자치구·직할시) 지방인대는 관할 지역의 상황과 필요에 따라 상
위법(헌법과 법률)에 저촉되지 않는 조건으로 지방성 법규(地方性法
規)를 제정할 수 있게 되었다. 이후 지방 입법권은 성정부 소재지(省
會), 국무원이 인정한 '비교적 큰 도시' 등으로 계속 확대되었다. 지
방 입법권의 확대는 지방자치의 확대 또는 중앙 권력의 분산(權力下
放)과 관련해서 중요한 의미를 갖는다. 이제 각 지방에서 필요에 따
라 설사 법률이나 국무원 조례가 없어도 법규를 제정하여 개혁 개
방 정책을 추진할 수 있게 되었기 때문이다.

(2) 정부기구 개혁

1980년대에 중국은 두 번의 정부기구 개혁을 추진했다. 첫 번
째 개혁은 1982년 9월에 개최된 공산당 12차 당대회 이후에 본격적
으로 시작해서 1984년에 끝났다. 이 개혁에는 중앙정부(즉 국무원)
뿐 아니라 지방정부도 모두 포함되었다. 두 번째 개혁은 1987년 공
산당 13차 당대회에서 결정되어 1988년에 본격적으로 추진되었다.
다만 이때의 개혁은 1989년 톈안먼 사건이 발생하면서 사실상 중

단되었다. 이 두 번의 개혁은 공통점이 있다. 바로 정부기구와 인원 축소(精簡)에 개혁의 초점이 맞추어졌다는 사실이다. 1988년 정부 개혁에서는 이를 극복하기 위해 정부 직능의 전환(職能轉變)을 개혁 목표로 추가했지만 결과는 이전 개혁과 크게 다르지 않게 끝났다.

정부 개혁의 필요성

1978년에 개혁 개방 방침이 결정된 이후 정부 개혁이 필요하다는 주장은 계속 제기되어 왔다. 덩샤오핑이 1980년 8월에 열린 정치국 확대회의에서 발표한 「당과 국가 영도제도의 개혁」이 대표 사례다. 여기서 덩샤오핑은 봉건주의가 제대로 청산되지 않으면서 공산당과 국가의 지도체제에 관료주의, 권력 집중, 가부장제, 간부 종신제, 특권 현상이 만연해 있다고 지적했다. 이를 해결하기 위해 권력 집중과 당정 결합의 문제를 해결해야 한다고 주장했다.[28] 그러나 이 주장은 화궈펑 체제의 와해라는 목표가 달성되면서, 또한 폴란드 노동운동 등 외부의 영향으로 흐지부지되었다.

덩샤오핑이 정부 개혁 문제를 본격적으로 제기한 것은 1982년이었다. 그해 1월에 열린 정치국 회의에서 정부기구 축소 문제를 집중적으로 토론할 때, 덩샤오핑은 "기구 축소는 하나의 혁명이다."라고 주장하면서 정부 개혁을 강력하게 촉구했다.

몇 가지 의견을 말하겠다.

첫째, 기구 축소는 하나의 혁명이다. 축소, 이 일이 정말로 크다!

만약 이 혁명을 하지 않으면, 당과 국가의 조직이 현재처럼 기구가 방대하고 중첩되며, 직책이 명확하지 않고, 수많은 인원이 직책에 맞지도 않고 책임도 지지 않으며, 업무는 정력도 지식도 효율도 결핍된 상황이 계속될 것이다. 이는 인민이 농의할 수 없는 것이고, 나와 아래 간부들도 그렇다. (……) 따라서 이 일은 반드시 해결해야 하고, 그것도 마땅히 빨리 개혁해야 한다. (……)

둘째, 이 문제는 수백만 명과 관련된 것이다. 축소는 백만 명이 아니라 수백만 명이다. 중앙 일급(一級)을 말하면 3분의 1을 축소해야 한다. 아래를 말하면, 내가 보기에 3분의 1에 그치지 않는다. 만약 4분의 1이라고 하면 500만 명이다. (……)

셋째, 정치국이 중앙 국가기관의 축소 방안을 원칙적으로 동의할 것을 건의한다. (……)

마지막으로 이 혁명은 드러난 문제〔즉 현재 문제〕에 주의할 뿐만 아니라 드러날 문제〔즉 개혁 과정에서 나타날 문제〕에도 특별히 주의해야 한다.[29]

1982년의 정부 개혁

이 같은 덩샤오핑의 강력한 주장에 따라 정부 개혁이 시작되었다. 1982년 3월에 열린 5기 전국인대 22차 상무위원회 회의에서 「국무원 기구개혁 문제 보고」가 통과되었고, 9월에 개최된 공산당 12차 당대회에서도 이 문제가 논의되었다. 개혁은 3단계로 나누어 진행되었다. 1982년에는 중앙 일급의 개혁, 1983년 9월 전에는 성

파벌과 투쟁

급(성·자치구·직할시)과 지급(地級), 1984년에는 현급 이하의 정부 개혁이 완료되었다. 개혁의 주요 내용은 기구 통폐합과 인원 감축이었다. 특히 직책 중에 부직(副職)이 지나치게 많은 문제, 원로 간부가 지나치게 많은 문제를 해결하려고 시도했다.[30]

정부기구와 인원 축소 면에서 보면 이번 개혁은 효과가 있었다. 기구 축소를 보면 국무원은 1981년 100개에서 61개로, 성급 정부는 50~60개에서 30~40개 전후로, 현급 정부는 40여 개에서 25개 전후로 대폭 축소되었다. 인원도 비슷하다. 국무원의 경우 부총리가 13명에서 2명으로 대폭 축소되는 등 전체 장차관급(부장과 부부장)의 규모가 67%나 축소되었다. 전체 정부 인원도 3분의 1 정도가 줄었다. 이 과정에서 젊고 유능한 간부가 충원되면서 장차관급의 평균연령이 64세에서 58세로 대폭 감소했다.[31]

1982년 정부 개혁에서는 경제관련 부서의 통폐합이 많이 이루어졌다. 예를 들어 국무원의 경제위원회, 농업위원회, 기본건설위원회, 기계공업위원회, 에너지위원회, 재무소조, 표준총국, 계량총국, 의약관리총국, 전리국(專利局), 건축재료공업총국 등 모두 11개의 부서가 국가경제위원회로 통합되었다. 유사하게 대외무역부, 대외경제연락부, 외국투자관리위원회, 수출입관리위원회, 수출입상품검역총국 등 5개의 부서가 대외경제무역부로 통합되었다. 그 밖에도 문화부, 대외문화연락위원회, 국가출판사업관리국, 외문(外文)출판발행사업국, 국가문물사업관리국이 문화부로, 국가노동총국, 국가인사국, 과학기술간부국, 국가편제위원회가 노동인사부로 통

합되었다.[32)]

그런데 정부 개혁은 1987년의 공산당 13차 당대회 이후 다시 추진되었다. 1982년의 정부 개혁이 몇 년이 지나자 효력을 잃었기 때문이다. 단적으로 정부 부서와 인원이 다시 증가했다. 국무원의 경우 1988년 개혁 직전에 부(部)와 위원회가 45개, 직속기구가 22개, 사무기구가 4개, 국무원 판공청이 1개로 모두 72개, 인원은 5만여 명으로 다시 증가했다. 1982년 정부 개혁을 통해 61개로 축소한 기구 수가 72개로 11개나 증가한 것이다.[33)] 그러나 실제 기구는 이것보다 훨씬 많았다. 국무원의 부와 위원회가 관리하는 14개의 국(局)과 82개의 임시기구를 더해야 하기 때문이다. 이렇게 되면 국무원의 전체 부서는 총 168개가 된다.[34)]

1988년의 정부 개혁

1988년의 정부 개혁은 1987년 12월 30일에 국무원이 기구개혁방안을 발표하면서 시작되었다. 이 방안은 1988년 4월에 개최된 7기 전국인대 1차회의에서 통과되어 본격적으로 실시되었다. 국무원 기구개혁은 3단계로 나뉘어 추진되었다. 1단계로 공산당 중앙은 중앙기구개혁 영도소조를 설립하여 1987년 10월부터 정부 각 부서에 '세 가지 확정(三定)', 즉 '직능·기구·인원의 편제'를 요구했다. 2단계로 시험 실시를 위해 9개 부서의 '세 가지 확정'을 위한 준비조(準備組)를 구성하여 개혁 방안을 마련했고, 총리 판공회의에서 이들 방안을 확정하여 추진했다. 3단계에서는 국무원의 나머

지 전 부서가 개혁을 추진했다.[35]

개혁의 목표는 장기 목표와 단기 목표로 나뉘었다. 장기 목표는 "현대화 관리의 요구에 부합하게, 기능이 완전하고, 기구가 합리적이며, 운행이 협조적이고 활력이 넘치고 효율이 높은 중국 특색의 행정관리 체제를 건립"하는 것이다. 이 목표는 구체적으로 당기구와 정부기구 간의 관계 개선(理順), 정부와 기업, 정부와 인민단체(군중조직) 간의 관계 개선, 중앙정부와 지방정부 간의 관계 개선, 정부 각 부서 간의 관계 개선을 포함한다. 단기 목표는 향후 5년 동안에 달성할 것으로 각종 관계의 개선, 정부 직능의 전환, 기구와 인원 축소, 행정 효율의 제고, 관료주의 극복이었다.[36]

이런 두 가지 목표 중에서 단기 목표가 중요하다. 이를 달성하기 위한 기본 원칙은 "당정 분리(黨政分開), 정기 분리(政企分開: 정부와 기업 분리), 축소, 통일, 효능(效能)"이었다. 기본 요구는 "직능 전환, 권력 하방, 기구 조정, 인원 축소"였다. 특히 두 가지가 중요했다. 하나는 정부가 기업의 경영 활동을 직접 간섭하는 직능을 축소하고 거시 관리 직능을 증강하는 것이다. 다른 하나는 정부의 기구 배치가 불합리하고 행정 효율이 낮은 상황을 초보적으로 개선하는 것이다.[37] 여기서 알 수 있는 것처럼 이번 정부 개혁의 핵심은 정부 직능의 전환이었다. 이 점이 이전 개혁과 다른 특징이었다.[38]

1988년 국무원 개혁을 통해 기구와 인원이 다시 감소했다. 구체적으로 국무원 부와 위원회는 45개에서 41개로 4개가 감소했다. 직속기구는 22개에서 19개로 3개가 감소하는 등 국무원 부서는 모두 66개(65개 부서에 국무원 판공청을 합한 것)가 되었다(직전의 72개보다 6개 감소). 임시기구도 이전의 75개에서 44개로 31개가 줄었고, 인원도 약 I만 명이 감소되었다.[39]

정부 개혁의 악순환(怪圈)

[그림 7-I]은 국무원을 중심으로 정부 개혁을 실시한 결과 변화된 기구 수를 정리한 것이다. 이를 보면 재미있는 특징을 발견할 수 있다. 국무원 기구 수가 I949년 사회주의 중국의 성립 이후 I993년 정부 개혁 이전까지 '축소(精簡)-팽창(膨脹)-재축소-재팽창'을 반복했던 것이다. 이것이 소위 '기구(인원)의 악순환(怪圈)'이다.

[그림 7-1] 국무원 기구 수의 변화

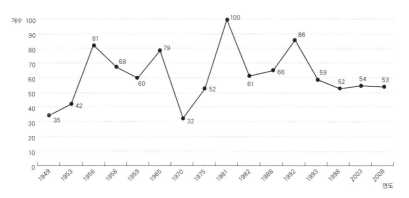

〈출처〉烏傑 主編, 『中國政府與機構改革(上)』(北京: 國家行政學院出版社, I998), p. 837; 劉智峰 主編, 『第七次革命: I998-2003中國政府改革機構改革問題報告』(北京: 中國社會科學出版社, 2003), p. 90; 張文壽 主編, 『中國行政管理體制改革: 研究與思考』(北京: 當代中國出版社, I994), p. 8I; 조영남, 『중국의 법치와 정치개혁』(창비, 2012), p. I6I.

파벌과 투쟁

참고로 정부 개혁에는 이 외에도 두 가지 악순환이 더 있었다. 하나는 정부 부서가 '합병(合併)-분리(分開)-재합병-재분리'를 반복하는 '부서의 악순환'이다. 다른 하나는 중앙정부와 지방정부 간에 권한이 '회수(上收)-하방(下放)-재회수-재하방'을 반복하는 '권한의 악순환'이다. 이것은 '수(收)-방(放) 순환(cycle)'이라고도 불린다.[40]

　이런 악순환이 발생한 근본 원인은 계획경제 체제라고 할 수 있다. 먼저 마오쩌둥 시대에는 중앙집권적인 계획경제 체제가 유지되었다. 이 체제에서는 정부가 기업의 경제활동에 직접 개입했기 때문에 기업의 자율성은 거의 없었다. 따라서 경제가 발전할수록 정부 부서와 인원도 증가할 수밖에 없었다. 예를 들어 생산품의 종류가 다양해지고 생산기술이 발전할수록 그것을 관리할 새로운 정부 부서는 더 필요했다. 또 외국과의 수출입이 증가할수록 그것을 관리할 새로운 정부 부서가 필요했다. 이런 이유로 계획경제하에서는 경제 발전과 함께 정부기구와 인원의 팽창은 필연적이었다. 그리고 그로 인해 발생하는 관료주의와 비효율성 문제를 해결하기 위해서는 주기적으로 정부 개혁을 추진해야 했다.

　개혁 초기에도 이런 현상이 나타났다. 단적으로 1992년 개최된 공산당 14차 당대회에서 '사회주의 시장경제론'이 새로운 경제방침으로 채택되기 전까지 천원의 경제원칙인 '계획 위주와 시장조절 보완'이 중국을 지배했다. 이에 따라 정부기구와 인원의 팽창은 더욱 가속화되었다. 우선 계획경제를 관리하는 정부 부서는 변함이 없었다. 그런데 시장제도가 도입되고 경제적 대외개방이 추진되면서 이를 담당할 새로운 정부 부서가 필요했다. 이런 이유로 시장경제가 확대되면 될수록, 대외개방이 확대되면 될수록 정부 부서는 증가할 수밖에 없었다. 그래서 1982년 정부 개혁 직전에 국무원의 상설기구가 100개였고, 개혁을 통해 이것을 61개로 줄였지만, 5년 만에 다시 72개로 증가했다. 비슷하게 1988년에 국무원 개혁에서 이것을 66개로 다시 줄였지만, 1992년에는 다시 86개로 증가했다.

결국 이 문제는 시장경제의 전면적인 도입을 통해서만 해결될 수 있었다. 실제로 1992년 사회주의 시장경제론이 채택된 이후 1993년의 정부 개혁을 통해 국무원의 기구 수는 87개에서 59개로 축소되었다. 이것은 다시 1998년의 국무원 개혁을 통해 52개로 축소된 이후 현재까지 그 정도 수준을 유지하고 있다. 이는 시장경제의 도입과 함께 비로소 정부의 직능 전환을 중심으로 하는 정부 개혁이 가능해졌다는 사실을 보여 준다. 이런 상황 변화를 기반으로 1990년대에 들어서는 의법행정(依法行政: 법률에 근거한 행정)을 중심으로 한 정부 개혁,[41] 2000년대에 들어서는 여기에 더해 서비스형 정부(服務性政府) 건설을 중심으로 하는 정부 개혁이 추진되었다.[42]

(3) 법원제도의 복구와 개혁

1949년에 중화인민공화국이 수립되면서 소련의 사법제도를 모방한 사회주의 법원제도가 수립되었다. 그러나 이것도 1957년에

파벌과 부생

일어난 반우파 투쟁을 시작으로 대약진운동과 문혁을 거치면서 사실상 붕괴했다. 법원제도가 복원된 것은 1978년에 개혁 개방이 시작되면서부터다. 이후 법원제도는 1980년대의 '복원기'를 지나고, 1990년대의 '개혁 탐색기'를 거쳐서 2000년대에 '본격 개혁기'에 접어들었다.

마오쩌둥 시기의 법원제도

사회주의 중국의 건국에서 1956년 공산당 8차 당대회까지의 시기는 법원제도의 '초보적 발전기'라 할 수 있다. 이 시기에는 무엇보다 법제의 필요성에 대한 공감대가 형성되었다. 예를 들어 중국의 법제 수립에 지대한 공헌을 했던 둥비우(董必武, 1886~1975년)는 혁명 질서의 유지, 인민 민주 독재의 공고화, 인민의 민주 권리 및 합법 권리의 보호, 국가 경제 건설의 보장을 위해 '혁명 법제'가 필요하다고 역설했다. 동시에 둥비우는 공산당과 국가조직은 헌법과 법률을 준수하는 데 모범을 보여야 하고, 만인은 법 앞에서 평등하다는 등의 법제와 관련된 몇 가지 기본 원칙을 제시했다.[43] 이런 분위기 속에서 소련의 사법제도가 도입되고, 사회주의 혁명 시기의 다양한 경험이 가미되어 법원제도가 수립되었다.

짧은 초보적 발전기를 거친 후에 법원제도는 쇠퇴기에 접어들었다. 쇠퇴는 1957년 반우파 투쟁과 함께 공산당 내에 좌경(左傾) 노선이 서서히 주도권을 잡으면서 시작되었고, 대약진운동을 거쳐 가속화되었다. 이 시기에는 법제에 대한 비판적 인식이 확산되었다. 한마디로 인치(人治)가 혁명 법제를 대신하고, '인치가 필요하지 법치는 필요 없다.'는 분위기가 국가와 사회를 지배했다.[44] 그 결과 이 시기에는 법원제도가 여러 가지 방면에서 약화되는 현상이 나타났다.

법원제도의 파괴는 문혁과 함께 본격화되었다. 검찰원과 달리 법원은 문혁 기간에도 공식적으로 폐지되지는 않았지만 실제로는 활동이 없었다. 무엇보다 문혁 기간에는 법제를 무시하는 경향이 더욱 심화되었다. 예를 들어 법은 있어도 좋고 없어도 좋으며, 당 정책이 법을 대신할 수 있다는 법 허무주의(法虛無主義, law nihilism)가 횡행했다. 마오쩌둥의 말을 진리로 여기고 마오의 어록을 편집 및 주해하는 것을 사회주의 법학으로 간주하는 법학 교조주의도 널리 퍼졌다. 그 밖에 법의 윤리적 가치를 거부하고 법을 공산당 통치의 도구로만 간주하는 법 도구주의, 법이 프롤레타리아 계급독재에 기여해야 한다는 사실을 강조하고 법의 존엄과 권위를 존중하지 않는 법 실용주의가 지배했다.[45]

법원제도의 복구와 개혁

개혁기의 법원제도는 세 시기로 나누어 검토할 수 있다. 첫째는 1980년대로, 이 시기에는 문혁 시기에 파괴된 법원제도를 복원하는 것이 주된 임무였다. 둘째는 1990년대로, 이 시기에는 급속하게 변화하는 사회·경제적 상황에 맞추어 법원제도를 변화시키는 것이 주된 임무였다. 이 시기부터 법원개혁이 본격적으로 모색되었기 때

파벌과 투쟁

문에 '법원개혁의 탐색기'라 부를 수 있다. 이 시기에는 지방법원을 중심으로 재판 방식의 개혁 등 부분적인 개혁이 자발적으로 추진되었다. 셋째는 1999년부터 현재까지로, 이 시기에는 1990년대의 탐색기를 거쳐 준비된 1차 「법원개혁 요강」을 토대로 체계적이고 종합적인 법원개혁을 추진하는 것이 주된 임무였다.

1980년대에는 법원제도가 복원되었다. 가장 중요한 것은 문혁의 참혹한 고통을 교훈 삼아, 또한 개혁 개방 정책 추진에 필요한 제도를 구축하기 위해 법률제도의 정비와 발전을 당의 방침으로 결정했다는 사실이다. 앞서 보았듯 1978년 12월 11기 3중전회에서 공산당은 민주 건설과 법제 완비를 당의 노선으로 확정했고,「공보 (公報)」에 이를 포함시켰다.[46] 이는 1982년에 제정된 「헌법」에 그대로 반영되어 「헌법」 1장 5조는 "모든 국가기관과 무장역량, 각 정당 및 사회단체, 각 기업 및 사업 조직은 반드시 헌법과 법률을 준수해야 한다. 헌법과 법률을 위반한 모든 행위는 반드시 추궁한다. 어떤 조직 혹은 개인도 헌법과 법률을 초월한 특권을 가질 수 없다."라고 규정했다.

공산당의 이런 법제 완비 방침에 입각하여 문혁 기간에 파괴되었던 법원제도가 회복되기 시작했다. 먼저 법원제도에 필요한 각종 기본 법률이 제정 및 수정되었다. 1979년에는 1954년에 제정된 「인민법원 조직법」의 정신과 내용을 계승하여 「인민법원 조직법」을 제정했고, 1983년에는 일부 내용을 수정했다. 또한 형사·민사· 행정 사건과 관련된 실체법(實體法)과 절차법(節次法)이 제정되었다.

1979년 「형법」과 「형사소송법」의 제정, 1982년 「민사소송법」의 제정, 1986년 「민법통칙(民法通則)」의 제정, 1989년 「행정소송법」의 제정이 바로 그것이다. 참고로 국가의 권력 행사를 통제하고 국민의 권익을 보호하기 위한 법률은 1990년대에 집중적으로 제정되었다. 1994년의 「국가배상법」, 1996년의 「행정처벌법」, 1999년의 「행정재심법(行政復議法)」, 2003년의 「행정허가법(行政許可法)」 제정이 대표 사례들이다.

이런 공산당의 법제 방침과 각종 기본 법률이 제정되면서 1980년대 초부터 법원제도가 회복되었다. 민지 중앙에서 지방까지 문혁 기간에 전부 또는 일부 폐지되었던 법원이 복원되었다. 또한 법원제도가 회복되면서 심리와 재판에 필요한 '법원 간부'(당시의 호칭)가 대거 충원되었다. 당시에는 주로 퇴역 군인과 다른 당정기관 간부들이 법원 중간 간부로, 법원의 자체 모집을 통해 충원된 중고등학교 졸업자가 일반 간부로 충원되었다. 마지막으로 이전의 각종 법원제도(소송제도 포함)가 부활되었다. 그 결과 법원제도는 현재와 같은 모습을 갖출 수 있었다.[47]

1990년대의 법원개혁

1990년대 들어 법원 활동이 활발해지면서 일부 지방에서 법원개혁이 산발적으로 추진되기 시작했다. 당시 법원개혁은 최고법원이나 고급법원이 지시한 것도, 공산당이나 정부가 요청한 것도 아니었다. 각급 지방법원이 경비와 인원 부족 등 시급한 문제들을 해결하기 위해 자발적으로 추진한 것이었다. 동시에 법원개혁이 어떤 특정한 계획에 따라 진행된 것도 아니었다. 따라서 이번 법원개혁의 가장 큰 특징은 각급 법원이 필요에 따라 추진한 '아래에서 위로'의 자발적이고 즉흥적인 상향식(上向式, bottom-up) 개혁이었다는 점이다.[48]

이로 인해 법원개혁은 체계적이지 못했다. 다시 말해 1990년대의 법원개혁은 법원이 당면한 현안을 해결하는 과정에서 새로운 과제가 제기되고, 그 과제를 해결하는 과정에서 또 다른 과제가 제기되는 등 일련의 과제에 대해 즉자적으로 대응하는 방식으로 추진되었다. 단적으로 법원개혁은 처음에 법원 경비를 절감하기 위한 증거(證據)제도 변경에서 시작하여 재판 방식과 재판 조직의 개혁으로 이어졌고, 이것이 다시 소송제도의 개혁으로, 최종적으로는 전체 법원제도의 개혁으로 이어졌다.[49] 이것을 흐름도로 표시하면 '법원 경비 부족 문제 발생→당사자 증거 책임의 강조→법정 심리 방식의 개혁→재판 방식의 개혁→재판제도의 개혁→소송제도의 개혁→사법제도의 개혁'이라고 할 수 있다.[50]

구체적으로 살펴보면 법원개혁은 법원의 소송 경비 부족 문제를 해결하기 위해 부분적으로 시작되었다. 1982년에 제정된 「민사소송법」에서는 법원이 증거 수집과 조사를 책임져야 한다고 규정했다. 이에 따라 경비가 부족한 법원은 소송 당사자에게 의존해 먹고 자면서 사건을 조사하는 소위 현대판 '군중노선'이 관행이 되었다. 이런 관행은 사회적 비판을 받았고, 법원 이미지의 손상으로 이어졌다. 또한 1980년대 후반 무렵부터 국민들의 법률의식이 증가하면서 법원 소송이 급증하기 시작했다. 이에 따라 법원이 증거 조사를 직접 담당하고 재판도 주도하는 기존의 증거제도와 재판 방식으로는 소송들을 김당할 수 없게 되었다. 그래서 1991년에 「민사소송법」을 개정하여 증거 수집과 제출 책임을 법원에서 소송 당사자로 이관시켰다. 이것이 증거 제출제도의 개혁이다.

그런데 증거 제출의 주체가 법원에서 소송 당자자로 바뀌면서 법정 재판 방식도 변화되어야 했다. 즉 이전에 법관이 재판을 주도하는 대륙법 계통의 직권주의(職權主義, inquisitorial system) 방식에, 소송 당사자가 각자 수집한 증거를 기초로 유무죄를 논증하는 영미법 계통의 당사자주의(當事者主義, adversarial system) 요소가 도입되었다. 동시에 이는 법원의 재판 조직, 즉 단독법정(獨任庭: 법관 1인이 재판하는 단독재판부, 한국의 단독판사)과 합의법정(合議庭: 3인 이상의 법관으로 구성된 합의재판부, 한국의 합의부)의 개혁을 요구했다. 마지막으로 이와 같은 재판 방식과 재판 조직의 개혁은 다시 민사·형사·행정 사건의 소송 절차에 대한 개혁을 필요로 했다. 그래서 1990년대 중반부터는 소송제도의 개혁이 추진되기 시작했다.

이를 이어 1999년 10월에 최고인민법원은 「인민법원 5개년 (1999~2003년) 개혁 요강」을 발표하고 법원개혁을 본격적으로 시작했다.[51] 지금까지 추진했던 개혁이 「요강」의 세부 정책으로 통합되었다. 동시에 법원개혁은 산발적이고 즉흥적인 이전의 방식을 대신하여 체계적이고 종합적인 방식으로 변화되었다. 1차 「법원개혁 요강」이 보여 주듯, 이번에는 먼저 법원제도의 문제를 종합적으로 분석한 기초 위에서 개혁의 기본 원칙과 전체 목표 및 세부 목표가 제시되었다. 동시에 이를 달성하기 위한 각 분야별 개혁 정책과 실시 방안도 함께 제시되었다. 이런 점에서 법원개혁은 1차 「요강」의 발표와 함께 본격적으로 시작되었다고 말할 수 있다. 이후 2005년에 2차 5개년(2004~2008년), 2009년에 3차 5개년(2009~2013년), 2014년에 4차 5개년(2014~2018년) 「법원개혁 요강」이 발표되었다.

(4) 국가기구의 정비 평가

1980년대의 정치개혁은 국가기구별로 매우 불균등하게 추진되었다. 결론적으로 말해 의회제도의 발전이 가장 두드러졌다. 즉 전국인대와 지방인대의 입법 역할이 매우 강화되었다. 이는 무엇보다 입법 산출(産出)의 증가에서 확인할 수 있다. 예를 들어 전국인대가 1949년부터 1978년 말까지 30년 동안 제정 및 수정한 법률은 18건에 불과했다. 특히 문혁 10년(1966~1976년) 동안에는 단 한 건의 법률도 제정되지 않았다. 그런데 1979년부터 1987년까지 8년 동안 전국인대는 모두 121건의 법률, 지방인대는 모두 1037건의 지방성 법규를 제정 및 수정했다.[52]

또한 전국인대와 지방인대의 입법 자율성, 즉 공산당과 정부의 간섭 없이 독자적인 판단으로 법률 및 지방성 법규를 제정할 수 있는 권한도 크게 신장되었다. 입법 자율성의 증대는 의회의 입법 역할이 실제로 얼마나 강화되었는지를 판단하는 매우 중요한 기준이 된다. 입법 산출이 아무리 증가해도 만약 그것이 공산당과 정부가 주도권을 쥐고 있는 상황에서 전국인대와 시방인대가 난시 기술적·절차적 역할만 수행한 결과라고 한다면 의회의 입법 역할이 강화되었다고 말할 수 없다.

구체적으로 전국인대의 입법 자율성은 1980년대 말부터 증대되기 시작했다. 이를 반영하여 공산당 중앙은 1991년에 '중앙 8호' 문건인 「입법 업무 지도 강화에 대한 중공중앙의 몇 가지 의견」을 당내에 한정해 발표했다. 이에 따르면, 전국인대는 헌법이나 정치 관련 법률, 중요한 경제 및 행정 관련 법률을 제외한 나머지 법률을 제정할 때에는 공산당 중앙에 보고할 필요 없이 독자적인 판단 아래 제정할 수 있다. 이것은 전국인대가 모든 법률 초안을 사전에 공산당 중앙에 보고하고 입법을 추진해야 했던 이전 상황과 비교할 때 획기적이었다. 그래서 전국인대 지도부는 공산당 중앙이 "전국인대가 헌법에 근거하여 효과적으로 입법권을 행사하도록 충분히 존중하고 지지했다."라고 높이 평가했다.[53]

반면 법원개혁은 큰 성과가 없었다. 이는 1980년대뿐만 아니라 1990년대에도 해당된다. 이런 점에서 의회·정부·법원 등 정부기구 중에서 법원개혁이 가장 미진하고, 실제 정치 과정에서 수행하는 역할도 법원이 가장 미약하다고 말할 수 있다. 단적으로 1980년대에 법원제도는 복구되었지만 사법의 독립성과 공정성이라는 점에

파벌과 투쟁

서는 전혀 개선되지 않았다.

구체적으로 중국 법원은 크게 세 가지 문제점을 안고 있다. 첫째는 '사법권의 지방화'(地方化, localization of judiciary)다. 공산당은 법원의 인사권을 행사한다. 공산당 조직부가 법원 지도부뿐만 아니라 일반 판사를 조사하여 추천하는 것이 대표 사례다. 또한 공산당은 중요한 사건의 경우 정법위원회를 통해 법원 재판에 사전에 개입하여 형량을 결정함으로써 결정권을 행사한다. 게다가 지방정부는 법원의 예산 편성과 집행을 통제하는 재정권을 행사한다. 이런 이유로 사법권의 지방화 문제가 발생했다. 즉 법원은 지방 공산당과 정부의 영향에서 벗어나지 못하고, 이들의 요구에 따라 사건을 판결하는 경향이 있었다. 이런 면에서 중국에서는 '법원의' 독립을 말할 수 없다. 이는 지금도 마찬가지다.

둘째는 '법원 운영의 행정화(行政化)'다. 이는 법원의 구조와 운영, 법원 상하 간에 발생하는 문제를 가리킨다. 부실한 재판제도, 법관 간의 엄격한 위계질서, 법원 상하 간의 종속관계가 이에 해당한다. 한마디로 법원이 마치 정부처럼 운영되면서 법원 고유의 특징을 상실했다는 것이다. 예를 들어 법관은 종종 법원장의 지시에 따라 사건을 판결한다. 이런 면에서 중국에서는 '법관'의 독립을 말할 수 없다. 셋째는 '법관의 대중화(大衆化)' 혹은 '비(非)전문화'다. 이는 법관제도가 제대로 갖추어져 있지 않으면서 능력과 소질이 부족한 법관이 대규모로 충원되면서 발생하는 문제다.[54] 이런 세 가지 문제 중 뒤의 두 문제는 2000년대 들어 조금씩 해결되기 시작한다.

정부 개혁은 성과도 있었지만 한계가 더 많았다. 특히 국무원의 개혁은 제대로 추진되지 못했고, 오히려 지방정부의 개혁이 더 성과가 많았다고 할 수 있다. 그 이유는 간단하다. 경제특구를 비롯한 연해 지역이 개혁 개방을 가장 먼저, 가장 빠르게 추진하면서 정부 개혁의 필요성을 가장 절실하게 느꼈기 때문이다. 그 결과 이들 지역에서는 단순히 기구 통폐합과 인원 축소를 넘어 정부의 직능을 재조정하고 법제를 정비하려는 노력이 일찍부터 진행되었다. 다만 이런 노력이 전국적으로 확산되기 위해서는 1990년대 중반까지 기다려야 했다.[55]

한편 정치 민주화(democratization)를 위한 각종 정치개혁은 제대로 추진되지 않았다. 오히려 공산당과 정부는 현행 권위주의 정치체제(특히 문혁 시기의 전제통치(專制統治))를 비판하고 더 많은 민주와 자유를 요청하는 지식인과 대학생의 요구를 억눌렀다. 이를 정당화하기 위해 덩샤오핑은 1979년 '4항 기본원칙'을 제시하고, 이를 부정하거나 위반하는 개인과 집단은 강력히 탄압했다. 심지어 현행 정치제도가 허용하는 정치참여, 즉 지방인대의 직접선거조차도 제한했다. 1980~1981년 지방인대 선거 이후 정부가 「선거법」을 개정하여 후보의 선거운동을 사실상 금지한 것이 이를 잘 보여 준다. 이런 점에서 1980년대의 정치개혁은 정치 민주화를 외면하고 정치 제도화만 추진했다는 특징이 있다.

반면 '민주화 개혁'은 농촌 지역에서 자발적으로 추진되었다. 다음 장에서 살펴볼 촌민위원회(村民委員會)의 민주적인 선거와 운

파벌과 투쟁

영이 그 예다. 공산당이나 정부의 지시가 없는 상황에서 농민들이 당면한 현실 문제를 해결하기 위해 대안을 모색하는 과정에서 자체적으로 고안해 낸 제도다. 이런 점에서 중국의 민주화는, 만약 우리가 촌민위원회의 민주적인 선거와 운영을 그렇게 부를 수 있다면, 도시가 아닌 농촌에서 먼저 시작되었다고 말할 수 있다. 이는 경제 개혁이 도시가 아니라 농촌에서 먼저 시작된 것과 유사하다.

대신 1980년대에는 이후의 정치개혁에 커다란 영향을 미치는 동시에 정치제도 전체의 발전에 큰 영향을 미치는 중요한 정책이 시작된다. 바로 '법제(法制, legal system) 건설'이다. '법제 건설'은 1990년대 중반에 '의법치국'(依法治國: 법률에 근거한 국가 통치), 간단히 줄여 '법치'(法治, rule of law)로 발전한다. 이는 중앙과 지방의 상호 협력 속에서 이루어진 결과다. 어떤 점에서 보면 법제 건설의 제기와 추진이 다른 어떤 정치개혁보다 중요하다고 평가할 수 있다.

8 촌민위원회와 법률보급운동

1998년 9월 안후이성(安徽省)의 농촌을 시찰하던 장쩌민(江澤民) 총서기는 개혁 개방 과정에서 농민들이 보여 준 자발적인 혁신을 높이 평가하면서 이렇게 말했다. "호별 도급제(包産到戶), 향진기업(鄕鎭企業), 촌민자치(村民自治)는 모두 공산당의 영도하에 수억 농민이 이룩한 위대한 창조다."[1] 이 중 호별 도급제는 농촌개혁을 대표하며 전체 경제개혁의 돌파구였다. 촌민자치는 주로 촌민위원회(村民委員會)의 설립과 운영을 말하며, 이는 농촌개혁 이후 발생한 문제에 대응하기 위해 농민들이 자발적으로 만든 기층 자치조직이다.

1970년대 말과 1980년대 초에 일부 지방은 공산당의 지시에 따라 치안 문제를 해결하기 위해 법률 선전과 교육운동을 전개했다. 이후 성과가 입증되면서 1986년부터 '법률보급운동(普法運動)'이 전국적으로 실시되었다. 이는 정치개혁뿐 아니라 경제 및 사회개혁에도 매우 중요한 의미가 있다. 단적으로 1997년에 열린 공산당 15차 당대회는 정치개혁의 새로운 방침이자 목표로 의법치국(依法治國: 법률에 근거한 국가 통치)을 채택했는데, 이는 법률보급운동이 있었기 때문에 가능했다. 또한 법률보급운동을 통해 법률체제가 수립되면서 급속한 경제 발전에 필요한 법적·제도적 환경도 만들어졌다. 그 밖에도 이 운동을 통해 비교적 안정적인 사회질서를 유지할 수 있었고, 이것이 다시 정치 안정으로 이어졌다.

이처럼 1980년대에 농촌 지역에서는 촌민위원회의 수립과 법률보급운동이 함께 전개되는 현상이 나타났다.[2] 이 두 가지는 모두 농촌 지역의 치안 악화와 사회 관리체제의 붕괴를 해결하기 위한 방안으로 모색된 것이다. 따라서 촌민위원회와 법률보급운동이 연계되어 상호 보완적으로 추진되는 것은 어쩌면 당연한 것이었다. 게다가 국무원 사법부(司法部)는 이런 양자의 결합을 긍정적으로 평가하고 이를 전국적으로 확산시키기 위해 노력했다.[3]

다만 촌민위원회와 법률보급운동 간에도 차이는 존재한다. 먼저 누가 시작했는지가 다르다. 촌민위원회가 '아래에서 위로', 즉 농민 주도로 시작되었다면, 법률보급운동은 '위에서 아래로', 즉 공산당과 정부의 주도로 시작되었다. 또한 강조점이 다르다. 촌민위원회가 촌간부의 민주 선거, 마을 업무(村務)의 공개, 촌민의 마을 관리 참여를 강조한 반면, 법률보급운동은 주로 촌간부의 준법정신과 활동, 의법치촌(依法治村: 법률에 의거한 촌 관리)을 강조했다.

마지막으로 펑전(彭眞)은 공산당 정법위원회 서기(1980~1982년)와 전국인대 상무위원회 위원장(1983~1988년)을 역임하면서 법률

제도(法制)의 수립과 기층민주의 확산을 위해 많은 노력을 경주했다. 대표적으로 촌민위원회가 수립되고 법률보급운동이 전개될 수 있었던 것은 펑전이 주도적으로 촉구했기 때문이다. 의회제도, 즉 전국인민대표대회(전국인대)와 지방인민대표대회(지방인대)의 발전도 마찬가지다.[4] 사실 펑전은 1949년 건국 초기부터 둥비우(董必武: 1886~1975년)와 함께 법제 수립과 발전을 위해 헌신한 인물이다.[5] 만약 펑전이 아니었다면 촌민자치제도의 발전과 법제 수립은 많이 늦어졌을 가능성이 있다.

(1) 촌민위원회: '기층민주'의 사례

1978년부터 농가 생산책임제가 확산되면서 인민공사(人民公社)는 이름만 남았다. 원래 인민공사는 행정관리와 생산을 합친 '정사합일(政社合一)'의 체제였다. 이 체제에서는 '인민공사-생산대대(生産大隊)-생산대(生産隊)'라는 '삼급소유(三級所有)'가 존재했다. 이 중에서 생산대가 영농과 분배의 기본 단위(隊爲基礎)가 되었다. 일반적으로 규모가 큰 자연촌의 경우 1개의 촌이 1개의 생산대를 구성했다. 반면 규모가 작은 자연촌의 경우 3~4개 이상의 촌이 모여 1개의 생산대를 구성했다.

이와 같은 정사합일의 체제에서는 농민이 집체에 종속되었다. 그래서 농민들은 군대처럼 "종이 치면 일을 시작하고, 집단적으로

과벌과 투쟁

성과를 나누었으며(敲鍾上工 集體分紅)", 국가는 엄격한 조직체계를 통해 농민들을 통제했다.《홍기》는 이를 "조직의 군사화, 행동의 전투화, 생활의 집단화"라는 '삼화(三化)'로 표현했다. 게다가 인민공사는 공산당의 '일원화 영도'하에서 운영되었다. 인민공사에는 당위원회가, 생산대대에는 당 지부가 조직되었고, 모든 권력은 당위원회에, 당위원회의 권력은 다시 당서기 일인에 집중되었다. 간부도 하향식으로 임명되었다.[6] 이처럼 인민공사는 호별영농과 병존할 수 없는 체제였다.

그런데 인민공사가 유명무실해지면서 몇 가지 심각한 문제가 발생했다. 첫째는 집단소유의 농경지, 초지, 산림, 수자원 등을 관리하고 분배하는 문제다. 농가 생산책임제에서도 각종 공동재산과 시설물은 집체(촌)가 소유했기 때문에 이를 관리할 조직이 필요했다. 둘째는 수리 시설, 도로와 다리, 학교, 공공위생, 치안, 가족계획 등 공공재의 공급 문제다. 전에는 인민공사와 생산대대가 이를 담당했는데 이제는 아니었다. 셋째는 사회 문제다. 집단영농이 호별영농으로 바뀌고, 계획경제를 대신해 시장경제가 확대되면서 대부분의 농촌에서는 치안 악화, 촌내 및 촌간 분규의 확대, 간부의 부패와 무능력 문제가 발생했다.[7]

공산당 지도부도 당시 농촌 상황을 잘 알고 있었다. 1982년 '중앙 1호' 문건으로 하달된 「전국 농촌 공작회의 기요(紀要)」는 이렇게 적고 있다.

최근 여러 원인으로 농촌의 일부 사대〔社隊: 인민공사와 생산대대〕의 기층조직이 흩어지고, 심지어 마비 혹은 부분 마비의 상황에 빠져, 많은 일들이 책임지는 사람이 없고, 좋지 않은 현상이 자생하여 만연하고 있다. 이런 상황에 대해 각급 당위원회는 매우 중시해야 하며, 생산책임제를 종합하여, 이를 완전하게 하는 것과 동시에 이 문제를 반드시 잘 해결해야 한다.[8]

그렇다면 이 문제를 어떻게 해결할 것인가?

촌민위원회의 탄생(1980년)

광시 좡족 자치구(廣西壯族自治區)의 뤄청현(羅城縣)과 이산현(宜山縣)에는 산차(三岔)라는 인민공사가 있었다. 산차공사(三岔公社)는 여러 생산대대로 구성되었는데, 허자이대대(和寨大隊)도 그중 하나였다. 또한 허자이대대에는 모두 12개의 생산대가 있었고, 여기에는 다시 궈쭤촌(果作村), 궈디촌(果地村) 등 112개의 자연촌이 속했다.

1980년 2월 어느 날, 궈쭤촌의 생산대장을 맡고 있던 농민 웨이환넝(韋換能, 좡족)은 주변에 거주하는 5명의 생산대장을 자기 집에 불러 촌이 당면한 문제를 논의했다. 허자이대대가 농가 생산책임제를 실시하면서 사회 관리에 "구멍(眞空)"이 생겼고, 이로 인해 일련의 사회문제가 발생했던 것이다. 웨이환넝은 사람들에게 말했다.

토지 도급제가 실시된 이후, 생산대대 사람들은 바빠서 촌의

파벌과 투쟁

산림조차 제대로 관리하지 못하고 있는데, 언제 시간이 나서 이곳의 일을 관리해 주겠는가? 도둑 방지를 위해 촌민들이 소를 집안으로 끌고 들어와 함께 생활하고 있는데, 언제까지 이렇게 살 수 있겠는가? 곧 춘경이 시작되는데, 농로를 어떻게 관리할 것인가? 사람과 가축이 촌 앞의 작은 냇가를 매일 건널 수 없다는 말인가? 이런 일들은 관리자가 없기 때문에 우리 스스로 관리해야 한다. 우리의 일도 스스로 관리하지 못하면서 어리석게도 다른 사람이 관리해 줄 것을 기다릴 것인가?

다만 이런 일을 관리하려면 조직이 있어서 명분을 갖고 사람을 동원해서 처리해야 한다. 토지는 도급으로 분배했고, 생산대는 해체되어 대장이 나설 명분이 없다. 설사 대장이 다시 나서도 명분이 서지 않아 말이 먹히질 않는다. 그렇다면 이 조직을 어떻게 할 것인가? 생산대대는 '관리위원회'라고 부르는데, 우리는 '촌민위원회'라고 부르자. 도시 사람은 거민(居民)이니 촌사람은 촌민이 아닌가? 촌민위원회라는 이름은 촌의 실제에 부합하고 우리의 신분에도 부합한다.[9]

5명의 대장은 웨이환녕의 말에 동의하여 촌민위원회를 민주적으로 구성하기로 결정했다. 즉 "과거에는 생산대장을 임명했지만 현재는 그럴 수 없으니 촌민이 선출하자." 이후 이들은 자신들이 속한 생산대의 농민들에게 연락하여 각 농가마다 1명의 대표를 보내 선거에 참여할 것을 요청했다. 전체 125호의 농가 중 85호가 대표

를 보냈다. 후보로는 6명의 생산대장과 1명의 촌민이 나섰다. 무기
명투표 방식으로 5명의 촌민위원회 구성원이 선출되었다. 직무는
득표순으로 결정했다. 그 결과 웨이환닝은 85표를 얻어 촌민위원회
주임이 되었고, 2명의 부주임과 2명의 위원도 결정되었다. 이렇게
해서 전국 최초로 귀줘 촌민위원회가 구성되었다. 이후 촌민위원회
는 촌민의 동의하에 '촌민 규약(村規民約)'과 '입산 금지 공약(封山公
約)'을 제정했다. 또한 농민을 동원하여 2개의 다리를 보수하고, 1개
의 농로를 개설했다.[10]

    귀줘 촌민위원회의 설립 소식은 빠르게 퍼져 나갔다. 이를 모방
하여 여러 촌은 자신들만의 조직을 만들었다. 명칭은 다양했다. 촌
민위원회 외에 '촌 치안(治安) 영도소조', '촌 치안연방(聯防) 소조',
'촌관위회(村管委會)' 등으로 불렸다. 이들 자치조직은 토지 불법점
유를 단속하고, 촌내 분규와 폭력을 해결했으며, 절도를 방지했고,
산림 남벌과 도박을 단속하고, 수리시설을 보수하는 등 큰 역할을
담당했다.

    드디어 뤄청현과 이산현의 공산당 위원회가 주목하기 시작했
다. 그래서 1981년에 신생 조직의 명칭을 촌민위원회로 통일하고,
다음의 지시를 하달했다. "촌민위원회는 설립 이후 비교적 좋은 기
능을 발휘하고 있다. 각 지역은 간부 사원(社員: 인민공사의 구성원)을
조직하여 학습 및 토론하고, 각 지역 상황에 맞게 참고하여 집행하
라."[11] 그 결과 1982년 4월까지 이 두 현에는 675개의 촌민위원회
가 구성되었다. 이는 두 현에 있는 자연촌의 15%에 해당한다. 이 무

파벌과 투쟁

렴 쓰촨성, 허난성, 산둥성 등지에도 유사한 조직이 등장했다.[12]

「헌법」의 촌민위원회 규정(1982년)

한편 1981년 하반기에 공산당 중앙과 전국인대는 촌민위원회의 등장에 주목하여 조사단을 파견했다. 조사단은 광시자치구 이산현과 뤄청현 일대를 세밀히 조사한 후 촌민위원회를 긍정적으로 평가했다. 동시에 공산당 중앙은 각 지역이 자체 계획에 입각하여 촌민위원회를 시험적으로 설립할 것을 지시했다. 특히 평전은 촌민위원회를 "우리나라에서 장기적으로 유효한 중요한 조직 형식"이라고 높이 평가했다. 그래서 그는 1982년 4월에 전국인대 상무위원회에 촌민위원회를 "기층 군중 자치조직"으로 「헌법」에 규정할 것을 건의했다.[13] 또한 같은 해 7월 전국 정법 공작회의에서 촌민위원회가 "군중 자치성 조직"으로 "모두가 공약을 제정하여 함께 준수하는데, 경험이 성공적이어서 마땅히 보편적으로 건립해야 한다."라고 주장했다.[14]

평전의 건의는 수용되었다. 그 결과 1982년 12월에 제정된 「헌법」 111조에는 다음과 같은 규정이 추가되었다.

농촌의 주민 거주 지구에 설치된 촌민위원회는 기층의 군중성 자치조직이다. 촌민위원회의 주임, 부주임, 위원은 촌민이 선출한다. 촌민위원회는 인민조정(人民調解), 치안보위(治安保衛), 공공위생의 위원회를 설치하고, 본 거주 지역의 공공사무와 공익사업, 촌민 분규의 해결, 사회치안 유지의 협조, 인민정부에 군중 의견 및 요구의 반영과 건의 제출을 담당한다.[15]

이렇게 해서 촌민위원회는 헌법이 규정한 공식 조직이 되었다. 여기서 알 수 있듯 촌민위원회는 향진정부의 하부 조직이 아닌 "군중성 자치조직"으로 성격이 규정되었다. 이는 신생 조직에게 매우 중요한 조치였다.[16]

그러나 「헌법」이 규정했다고 해서 촌민위원회에 대한 논쟁이 끝난 것은 아니었다. 당시 인민공사가 해체된 이후 생산대대를 어떻게 재편할 것인지를 놓고 두 가지 견해가 대립했다. 첫째는 주로 향진정부가 주장한 것으로, 향진정부의 촌공소(村公所)나 파출기구를 설립하자는 주장이다. 농촌에는 아직 촌민자치를 실시할 조건이 갖추어지지 않았기 때문에 촌을 행정체제에 편입하여 관리하는 것이 더 타당하다는 것이다. 농민들의 의식 수준이 낮아 정부 정책을 제대로 이해하지 못할 뿐만 아니라 만약 이렇게 할 경우 정부 정책이 촌에서 제대로 집행되지 않는다는 것이 이유였다. 상급 정부에서 할당한 업무를 처리해야 하는 향진정부의 입장에서는 이 방안이 유리했다.

둘째는 촌민위원회를 설립하여 공산당의 영도와 기층정부(즉 향진정부)의 지도하에 촌민자치를 실행하자는 주장이다. 이는 평전, 국무원 민정부의 기층정권건설사(基層政權建設司) 간부, 그리고 일부 성급 행정단위의 간부들이 주장했다.[17] 1930년대에도 농촌 지역

파벌과 투쟁

에서는 촌민들의 자체 조직을 설립한 경험이 있다. 따라서 농민들의 의식수준을 논하는 것은 타당하지 않다. 또한 현재 농촌에 있는 당정간부의 수준을 볼 때 이들이 제대로 일을 처리한다는 보장도 할 수 없다. 오히려 당간부와 농민 간의 관계만 악화될 뿐이다. 이것이 주장의 근거였다. 논의 결과 공식적으로는 둘째 방안이 채택되었다. 그러나 현실에서는 첫째 방안에 따라 촌공소를 설립한 지역도 있었다.

인민공사의 해체와 촌민위원회의 설립

1982년에 「헌법」이 제정된 이후에도 전국인대 위원장이었던 평전은 촌민위원회의 필요성과 중요성에 대해 계속 강조했다. 예를 들어 그는 1983년 초에 저장성 항저우시의 촌민위원회 상황을 조사한 후 중앙 정법위원회 확대회의에서 다음과 같이 주장했다. "각 지역은 「헌법」의 규정에 입각하여 조치를 취해 (도시의) 거민위원회와 (농촌의) 촌민위원회가 제 역할을 발휘하도록 해야 한다. 이렇게 하여 인민이 자기의 일을 스스로 처리하여 진정으로 주인이 되게 만들어야 한다."[18]

농가 생산책임제와 촌민위원회가 확대되면서 인민공사는 더이상 존재해야 할 이유가 없어졌다. 그래서 1983년 10월에 공산당 중앙과 국무원은 「행정 및 경제 조직의 분리(政社分開)와 향정부(鄕政府)의 설립에 관한 통지」를 하달했다. 내용은 「헌법」 규정과 같았다. 이런 지시에 따라 전국 농촌에서는 인민공사-생산대대-생산대체제가 공식적으로 해체되었다. 대신 인민공사는 향진정부, 생산대대는 촌민위원회, 생산대는 촌민소조(村民小組)로 대체되었다.[19]

[표 8-1] 촌민위원회 신설 통계

단위: 만 개

연도	인민공사	생산대대	생산대	향·진 정부	촌민위원회
1982	5.4	71.9	597.7		
1983	4	55	457.5	1.6	20
1984	0.0249	0.7046	12.8	9.1	92.6**
1985	0	0	0	9.1	94***

* 촌민위원회의 규모는 평균 201가구(戶), 903명이다.
** 촌민위원회의 규모는 평균 203가구(戶), 897명이다.
〈출처〉陳浙閩 主編, 『村民自治的理論與實踐』(天津: 天津人民出版社, 2000), pp. 39-40.

[표 8-1]은 1980년대 초중반 인민공사의 해체와 촌민위원회의 설립 상황을 정리한 것이다. 이에 따르면 1982년에는 전국적으로 총 5만 4000개의 인민공사, 71만 9000개의 생산대대, 597만 7000개의 생산대가 있었다. 그런데 1983년부터 인민공사, 생산대대, 생산대가 해체되기 시작해서 1985년에는 모두 사라졌다. 이와 함께 1983년부터 향진정부와 촌민위원회가 설립되기 시작하여 1985년에는 각각 9만 1000개, 94만 개로 늘었다.

그런데 당시의 촌민위원회는 생산대대의 명칭만 바꾼 것이었다. 그래서 민주적인 선거를 통해 구성되지도, 민주적으로 운영되

파벌과 투쟁

지도 않았다. 앞서 보았듯 인민공사의 와해와 함께 농촌 지역에 많은 문제가 발생했고, 이런 문제를 해결하기 위해 촌민들이 자발적으로 만든 조직이 바로 촌민위원회였다. 그래서 초기에 촌민위원회의 주된 임무는 치안 유지였고, 이후 정치·경제·사회·문화 등으로 영역이 확대되었다. 당시에는 치안 유지가 가장 절실한 문제였다.

이런 이유로 촌민위원회라는 조직이 먼저 만들어졌고, 그것을 어떻게 구성하고 운영할지는 제대로 논의되지 않았다.[20] 또한 촌민위원회의 구성과 운영을 뒷받침할 만한 구체적인 법적 규정도 없었다. 1982년의 「헌법」 규정은 추상적인 차원의 성격과 구성에 대한 규정이었기 때문에 현실에서는 지침이 될 수 없었다.

실제 당시에 촌민위원회가 구성되는 방식을 보면 크게 세 가지가 사용되었다. 첫째는 촌민이 주임(부주임)과 위원을 직접 선출하는 방식이다. 이것이 촌민위원회의 민주 선거다. 둘째는 촌민들이 대표를 먼저 선출하고 이렇게 선출된 대표들이 주임(부주임)과 위원을 선출하는 방식이다. 일종의 간선제다. 그런데 두 경우의 선거에서도 후보는 대부분 향진정부나 공산당 지부가 추천하는 방식을 채택했기 때문에 진정한 민주 선거라고 할 수 없었다. 셋째는 향진정부가 촌민위원회 주임(부주임)과 위원을 직접 임명하는 방식이다. 이 경우에는 선거 자체가 없었다. 이 같은 상황은 1980년대 말까지 지속되었다.[21]

'향진정부-촌공소- 촌민위원회-촌민소조' 체제:

광시자치구·윈난성·광둥성

그런데 일부 지역에서는 생산대대에 촌민위원회가 아니라 향진정부의 파출기구 혹은 촌공소가 실치되었다. 물론 이 경우에도 2~3개의 생산대를 묶어 촌민위원회를 설치했다. 이때 촌민위원회는 형식적인 조직이다. 예를 들어 1987년부터 1994년까지 광시자치구는 생산대대에 촌공소를 설치하여 향진정부의 파출기구로 삼았다. 또한 자연촌에 촌민위원회를 설치했다. 이렇게 하여 '향진정부-촌공소-촌민위원회-촌민소조' 체제가 만들어졌다.

윈난성 지역도 유사한 방식으로 농촌 지역을 재편했다. 1982년에 생산대대는 모두 1만 3000개, 생산대는 19만 개가 있었는데, 1985년에 10만 3000개의 촌민위원회가 설치되었다. 이는 2개의 생산대대를 묶어 하나의 촌민위원회로 재구성한 것이다. 대신 생산대대에는 향진정부의 파출기구로 촌공소가 설치되었다.

광둥성 지역도 이와 유사했다. 이 지역에서는 2~3개의 생산대를 묶어 촌민위원회를 구성했다. 또한 생산대대에는 촌공소와 성격이 같은 '관리구(管理區)'를 설치하여 향진정부와 촌민위원회 사이의 중개기구로 삼았다. 단적으로 1982년에 광둥성에는 생산대대가 2만 6000개, 생산대가 37만 6000개가 있었는데, 1985년에 모두 14만 개의 촌민위원회가 구성되었다. 이는 촌민위원회 당 2.67개의 생산대가 포함된 것이다.[22]

이 세 지역의 '향진정부-촌공소(관리구)-촌민위원회-촌민소

파벌과 투쟁

조'체제는 1990년대에 들어서야 해체되기 시작한다. 광시자치구를 보면 이 체제는 문제가 많았다. 먼저 관리 층위가 많아지고 기구가 중복되면서 촌민들은 일 처리에 어려움을 겪었다. 또한 간부 수가 증가하면서 이들의 임금과 활동비를 제공해야 하는 농민의 부담이 증가했다. 게다가 자연촌 단위에 설치된 촌민위원회는 규모가 작아 공익사업을 추진하거나 공공재를 제공할 수 없었다. 그 밖에도 자연촌 단위의 촌민위원회에는 공산당, 공산주의청년단, 부녀연합회, 민병(民兵)과 같은 조직이 없었기 때문에 촌민위원회가 역할을 발휘하기 어려웠다.

결국 광시자치구는 1995년에 촌공소를 폐지하고 촌민위원회를 설립함으로써 1987년 이전 체제로 복귀했다. 광둥성도 1998년에 향진정부의 파출기구인 관리구를 폐지하고 촌민위원회를 구성했다. 윈난성도 2001년에 촌공소를 폐지하고 촌민위원회를 구성했다.[23]

촌민위원회의 법률 제정

한편 촌민위원회의 구성과 운영을 제도화하기 위해 입법이 추진되었다. 법안의 기초는 국무원 민정부(民政部)가 담당했고, 전국인대 상무위원회는 모두 세 차례, 전국인대는 한 차례 법안을 심의했다. 법안 기초가 시작된 1984년부터 법안이 통과된 1987년까지는 4년의 시간이 걸렸다. 민정부는 1984년에 법안을 기초하기 시작하여 1986년 초에 초안을 완성했다. 이후 1986년 4월에 국무원이 심의를 시작했다. 이때 국무원 법제국은 다양한 의견을 수렴하여 초안을 수정 및 보완했다. 이런 과정을 거친 이후 국무원은 같은 해 10월에 전국인대 상무위원회에 법안을 상정했다.[24]

이후 전국인대 상무위원회의 심의가 시작되었다. 1차 심의는 1987년 1월에 있었다. 이내 일부 위원이 문제를 제기했나. 먼저 촌민위원회는 기층의 군중성 자치조직인데 주임의 임무가 너무 무거워서 조직의 성격에 맞지 않는다는 지적이 있었다. 또한 촌민위원회와 향진정부 간의 관계가 영도관계(領導關係: 종속 관계)인지 아니면 업무관계(業務關係: 협조 관계)인지에 대한 문제도 제기되었다. 그 밖에 촌민위원회의 기구, 촌 간부의 소질 조건 등에 대한 문제 제기도 있었다. 2차 심의는 같은 해 3월에 있었다. 여전히 일부 위원들은 문제를 제기했고, 결국 전국인대 본회의에 법안을 상정하여 논의하기로 결정했다.[25]

논쟁은 1987년 3월에 개최된 6기 전국인대 5차 회의로 이어졌다. 쟁점은 크게 세 가지였다. 첫째는 촌민위원회의 성격, 둘째는 임무, 셋째는 향진정부와의 관계다. 논의를 계속 진행할 경우 입법이 늦어지기 때문에 바로 표결에 들어갔다. 결과는 찬성 2661표, 반대 2표, 기권 11표로 법안은 "원칙적으로 통과"되었고, 이후에 전국인대 상무위원회가 수정 보완하여 반포하도록 권한을 위임했다.

그래서 1987년 11월에 전국인대 상무위원회는 법안의 3차 심의를 진행했다. 이때 위원들의 의견을 수렴하여 "촌민이 자연자원을 합리적으로 이용하고 생태환경을 보호 및 개선하도록 교육한다.", "공공재산을 아끼고 지킨다.", "필요할 경우 본촌의 기업 및

파벌과 투쟁

사업 단위와 군중성 자치단체 대표의 촌민위원회 참가를 요청할 수 있다."를 추가했다. 이후 표결에 부쳤는데 결과는 찬성 113표, 반대 1표, 기권 6표로 통과되었다. 「촌민위원회 조직법(試行)」은 이런 과정을 거쳐 1988년 6월 1일부터 실시되었다.[26]

「촌민위원회 조직법(시행)」이 통과된 이후에도 평전은 촌민위원회의 중요성을 계속 강조했다. 1987년 11월에 개최된 전국인대 상무위원회 회의에서 그는 촌민위원회를 두 가지 측면에서 중요한 조직으로 평가했다. 먼저 촌민위원회는 의회제도와 함께 "일체의 권력은 국민에 속한다."라는 헌법 규정을 실현하는 조직이다. "촌민위원회가 있어서 농민들은 직접 민주를 실행"할 수 있고, "이는 가장 광범위한 민주 실천이다." 그래서 "촌민위원회를 잘 하고 촌민자치를 실행하는 것은, 우리나라 사회주의 민주의 진보를 더욱 빠르게 하는 일"이다. 또한 촌민위원회는 촌 단위의 각종 정부 업무와 자치 업무를 잘 해결할 수 있는 조직이다. 그래서 촌민위원회를 잘 운영하면 "정부 업무의 더욱 많은 곤란이 감소"할 것이다.[27]

촌민위원회의 민주 선거와 제도화

1988년 6월부터 「촌민위원회 조직법(시행)」이 실시되었지만 촌민위원회의 구성과 운영 상황은 크게 개선되지 않았다. 국무원 민정부는 이를 개선하기 위해 노력했다. 1988년 2월에는 「촌민위원회 조직법 집행 관철 통지」를 하달했다. 1989년 3~4월에는 모두 168명으로 구성된 29개의 '촌급 조직건설 상황 조사조'를 파견하여 농촌의 실상을 조사했다. 이를 근거로 「촌급 조직 건설 강화의 필요성」이라는 보고서를 공산당 중앙에 제출했다. 이 보고서에서 민정부는 촌민위원회가 농촌 지역에서 필요할 뿐만 아니라 절박하다고 주장했다.[28]

그런데 1989년 6월에 발생한 톈안먼 사건은 촌민위원회의 발전에 부정적인 영향을 미쳤다. 전부터 촌민위원회가 '부르주아 자유화'를 부추긴다는 주장이 제기되어 좋지 않은 상황이었는데, 톈안먼 사건이 이런 주장에 힘을 실어 주었다. 그래서 일부 지방은 촌민위원회의 시범 실시를 중단했다. 일부 간부들은 「촌민위원회 조직법(시행)」을 폐기해야 한다고 주장했다. 일부 기층간부들은 향진정부와 촌민위원회 간의 관계를 '업무관계'에서 '영도관계'로 바꾸어야 한다고 제안했다.[29]

이런 와중에 농촌 지역에서 국가와 농민 간의 긴장이 더욱 악화되었다. 한 조사 보고에 따르면, 당시 농촌 지역에서 공산당 지부와 촌민위원회 등 조직이 작동하지 않는 곳이 전체의 30% 이상이었다. 일부 현과 향에서는 농촌 지역의 70%에서 조직이 마비되는 현상이 나타났다. 이에 따라 농촌 간부와 군중 간의 관계가 악화되어 간부가 구타를 당하고 욕을 먹는 일이 계속 발생했다. 농민들의 집단 청원(上訪)도 급증했다. 가족계획과 식량 구매 등 국가정책을 집행해야 하는 향촌 간부는 매우 큰 어려움에 직면했다.[30]

이런 문제가 발생한 가장 큰 원인은 농민의 요구와 현행 촌민위원회 제도 간에 큰 괴리가 있었기 때문이다. 농가 생산책임제의 실시 이후 농민의 자주 의식과 요구는 크게 증가했다. 반면 촌민위원회는 여전히 비민주적으로 구성되었고, 운영도 불투명했다. 1987년에 제정된 「촌민위원회 조직법(시행)」은 특히 민주적인 선거와 운영에 대해 분명하게 규정하지 않았다.[31]

그 밖에 일부 지역에서는 촌민위원회가 운영되었지만 일부 지역에서는 제대로 운영되지 않았다. 단적으로 1988년부터 1995년까지 7년동안 24개 성·자치구·직할시는 각 지역에 맞는 촌민위원회 조례를 제정했지만 6개 지역은 그렇지 않았다. 촌민위원회의 역할과 전망에 대한 회의도 여전히 강하게 남아 있었다. 이런 경향은 기층정부의 공무원과 공산당 조직부 간부 사이에서 특히 강하게 나타났다.[32]

농촌 문제의 해결과 촌민위원회의 발전을 위해서는 새로운 조치가 필요했다. 먼저 중앙의 지도자들이 나서서 촌민위원회에 대한 비판과 회의를 잠재웠다. 펑전이 가장 적극적이었다. 그는 1990년 2월에 민정부 부장 추이나이푸(崔乃夫)의 보고를 듣고 나서 향진정부의 간부를 민주적으로 통제할 방법을 모색해야 한다고 주장했다. 그렇지 않으면 그들의 횡포가 계속되고, 그 결과 농촌의 불안정은 해결되지 않을 것이다. 1991년 5월에 다시 추이나이푸의 보고를 들었을 때 펑전은 '군중노선'의 중요성을 강조하면서 촌민위원회를 발전시켜야 한다고 주장했다. 보이보(薄一波)도 펑전의 관점에 동의하면서 촌민위원회를 적극 지지했다.[33]

쑹핑(宋平)도 촌민위원회의 지지 대열에 합류했다. 그는 1990년

6월에 농촌의 기층조직 상황에 대한 종합보고를 청취한 뒤 촌민위원회의 논쟁에 대한 자신의 입장을 분명하게 또한 공개적으로 표명했다. "이제는 공허한 논쟁을 그만하고 실천에 주의하고 경험을 탐색해야 한다." 당시 쑹핑은 공산당 중앙 조직부장이면서 동시에 정치국 상무위원이었기 때문에 그의 지지 표명은 촌민위원회에 대한 비판과 회의를 종식시키는 데 크게 기여했다. 특히 펑전, 보이보, 쑹핑은 촌민위원회를 발전시키기 위해서는 촌민이 직접 참여하는 민주 선거가 중요하다는 민정부의 주장을 지지했다. 이렇게 되면서 촌민위원회의 민주 선거가 핵심 과세로 제기되었다.[34]

이런 혁명원로들의 지시를 관철하기 위해 특별회의가 소집되었다. 1990년 8월 5~10일에 산둥성 라이시현(萊西縣)에서 공산당 중앙 조직부, 중앙 정책연구실, 국무원 민정부, 공청단 중앙, 전국부녀연합회(婦聯)가 전국 촌급(村級) 조직건설 공작 좌담회, 소위 '라이시회의'를 개최한 것이다. 이 회의는 다음과 같이 촌민위원회의 성격을 분명히 했다. "촌민위원회는 공산당의 영도하에 국가 법률이 규정하는 범위 내에서 촌민이 스스로를 관리·교육·복무(服務)하는 기층의 군중성 자치조직"이다.

또한 이 회의에서는 앞으로 추진할 네 가지 중점 업무가 결정되었다. 첫째, 촌민의 의지를 존중하여, 촌민이 충분히 토의하여 촌민위원회의 지도부(領導班子)를 법에 따라 선출한다. 둘째, 촌민회의(村民會議) 제도를 개선한다. 셋째, 필요할 경우 치안보위(治保), 인민조정(調解), 공공위생 등의 자치조직을 두거나 촌민위원회 구

파벌과 투쟁

성원이 이런 일을 분담한다. 또한 촌민이 '촌민규약'을 제정하여 군중 문제를 제때에 해결함으로써 모순이 기층에서 해결될 수 있도록 한다. 넷째, 촌민소조를 잘 건설한다.[35]

'라이시회의'를 계기로 「촌민위원회 조직법(시행)」의 실시와 관련된 논쟁은 끝났다. 이제 남은 일은 촌민위원회를 확산시킬 방법을 모색하는 것이었다. 논의 끝에 시범사업을 통해 경험을 축적하고 동시에 이를 적극 선전하는 '시범활동(示範活動)' 방침이 결정되었다.[36] 이를 위해 1990년에 '중앙 19호' 문건이 하달되었다. 이 문건은 "모든 현은 몇 개의 촌을 선정하여 촌민자치의 시범활동을 전개하여 경험을 탐색하고 전형을 수립하라."라는 지시를 담고 있다.[37] 또한 같은 해 9월에는 민정부가 「전국 농촌 촌민자치 시범활동 전개의 통지」를 하달했다. 「통지」는 기초가 갖추어진 현(시)·향(진)·촌을 선정하여 촌민위원회의 시범활동을 전개할 것을 요구했다.

또한 민정부는 산둥성 라이시현을 전국 촌민자치 시범현(示範縣)으로 지정했다. 「통지」에 따르면, 시범촌(示範村)이 되기 위해서는 먼저 법에 따라 선거를 실시하여 촌민위원회를 구성해야 한다. 또한 촌민들로 구성된 촌민회의 혹은 촌민 대표로 구성된 촌민대표회의가 운영되어 촌민위원회를 감독해야 한다. 그 밖에도 치안·조정·공공위생 등의 하부 기구와 촌민소조가 잘 구성되고 실제로 운행되어야 한다. 이런 시범촌이 85% 이상이면 시범향(示範鄕)이 되고, 이런 시범향이 70% 이상이면 시범현이 된다. 라이시현은 이런 요건을 갖추었기 때문에 전국 최초로 시범현에 선정된 것이다.

[그림 8-1] 촌민위원회의 수량 변화

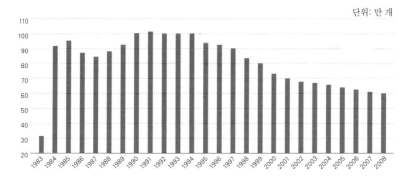

단위: 만 개

1994년에는 민정부가 「전국 농촌 촌민자치 시범활동 지도 강요(試行)」을 반포했다. 그 결과 1995년 말까지 전국적으로 29개의 성·자치구·직할시에 모두 63개의 시범현, 3917개의 시범향, 8만 2266개의 시범촌이 설립되었다.[38]

촌민위원회의 확산과 발전

1990년의 '라이시회의' 이후 촌민위원회는 안정적인 발전에 접어들었다. [그림 8-I]은 1983년부터 2008년까지 촌민위원회의 수량 변화를 정리한 것이다. 1983년 전국적으로 약 31만 개에 불과했던 촌민위원회가 1984년에는 약 92만 개로 갑자기 증가했다. 이는

파벌과 투쟁

1983년 중앙의 지시에 따라 인민공사와 생산대대가 해체되면서 향진정부와 촌민위원회가 급조된 결과다. 이후 촌민위원회는 1991년 101만 9000개를 정점으로 2008년에는 60만 개로 감소했다. 이는 기본적으로 도시로 일자리를 찾아 떠나는 농민공(農民工)이 대규모로 출현하면서 촌락이 감소한 결과로 나타난 현상이다.

한편 농민들은 법률이나 정책과 상관없이 촌민위원회의 발전을 위해 다양한 실험을 계속 시도했다. 먼저 후보 추천 방식으로 '해선(海選)'이 도입되었다. 대부분의 지역에서 촌민위원회 선거는 향진정부나 공산당 지부가 지정한 후보를 대상으로 촌민이 투표하는 방식으로 진행되었다. 소위 '지정선거(指定選擧)'였다. 그런데 1986년 지린성 리수현(梨樹縣)에서는 촌민이 자유롭게 후보를 추천할 뿐만 아니라 후보의 수가 촌민위원회의 구성원 수보다 많은 차액선거를 도입했다. 여기서 '해(海)'는 '가장 크다(最大)'를 뜻하는 동북 지역의 사투리로, 해선은 큰 바다 속에서 진주를 찾아내는 것처럼 촌민이 민주 선거를 통해 믿을 만한 사람을 뽑아 촌민위원회를 구성한다는 의미다.

해선에는 크게 두 종류의 방식이 있었다. 하나는 촌민회의나 촌민대표회의가 후보를 선출하면, 촌민이 이들을 대상으로 투표를 실시하여 촌민위원회 구성원(즉 주임, 부주임, 위원)을 선출하는 방식이다. 다른 하나는 촌민이 특정 후보 없이 그냥 직접 투표하여 촌민위원회 구성원을 선출하는 방식이다. 실제로 1988년에 지린성 리수현은 1차 촌민위원회 선거를 실시할 때, 촌민대표회의가 투표로 선출한 후보를 대상으로 촌민이 무기명 비밀투표를 실시하여 촌민위원회 주임(부주임)과 위원을 선출했다. 이때 후보 수가 구성원 정원보다 많았다.[39]

또한 1980년대 말과 1990년대 초에 일부 지역에서 촌민대표회의가 도입되어 전국적으로 확산되었다. 촌민위원회는 일종의 집행기구로서 촌 전체에 영향을 미치는 중대한 문제를 결정할 권한이 없었다. 또한 선거로 구성된 촌민위원회라도 종종 촌민의 의견이나 이익과 다르게 정책을 결정하고 집행하는 문제가 발생했다. 따라서 중대한 문제를 결정하고 촌민위원회의 정책 집행을 감독할 상위의 기구가 필요했다. 이런 와중에 1980년대 말 산둥성의 일부 지역에서 촌민대표회의 제도가 도입되었다. 촌민대표회의는 대략 10가구의 촌민이 1명의 촌민 대표를 선출하는 방식으로 구성되었다. 1990년에 국무원 민정부는 이에 주목하여 여러 지역에서 이 제도를 시범적으로 운영할 것을 요구했다. 이런 과정을 거쳐 1994년에는 전국적으로 50% 이상의 촌에 촌민위원회와 함께 촌민대표회의가 구성되었다.[40]

이런 노력을 통해 촌민위원회의 민주 선거가 점차 자리를 잡아갔다. 예를 들어 1995~1997년 선거에서는 전체 30개의 성급(성·자치구·직할시) 행정단위 중 8개가 촌민의 직접선거를 통해 촌민위원회를 구성했다(전체의 4분의 1). 그런데 1998~2000년 선거에서는 26개 성급 행정단위에서, 2001~2003년 선거에서는 31개 성급 행정단위 모두에서 직접선거가 실시되었다.[41] 해선 방식도 동시에 증가했다. 일례로 2005년 6월까지 전국적으로 진행된 선거에서 모두 24개

파벌과 투쟁

성급 행정단위에서 일부 혹은 대다수 지역이 해선을 실시했다(전체 성급 행정단위의 77.4%).[42]

참고로 전체 촌민위원회 중에서 민주 선거를 통해 구성되는 것이 어느 정도인지에 대해서는 학자들마다 견해가 다르다. 예를 들어 티엔지엔 스(Tianjian Shi) 교수는 1993년에 336개의 촌민위원회를 조사했는데, 51.6%의 촌이 차액선거를 실시했다. 드루 류(Drew Liu) 교수는 1995년에 조사했는데, 30%의 촌에서 촌민들이 공개적으로 후보를 추천했다. 미국 국무부 조사단은 1996년에 일부 지역을 조사했는데, 전체 조사 대상 촌의 4분의 1에서 3분의 1이 어느 정도의 경쟁선거를 실시하고 있었다. 마지막으로 케빈 오브라이언(Kevin O'Brien)과 리렌장(Lianjiang Li) 교수는 1997년에 476개의 촌에서 8302명의 촌민을 대상으로 설문조사를 실시했는데, 45%의 촌민이 선거에 참여했고, 17%의 촌민이 예비 선거에 참여했다고 응답했다.[43] 이 문제는 과학적인 표본 조사를 실시하면 해결할 수 있는데, 중국 정부가 이를 허락하지 않기 때문에 현재까지 확실한 판단을 내릴 수 없다.[44]

마지막으로 1998년 11월에 「촌민위원회 조직법」이 정식으로 제정되었다. 즉 '시행(試行)'이라는 수식어가 사라졌다. 이는 10여 년 동안 촌민위원회를 운영한 경험을 총괄하여 문제점을 해결하기 위한 시도라 할 수 있다. 법안의 기초는 국무원 민정부가 맡았다. 민정부는 1994년 1월부터 작업을 시작하여 약 4년 동안의 조사와 연구를 거쳐 초안을 완성했다. 이후 전국인대 상무위원회는 1998년 6월, 8월, 10월 등 모두 3차에 걸쳐 법안을 심의하여 통과시켰다.[45]

「촌민위원회 조직법」은 이전의 '시행'과 비교해 크게 세 가지 변화가 있었다. 첫째, 촌민의 후보 추천, 차액선거, 비밀투표 등 민주적인 선거제도를 명시했다(15조). 둘째, 촌민위원회의 민주적인 운영을 강조했다. 예를 들어 마을 업무(村務) 공개 제도를 규정했고, 8개 항의 중대 문제는 반드시 촌민회의가 결정하도록 명시했다(24조). 셋째, "공산당은 촌에서 영도 핵심의 역할을 발휘한다."라고 명시하여 공산당이 촌민위원회를 지도할 수 있는 법적 근거를 마련했다(5조).

(2) 법률보급운동: '의법치국'의 기원

1985년 6월에 전국 법제선전·교육 공작회의가 베이징에서 개최되었다. 1949년 중국이 성립된 이후 법제 선전과 교육을 주제로 전국회의가 개최된 것은 이번이 처음이었다. 이 회의에는 공산당 중앙 정법위원회 서기인 천비셴(陳丕顯), 중앙 선전부장 덩리췬(鄧力群), 국무원 사법부 부장 저우위(鄒瑜) 등 많은 고위급 지도자들과 중앙 및 지방 당·정·군의 선전과 법률 주무부서 책임자들이 모두 참석했다. 이 회의에서는 전 국민을 대상으로 5년 동안 법률보급운동을 전개한다는 결정이 발표되었다. I차(1986~1990년) 법률보급운동이 본격적으로 시작된 것이다.[46]

법률보급운동의 원래 계획은 '5년 정도의 시간' 동안에 영도간부(領導幹部), 즉 중앙정부(국무원)의 처장급(處長級), 지방정부의 현

파벌과 투쟁

장급(縣長級: 현장·시장·구장) 이상의 고위 당정간부와 청소년들을 중심으로 헌법과 주요 법률 상식을 보급하면 완료되는 것이었다. 그런데 운동이 끝난 이후 공산당은 운동을 계속하기로 결정했다. 운동의 성격이 단순한 법률 상식의 전파에서 국민의 법률의식 제고와 국가 통치방식의 변화를 위한 정치개혁으로 변화된 것이다. 이렇게 해서 2차(1991~1995년), 3차(1996~2000년), 4차(2001~2005년), 5차(2006~2010년) 5개년 법률보급운동이 완료되었고, 2011년 4월에 6차(2011~2015년) 5개년 법률보급운동이 시작되었다.[47]

'법제 건설'을 위한 노력

그렇다면 중국은 왜 법률보급운동을 전개했을까? 중앙 차원에서 보면, 이 운동은 1978년부터 시작된 법률제도(法制)의 수립과 집행을 위한 정책으로 추진되었다. 지방 혹은 기층 차원에서 보면, 이 운동은 문혁 이후 농촌과 도시의 기층 단위에서 심각한 사회문제로 대두된 사회치안의 악화와 사회 관리체제(governance)의 붕괴에 대응하기 위한 하나의 대응책으로 실시되었다.

먼저 법률보급운동은 법률제도의 수립을 위해 시작되었다. 1978년부터 공산당이 법제정책을 추진한 직접적인 배경은 문혁의 혼란을 극복하고 정치 안정을 회복하기 위해서였다. 1976년 문혁의 종결 이후 정치 지도자와 지식인들은 문혁 10년의 정치·사회적 혼란을 통해 법률제도의 중요성을 실감할 수 있었다. 이들은 문혁 시기의 정치·사회적 혼란이 발생한 주요 원인이 바로 인치(人治)라고 판단했다.[48] 공산당과 국가의 권위를 무력화한 마오쩌둥의 개인숭배와 문혁 4인방의 전횡은 인치의 상징이며 결과였다.

이런 문제의식 속에서 공산당은 사회주의 민주 수립과 법제 완비의 과제를 제기했다. 즉 공산당은 법제의 수립 및 집행이 사회안정을 도모하고 단결을 공고히 하며, 이를 통해 장기적인 정치·사회적 안정을 보장할 수 있을 것으로 기대했다.[49] 이런 생각은 1978년 12월에 개최된 공산당 11기 중앙위원회 3차 전체회의(11기 3중전회)의 「공보(公報)」에 잘 나타나 있다.

> 인민 민주를 보장하기 위해서는 반드시 사회주의 법제를 강화해야 하며, 이를 통해 민주가 제도화되고 법제화되도록 해야 한다. 또한 이를 통해 이 같은 제도와 법률이 안정성, 연속성 및 지대한 권위를 갖도록 해야 한다. 그리하여 의거할 법이 있고(有法可依), 있는 법은 반드시 준수하고(有法必依), 법 집행은 반드시 엄격히 하고(執法必嚴), 법 위반은 반드시 처벌한다(違法必究). (……) 만인은 법 앞에 평등하고, 어떤 개인도 법을 넘어서는 특권을 가질 수 없다는 것을 보장해야 한다.[50]

1980년대의 법률보급운동은 법제정책의 중요한 요소로 추진된 것이다. 먼저 법제 정비와 의법 업무처리(依法辦事)를 위해서는 법률을 제정하고 제도를 수립하는 것만으로는 부족하다. 이를 위해서는 법제를 집행하는 주체, 즉 당정간부의 의식 구조와 활동 습관을 근본적으로 변화시키는 개혁이 있어야 한다. 다시 말해 당정간부(특히 영도간부)가 높은 수준의 법률 의식을 갖추고, 법률에 의거하여 사회를 관리하고 국가를 통치해야만 전 국가적이고 전 사회적인 차원에서 법제 수립과 집행이 가능하다. 이런 판단에서 공산당 중앙은 법률보급운동을 대대적으로 전개하기로 결정했고, 그 중점 교육 대상으로 영도간부를 선정했다.

사회치안 유지와 국민 권익 수호

법률보급운동은 또한 사회치안의 유지를 위해 추진되었다. 개혁 개방의 시작과 함께 중국은 사회·경제적으로 커다란 변화를 경험했다. 동시에 계획경제 시대의 통치체제가 점진적으로 해체 혹은 쇠퇴하고 새로운 체제가 수립되기 시작했다. 인민공사와 생산대대가 폐지되고 향진정부와 촌민위원회가 등장한 것이 대표 사례다.

이와 함께 사회치안과 관리 문제를 해결해야 하는 어려운 과제가 제기되었다. 특히 전반적으로 어려운 경제 상황과 맞물리면서 형사 범죄가 증가했다. 이에 공산당과 정부는 사회치안을 유지하고 범죄를 소탕하기 위해 많은 노력을 기울였다. 법률보급운동은 바로 이 같은 문제를 해결하기 위한 하나의 대책으로 추진되기 시작했다.

당시 법률보급운동의 필요성에 대한 사회적 공감대를 잘 보여주는 것이 1981년 《법률잡지(法學雜誌)》 3기에 발표된 「법맹을 논함(論法盲)」이라는 글이다. 이 글에서는 "법률은 있으나 법질서는 없는 상황"을 한탄하면서 국가와 일부 국민이 법률 지식을 갈망하고 있다고 주장했다. 또한 '법맹'으로 인해 사회 일각에서 발생하는 에 피소드를 소개하면서, 국민의 법률 지식을 늘리고, 국민의 법률 소 질을 높이는 것이 덩샤오핑이 주장한 "법이 있으면 반드시 지킨 다."라는 원칙을 실현하는 관건이라고 주장했다.[51]

이처럼 개혁기 초기에는 전국적으로 치안 부재가 심각한 문제 였다. 그래서 1979년 6월부터 일부 지역과 국가기관을 치안 문제를 해결하기 위한 시험실시(試點) 단위로 선정하여 다양한 정책을 실 행했다. 대대적인 법률 선전과 교육은 그런 정책 중 하나였다. 이와 같은 시험실시는 1986년에 법률보급운동이 정식으로 추진되기 훨 씬 전의 일이다. 베이징시(北京市), 랴오닝성(遼寧省)의 번시시(本溪 市), 헤이룽장성(黑龍江省)의 다칭시(大慶市), 지린성(吉林省)의 푸위 현(扶餘縣), 장쑤성(江蘇省)의 젠후현(建湖縣), 장시성(江西省)의 린촨 현(臨川縣), 산시성(山西省)의 홍둥현(洪洞縣), 산둥성(山東省)의 주청 현(諸城縣), 광둥성(廣東省)의 순더현(順德縣) 등이 대표적인 시험실 시 지역이었다.[52]

법률보급운동은 또한 농촌 지역의 사회문제를 해결하기 위해 추진되었다. 당시 농촌에는 "주먹으로 법을 대신"하는 관행이 남아 있어 농민 간의 사소한 다툼이 사회 분란으로 이어졌다. 또한 도박 과 미신이 성행하고, 관혼상제에 허례허식이 만연하는 풍조가 커 다란 사회문제가 되었다. 법률보급운동은 하나의 대응책이었다. 즉 법률보급운동을 통해 농민들에게 「헌법」, 「형법」, 「치안조례」를 학습하게 하여 국민의 권리와 의무를 이해하고, 범법 행위, 범죄 범

파벌과 투쟁

위, 처벌 규정을 명확히 알게 하며, 법률을 이용하여 자신의 행위를 규제하여 범죄와의 투쟁에서 자각성을 제고한다."라는 것이다.[53]

마지막으로 법률보급운동은 기층간부의 일탈 행위를 통제하고, 국민의 권익을 보호하기 위해서도 추진되었다. 이를 단적으로 표현한 법률보급운동의 구호가 바로 "법률 무기를 사용하라!"는 것이다. 1985년 6월에 열린 전국 법제선전·교육 업무회의에서 공산당 중앙 선전부장 덩리췬은 법률보급운동을 통해 "법률이 인민 수중의 무기"가 될 수 있도록 "10억 인민에게 법률을 주어야 한다." 라고 주장했다. 인민은 이 무기로 자기의 합법적인 권익을 수호하기 위해 사회의 각종 범죄행위, 특히 기층간부의 부정부패와 권리 침탈에 맞서 싸워야 한다는 것이다. 이런 주장은 1차(1986~1990년) 법률보급운동의 「통지」와 「계획」에도 들어 있다.[54]

'의법치리'의 등장: 랴오닝성 번시시

랴오닝성의 번시시는 법률보급운동을 통해 사회치안 악화와 사회 관리체제의 붕괴 문제를 성공적으로 해결한 모범 지역으로 평가되었다. 번시시는 1981년부터 1984년까지 전 시를 대상으로 대대적인 법제 선전과 교육을 전개했다. 이는 형사 범죄가 문혁 기간에 비해 1.6배나 증가하고, 청소년 범죄가 전체 범죄의 70%를 차지하는 등 심각한 사회치안 문제에 대응하기 위한 조치였다. 이런 노력의 결과 형사사건은 1981년 1만분의 12에서 1984년 1만분의 8.6으로 감소했다. 이런 성공에 힘입어 번시시는 1984년에는 고위 간

부, 1985년에는 기층 단위를 중점대상으로 법률보급운동을 확대해 실시했다.[55]

한편 번시시가 법제 선전과 교육운동을 전개하는 과정에서 법률 학습과 실천을 결합한 새로운 유형의 실험이 등장했다. 의법치리(依法治理), 즉 법률에 근거한 업무 처리가 일부 농촌 지역과 기업에서 자발적인 방식으로 출현했던 것이다. 이에 번시시 공산당 위원회는 이런 성공적인 경험과 사례를 높이 평가하고 이를 확대 실시하기로 방침을 결정했다. 이에 따라 1986년부터 의법치리를 기층에서 시(市) 단위로 확대 실시하는 '의법치시'(依法治市: 법률에 의거한 도시 통치) 방침이 결정되고 집행되기 시작했다.

당시 번시시가 추진한 의법치시의 내용은 크게 다섯 가지였다. 첫째, 지방인대의 역할, 특히 의회 감독의 강화다. 의회는 이를 통해 정부의 법률 집행을 촉진한다. 둘째, 법원의 독립적인 재판과 법률 집행이다. 법원은 법치의 '최후 보루'로서 법원 역할의 강화 없이는 의법치리가 실현될 수 없다. 셋째, 정부의 의법행정이다. 정부는 법률(법규)의 80% 이상을 집행하기 때문에 정부의 의법행정은 의법치리의 핵심이다. 넷째, 기업 및 기층 단위의 의법치리다. 다섯째, 일반 시민의 의법 권익수호다.[56] 이렇게 해서 번시시는 전국 최초로 기층 단위의 의법치리를 현급 행정 단위의 의법치시로 발전시켰다. 1990년대 들어 이것은 전국적으로 확대되었고, 이를 배경으로 1997년 공산당 15차 당대회에서는 의법치국(依法治國)이 공산당의 새로운 통치 방침으로 공식 결정되었다.

파벌과 투쟁

법률보급운동의 대상

법률보급운동의 대상은 "교육 수용 능력이 있는 전체 국민"이었다. 즉 문맹자를 제외한 모든 국민이 법률 교육 및 선전의 대상이 되었다. 그렇지만 각 시기의 운동에서는 '중점 대상'이 선정되었다. 그 중 가장 중시된 대상이 바로 당정간부(특히 영도간부)와 청소년이었다. 1990년대에는 법률 집행자, 국유기업 경영자, 농민 등으로 중점 대상이 확대되었다.

사실 고위 당정간부를 대상으로 한 법제 교육은 이전부터 중시되었다. 예를 들어 후야오방 전 총서기는 1985년에 최초의 법제 강좌를 개설하여 최고 지도자들의 법률 학습과 실천을 강조했다. 후는 1986년에도 7월부터 모두 세 차례에 걸쳐 법제 강좌를 개설했다. 여기에는 후야오방뿐만 아니라 챠오스(喬石), 리펑(李鵬), 톈지윈(田紀雲), 후차오무(胡喬木), 후치리(胡啓立), 야오이린(姚依林) 등 중앙 지도자들도 대거 참석했다. 또한 국무원과 전국인대 등 중앙 국가기관에서도 처장급(處長級: 한국의 과장급) 이상으로 구성된 '영도간부 영도중심 법률 학습조'가 구성되어 학습을 진행했다.[57]

지방에서도 고위 당정간부들을 대상으로 하는 각종 법제 강좌가 개설되었다. 그 결과 1차 법률보급운동 기간(1986~1990년)에 전국적으로 29개의 성급(省級) 행정단위에서 총 1381명의 장차관급(省部級) 간부들이 법제 강좌에 참석했다. 이는 전국에 있는 장차관급 간부 전체의 90%에 해당한다.[58] 예를 들어 상하이시에서는 당시 당서기였던 장쩌민이 1986년 4월 140여 명의 고위 당정간부가 참여하는 제1회 법제 강좌를 개설한 이후 매주 1회씩 총 8회에 걸쳐 법률 학습을 주도했다. 이런 전통은 후임 상하이시 당서기에 의해 계승되었다. 상하이시에서의 경험을 바탕으로 1989년에 총서기가 된 장쩌민은 중앙에서도 법제 강좌를 개최했다. 이런 노력의 결과 1994년 이후에 공산당 최고 지도자들의 법률 '집단학습(集體學習)'이 정례화될 수 있었고, 이는 현재까지 이어지고 있다.

그 밖에 고위 당정간부의 법률 학습을 강화하기 위해 당교(黨校), 간부학교, 행정학교는 이를 정규 프로그램에 포함시켰다. 이 방침은 1차 법률보급운동에서 부분적으로 시작되어 2차(1991~1995년) 운동에서는 전국적으로 확대 실시되었다. 구체적으로 중앙당교(中央黨校)는 1985년 8월에 '전국 당교 법제 강좌 회의'를 개최하여 전국에 있는 각급 당교에게 법제 강좌를 필수과목으로 개설할 것을 요구했다.[59] 그 결과 법제 강좌는 당교, 간부학교, 행정학교의 필수과목으로 지정되었다.

한편 청소년이 중점 대상에 선정된 것은 이들이 중국의 미래라는 일반적인 이유 이외에도 특별한 사정이 있었다. 1980년대 초 청소년 범죄의 증가가 심각한 사회문제로 대두되었기 때문이다. 1981년 5월에 공산당 중앙 정법위원회는 전국 치안업무 좌담회를 개최하여 치안 종합대책을 논의했는데, 여기서 청소년 범죄의 심각성과 함께 청소년에 대한 법제 교육의 필요성이 제기되었다.[60] 특히 이 회의에서 펑전은 사회치안 상황이 여전히 심각하고, 이런 사회치안 문제의 상당수가 청소년에 의해 야기된다는 사실에 주의해

파벌과 투쟁

야 한다고 주장했다.[61]

실제로 공산당 중앙의 한 보고서에 의하면, 1985년 상반기에 대규모 '범죄소탕(嚴打)' 작전을 진행한 결과 많은 범법자가 구속되었다. 그런데 그 소탕 결과를 분석해 보니, 25세 이하의 청소년 범죄가 전년 동기 대비 37.9%나 증가해 전체 범죄에서 청소년 범죄가 차지하는 비중이 7.8%나 되었다. 뿐만 아니라 전체 청소년 범죄 중 18세 이하의 미성년자 범죄 비율이 34%나 되었다. 이 같은 청소년 범죄의 심각한 상황을 개선하지 않으면 중국의 미래는 암담할 수 있다는 공감대가 정치 지도자들 사이에서 형성되었다.

그래서 공산당 중앙은 1985년 10월에 「청소년 교육 강화와 범죄예방 통지」를 하달했다. 「통지」에는 두 가지 내용이 포함되었다. 첫째는 애국주의와 국제주의, 사회주의 혁명 전통에 대한 교육의 실시다. 즉 사회주의 이념 교육을 통해 청소년의 정신과 태도를 개조해야 한다는 것이다. 둘째는 법률보급 교육의 실시다. 이를 통해 청소년의 준법정신과 습관을 배양해야 한다.[62] 이런 공산당 중앙의 결정에 의해 청소년이 법률보급운동의 중점 대상에 선정되었다.

법률보급운동의 내용과 방법

법률보급운동의 내용은 당시까지 제정된 기본 법률인 '10법(法) 1례(例)'였다. '10법'은 「헌법」, 「형법」, 「형사소송법」, 「민사소송법」, 「혼인법」, 「상속법」, 「경제계약법」, 「병역법」 등을 말하며, '1례'는 「치안 관리 처벌 조례」를 말한다. 그 밖에도 법률보급운동의 목적은

"법률 보급을 통해 전체 국민의 법제 관념을 제고하고, 법률을 알고 준수하며, 의법 업무처리(依法辦事)하는 습관을 양성"하는 것이다.[63]

한편 법률보급운동에서는 교육 대상에 따라 다양한 학습 및 선전 방식이 채택되었다. 그중에서 대면교육(對面敎育)과 언론 매체의 적극적인 활용이 특히 강조되었다. 언론 매체에는 중앙 및 지방의 텔레비전, 라디오, 신문, 잡지, 인터넷이 포함된다. 이 중 가장 중요한 것이 텔레비전과 신문이었다. 일반 국민이 가장 널리 접하는 언론 매체가 바로 텔레비전과 신문이기 때문이었다.

당정간부와 청소년은 대면교육 위주의 직접적이고 집중적인 법률 학습이 추진되었다. 여기에는 공산당 조직의 정기적인 법률 학습(연 2회 이상), 정기적인 당정간부 법제 강좌의 개최(1~2개월에 1회), 당교나 간부학교 등에서의 집중적인 법률연수 실시 등이 포함되었다. 청소년의 경우에도 정규 교육과정에 법률 교육이 포함됨으로써 직접적이고 체계적인 대면교육이 가능했다.

일반 국민은 언론 매체를 활용한 간접 교육이 중심이 되었다. 예를 들어 텔레비전 매체를 적극 활용하기 위해 국무원 사법부와 국가방송텔레비전총국 등이 법제 선전 지침을 하달했다. 이에 따라 전국적으로 성급 및 시급 텔레비전 방송국은 법제 프로그램을 편성해 방송했다. 이 중 일부 방송국은 매일 방송했고, 일부 방송국은 법제 전문 채널을 신설하기도 했다. 또한 전국법제판공실과 《법제일보(法制日報)》는 법제 프로그램을 공동 제작하여 지방 방송국과 동시에 방송했다. 이것이 2000년대에는 더욱 확대되어 전국적으로 성급 및 시

급 방송국은 430여 개, 현급 방송국은 1530여 개에서 법제 프로그램
을 방송했다. 관련 인터넷 웹사이트도 2300여 개로 증가했다.[64]

　법률보급운동은 1990년대 들어 성격이 변화되었다. 즉 이전의
법률 상식의 보급에서 국민의 법률의식 제고와 법에 의한 통치의
확대로 목표가 상향 조정되었다. 이렇게 되면서 이 운동은 그동안
의회, 정부, 법원, 공산당이 개별적으로 추진하던 각종 법제정책을
모두 포괄하는 종합적인 정치개혁이 되었다. 이는 1997년 공산당
15차 당대회의 의법치국 결정으로 이어졌다.

(3) 촌민위원회와 법률보급운동의 평가

　앞서 살펴보았듯 1980년대 초에 시작된 촌민위원회와 법제 건
설(법률보급운동은 이를 위한 노력이다.)은 1990년대 들어서야 결실을
보기 시작한다. 이런 점에서 1980년대만을 대상으로 촌민위원회와
법률보급운동을 평가한다는 것은 무리가 있다. 따라서 여기서 말하
는 일부 내용은 1990년대까지를 포함한다.

촌민위원회의 성과와 한계

　촌민위원회는 농민들이 직면한 현실 문제를 해결하기 위해 '자
발적으로' 새로운 관리 방식을 모색했다는 점에서 의의가 있다. 농
촌 지역에 농가 생산책임제가 도입되면서 인민공사와 생산대대는

더 이상 농촌 관리의 주요 단위가 될 수 없었다. 그렇다고 공산당과 기층정부가 나서서 농촌 사회의 문제를 해결할 수는 없었다. 공산당과 정부 자체가 심각한 문제를 안고 있었기 때문이다. 이런 상황에서 농민들이 직접 나서서 민주적인 방식을 통해 조직을 만들어 운영했던 것이다. 이 점에서 촌민위원회는 공산당과 국가기관의 '권위주의'와 대비되는 '기층민주'의 가능성을 보여 준 중요한 사례다.

또한 촌민위원회는 농민의 민주주의 '훈련장'으로서 역할을 수행했다는 점에서 의의가 있다. 이는 촌민위원회를 적극적으로 지지하고 추동한 펑전의 관점이기도 하다. 펑전에 따르면, 중국에서 사회주의 민주주의가 실현되려면 국가기구 중에서는 전국인대와 지방인대, 기층조직 중에서는 촌민위원회가 제대로 운영되어야 한다.[65] 이런 기구가 민주적인 성격을 띠고 있기 때문이다. 이런 점에서 보면, 설사 촌민위원회가 농민들의 삶에 결정적인 영향을 미치는 조직은 아닐지라도 농민들이 민주적인 의식과 활동 방식을 습득할 수 있는 중요한 장소임에 분명하다.

촌민위원회의 민주적인 선거와 운영을 통해 경험을 쌓은 농민들은 만약 중국에서 '상층 민주화'가 추진된다면 중요한 역할을 담당할 수 있을 것이다. 최소한 촌민위원회에서 훈련된 농민들은 권위주의를 지지하는 보수 세력의 편에 서서 중국의 민주화를 방해하는 집단이 되지는 않을 것이다. 현재 전체 인구 중 농민이 절반을 차지한다는 점에서, 또한 제3세계의 민주화 과정에서 대개 농민들은 권위주의 체제를 지지하는 경향이 있다는 점에서 이는 큰 의미를 갖는다.

그러나 촌민위원회의 의의를 과대평가해서는 안 된다. 무엇보다 촌민위원회는 국가기구가 아니라 대중 자치조직에 불과하기 때문에, 촌민위원회의 민주화는 '국가기구'의 민주화와는 아무런 관련이 없다. 잘해 봤자 마을 회의라는 것이다. 또한 촌민위원회는 처음부터 기층간부들의 문제점과 국가정책(예를 들어 곡물 수매, 세금 징수, 가족계획의 실시 등)에 대한 농민들의 저항을 해결하기 위한 목적으로 실시된 것이므로 농민들의 자치권 보장과는 거리가 멀다. 게다가 실제 운영 과정에서 상급 정부, 즉 향진정부의 통제에서 벗어나지 못했다. 촌내에서도 많은 경우 촌민위원회가 아니라 공산당 촌 지부가 중요한 정책을 결정했다.[66]

더 큰 문제는 60만 개가 넘는 촌민위원회 중 제대로 된 민주 선거(즉 자유·공정·경쟁 선거)를 통해 구성되는 촌민위원회가 얼마나 되는지 현재로서는 정확히 평가할 수 없다는 점이다. 아마도 다수의 촌민위원회에서 민주 선거와 운영은 형식적으로만 이루어질 가능성이 높다. 또한 제대로 구성된 촌민위원회도 각 촌이 당면한 중요한 문제, 즉 경제 발전과 공공재(public goods)의 공급(예를 들어 다리와 도로 보수, 학교 신축, 빈민 구제, 치안 유지)에 그렇게 성공적이지 않다는 점도 중요하다.[67] 이럴 경우에는 촌민위원회를 왜 민주적으로 구성하고 운영해야 하는지에 대한 의문이 제기될 수 있다.

법률보급운동의 성과와 한계

세계적으로 볼 때, 중국처럼 정부가 나서서 전체 국민을 대상으로 법률보급운동을 이처럼 체계적이고 장기적으로 전개한 경우는 거의 없었다. 특히 사회주의 국가 중에서는 더욱 그렇다. 1960년대와 1970년대에 한국, 대만, 싱가포르, 말레이시아 등 동아시아의 일부 국가가 경제 발전을 추진하면서 시장경제에 필요한 법제 정비를 위해 노력한 것은 사실이다. 하지만 이들 국가도 수십 년에 걸쳐 전체 국민을 대상으로 법률보급운동을 전개한 적은 없었다.[68]

법률보급운동의 성과로는 몇 가지를 들 수 있다. 국민의 법률의식이 높아지고, 소송과 같은 법률행위가 증가한 것이 일차적인 성과다. "법률을 무기로 권익을 수호하라!"라는 법률보급운동의 구호가 어느 정도 효과를 발휘한 결과다. 이런 사실은 각종 여론조사와 법원 소송에 대한 통계를 통해서 확인할 수 있다. 일례로 법원 소송은 1979년 약 50만 건에서 2004년에 약 500만 건으로 약 10배가 증가했다. 이는 연평균 10.2%씩 증가했다는 것을 의미한다.[69] 만약 법률보급운동이 전개되지 않았다면 일반 국민들은 특정 법률의 존재조차도 몰랐을 가능성, 따라서 특정 법률을 이용하여 자신의 권익을 지키겠다는 마음조차 먹지 못했을 가능성이 높다.

법률보급운동의 과정에서 법률구조(法律救助, legal aid) 체제가 수립된 것도 큰 성과다. 국민들이 법률을 무기로 자신들의 합법적인 권리와 이익을 지키기 위해서는 그것을 지원해 주는 무상 법률지원 제도가 있어야 한다. 만약 그렇지 않다면 "법률을 무기로 권익을 수호하라!"라는 구호는 헛된 것이 된다. 이런 이유로 중국 정부는 2차 법률보급운동 기간(1991~1995)에 국가 법률구조기구를 수립하기 시

파벌과 투쟁

작했다. 1995년 11월에 광둥성 광저우시의 법률구조센터(法律救助中心)가 최초로 수립되고, 이후 전국적으로 확산되었던 것이다.[70]

그 밖에도 국가 통치 방식이 법제화되고, 당정간부들의 법률의식이 높아진 것도 큰 성과다. 앞 장에서 보았듯 전국인대와 지방인대는 1979년부터 입법을 중점 업무로 결정하고 입법활동에 매진했다. 그 결과 1990년대 중반에는 기본적인 법률체제가 갖추어질 수 있었다. 문제는 정부가 이런 법률에 따라 권한을 행사하는지 여부다. 만약 의법행정(依法行政: 법률에 근거한 행정)이 이루어지지 않는다면 법률체제의 수립은 큰 의미를 가질 수 없다. 그리고 이것이 가능하려면 당정간부들의 법률 의식이 높아져야 한다. 법률보급운동이 영도간부를 핵심 대상으로 하여 추진된 것은 이 때문이다. 결과를 보면 여전히 미흡한 점이 있지만 당정간부의 법률 의식이 높아진 것은 사실이다.[71]

그러나 법률보급운동에도 몇 가지 문제가 있었다. 가장 중요한 것으로 공산당 일당제가 확고히 유지되는 한, 다시 말해 권력 집중형 정치체제가 바뀌지 않는 한 법률보급운동을 통해 정부의 의법행정과 당정간부의 법률 준수를 강제하기는 쉽지 않다. 현행 체제에서는 그들이 그렇게 해야 할 필요성이 크지 않기 때문이다. 반대로 이런 상황에서 진행되는 법률보급운동은 일반 국민들에게 일방적으로 법률 준수만을 강요하는 운동, 그래서 정부에 대한 국민의 복종만을 강조하는 운동으로 변질될 가능성이 높다. 당연히 국민들은 이에 반감을 갖고 거부했다. 실제로 농촌 지역에서 이런 현상이 보

편적으로 발생했다.[72)]

법률보급운동은 또한 국가가 주도하고 사회단체 등 민간을 배제하면서 문제가 발생했다. 국가는 법률 제정과 집행에서 중요한 역할을 담당하기 때문에 법률보급운동을 주도하는 것은 당연하다. 그러나 동시에 국가는 권력을 남용하여 국민의 권리를 침해하는 등의 문제를 일으키는 주범이기 때문에 감독을 받아야 한다. 이런 점에서 사회단체는 법률보급운동의 한 주체가 되어야 한다. 하지만 실제로는 반대였다. 정부는 사회단체나 지식인들의 법률 교육과 활동(예를 들어 인권 소송)을 심하게 통세했다. 이로 인해 법률보급운동은 대중의 광범위한 자발적 참여를 이끌어 내는 데 실패했다.[73)]

그 밖에도 법률이 진정으로 국민의 권익을 수호하는 무기가 되려면 법원의 독립적이고 공정한 재판은 불가결하다. 국민이 국가로부터 권익을 침해당했을 때 그것을 지켜 줄 수 있는 국가기관이 바로 법원이기 때문이다. 그러나 앞 장에서 자세히 살펴보았듯이 현재까지도 법원이 안고 있는 심각한 문제는 해결되지 않았고, 그 결과 사법 독립과 공정은 요원한 목표일 뿐이다. 따라서 법률보급운동을 통해 달성하려는 국민의 권익 보호와 정부의 권력 남용 방지는 제대로 달성되지 않았다. 이 문제를 해결하기 위해서는 단순히 법률보급운동을 전개하는 것만으로는 부족하다. 다시 말해 정치 민주화를 위한 정치개혁도 함께 추진되어야 한다.

파벌과 투쟁

인민공사의 구내식당
(1959년)

농가 생산책임제와 촌민위원회가 확대되면서
인민공사는 더 이상 존재해야 할 이유가
없어졌다. 그래서 1983년 10월에 공산당 중앙과
국무원은 「행정 및 경제 조직의 분리와 향정부의
설립에 관한 통지」를 하달했다. 이런 지시에 따라
전국 농촌에서는 인민공사-생산대대-생산대
체제가 공식적으로 해체되었다. 대신 인민공사는
향진정부, 생산대대는 촌민위원회, 생산대는
촌민소조로 대체되었다.

**퇀펑현(團風縣) 촌민위원회의 후보 공약 연설
(2011년)**

2011년 후베이성(湖北省) 황강시(黃冈市)의
농촌 마을에서 촌민위원회 후보들이 연설을
하고 있다. 인민공사의 와해와 함께 농촌
지역에 많은 문제가 발생했고, 이런 문제를
해결하기 위해 촌민들이 자발적으로 만든
조직이 바로 촌민위원회였다. 그래서 초기에
촌민위원회의 주된 임무는 치안 유지였고,
이후 정치·경제·사회·문화 등으로 영역이
확대되었다.

주(註)

1 파벌의 분화와 좌우 파동

1) 중국의 엘리트 정치 연구에 대한 검토는 김태호, 「중국의 정치엘리트 연구」, 정재호 편, 『중국정치연구론: 영역, 쟁점, 방법 및 교류』(서울: 나남, 2000), pp. 31-67; Avery Goldstein, "Trend in the Study of Political Elites and Institutions in the PRC," *China Quarterly*, No. 139 (September 1994), pp. 703-713을 참고할 수 있다. 주요 학자들의 견해는 다음을 참고할 수 있다. Andrew J. Nathan, *China's Crisis: Dilemmas of Reform and Prospects for Democracy* (New York: Columbia University Press, 1990), Chapter 2와 3; Lucian W. Pye, *The Dynamics of Chinese Politics* (Cambridge, Massachusetts: O. G & H Publishers, 1981), Chapter 2; Tang Tsou, *The Cultural Revolution and Post-Mao Reforms: A Historical Perspective* (Chicago and London: The University of Chicago Press, 1986), Chapter 3; Jing Huang, *Factionalism in Chinese Communist Politics* (New York: Cambridge University Press, 2000), Chapter 7; Joseph Fewsmith, *Elite Politics in Contemporary China* (Armonk: M. E. Sharpe, 2001); Jonathan Unger (ed.), *The Nature of Chinese Politics: From Mao to Jiang* (Armonk: M.E. Sharpe, 2002).

2) 안치영, 『덩 샤오핑 시대의 탄생: 중국의 역사 재평가와 개혁』(파주: 창비,

파벌과 투쟁

2013), p. 25; 이홍영 저, 강경성 역, 『중국의 정치 엘리트: 혁명간부 세대로부터 기술관료 세대로』(서울: 나남, 1997), p. 396; Harry Harding, *China's Second Revolution: Reform after Mao* (Washington D.C.: Brookings Institution, 1987), pp. 41-48; Richard Baum, *Burying Mao: Chinese Politics in the Age of Deng Xiaoping* (Princeton: Princeton University Press, 1994), pp. 9-10; Robert Weatherley, *Mao's Forgotten Successor: The Political Career of Hua Guofeng* (New York: Palgrave Macmillan, 2010), pp. 7-8.

3) 안치영, 『덩 샤오핑 시대의 탄생』, pp. 132-133, 137.

4) 자오쯔양 저, 바오푸 정리, 장윤미·이종화 역, 『국가의 죄수: 자오쯔양 중국공산당 총서기 최후의 비밀 회고록』(서울: 에버리치홀딩스, 2010), p. 377.

5) 안치영, 『덩 샤오핑 시대의 탄생』, pp. 165-200; 沈寶祥, 『真理標準問題討論姓末』(北京: 中國靑年出版社, 1997).

6) 葉永烈, 『鄧小平改變中國1978』(成都: 四川人民出版社, 2012), pp. 457-458.

7) 자오쯔양, 『국가의 죄수』, p. 159.

8) 鄧力群, 『鄧力群自述: 十二個春秋(1975-1987)』(香港: 大風出版社, 2006), pp. 184-185; 蕭冬連, 『歷史的轉軌: 從撥亂反正到改革開放(1979-1981)』(香港: 香港中文大學, 2008), pp. 9-10.

9) 程中原·李正華·王玉祥·張金才, 『新路: 十一屆三中全會前後到十二大』(南昌: 江西人民出版社, 2013), pp. 490-492.

10) 楊繼繩, 『中國改革年代的政治鬪爭』(Hong Kong: Excellent Culture Press, 2004), pp. 15-17.

11) 蕭冬連, 『歷史的轉軌』, pp. 9-10.

12) 胡耀邦, 「關於思想戰線上的問題的幾點意見」, 『胡耀邦文選』(北京: 人民出版社, 2015), p. 288.

13) 中共中央文獻硏究室 編, 『鄧小平年譜 1975-1997(上)』(北京: 中央文獻出版社, 2004), pp. 754-755.

14) 鄧力群, 『鄧力群自述』, pp. 206, 262.

15) 胡耀邦, 「四化建設和改革問題」, 『胡耀邦文選』, p. 474.

16) 陳雲, 「計劃與市場問題」, 『陳雲文選: 第3卷』(北京: 人民出版社, 1995), pp. 244-

247; 孫業禮·熊亮華, 『共和國經濟風雲中的陳雲』(北京: 中央文獻出版社, 1996), pp. 112-114; 劉傑·徐綠山, 『鄧小平和陳雲在十一屆三中全會前後』(北京: 中央文獻出版社, 2009), p. 352.

17) 劉傑·徐綠山, 『鄧小平和陳雲在十一屆三中全會前後』, p. 353.

18) 劉傑·徐綠山, 『鄧小平和陳雲在十一屆三中全會前後』, p. 354.

19) 孫業禮·熊亮華, 『共和國經濟風雲中的陳雲』, pp. 121.

20) 蕭冬連, 『歷史的轉軌』, pp. 469-473.

21) 陳雲, 「關於當前經濟問題的五點意見」, 『陳雲文選: 第3卷』, pp. 235-238; 陳雲, 「關於財經工作給中央的信」, 『陳雲文選: 第3卷』, pp. 248-249; 陳雲, 「堅持按比例原則調整國民經濟」, 『陳雲文選: 第3卷』, pp. 250-255.

22) 陳雲, 「計劃與市場問題」, p. 246; 陳雲, 「堅持按比例原則調整國民經濟」, pp. 250-255.

23) 陳雲, 「關於財經工作給中央的信」, p. 248.

24) 孫業禮·熊亮華, 『共和國經濟風雲中的陳雲』, pp. 264-277; 中共中央文獻研究室·國家開發銀行 課題組, 『陳雲對外開放思想形成和發展』(北京: 中央文獻出版社, 2013), pp. 67-96.

25) 中共中央文獻研究室·國家開發銀行, 『陳雲對外開放思想形成和發展』, pp. 5, 88-91; 劉傑·徐綠山, 『鄧小平和陳雲在十一屆三中全會前後』, pp. 362-363.

26) 劉傑·徐綠山, 『鄧小平和陳雲在十一屆三中全會前後』, p. 358. 참고로 저명한 농촌 문제 전문 기자였던 우샹(吳象)은 이 말을 덩샤오핑 방식으로 재해석했다. 이 경우 '돌(石頭)'은 실천을 의미하고, 그 뜻은 '실천을 통해 개혁한다.'가 된다. 결국 이 문장이 강조하는 바는 '실천 제일'이다. 따라서 덩의 관점에서 이 말은 '흑묘황묘론(黑猫黃猫論: 색깔과 상관없이 쥐를 잘 잡는 고양이가 좋은 고양이라는 의미)'과 맥을 같이한다. 吳象, 『中國農村改革實錄』(杭州: 浙江人民出版社, 2001), p. 75.

27) 楊繼繩, 『中國改革年代的政治鬪爭』, pp. 477-478.

28) 程中原·下杏珍, 『前秦: 鄧小平與1975年整頓』(南昌: 江西人民出版社, 2013); 薛慶超, 『鄧小平第一次主持中央工作』(成都: 四川人民出版社, 2015).

29) 蕭冬連, 『歷史的轉軌』, pp. 552-559.

30) 鄧小平, 「解放思想, 實事求是, 團結一致向前看」, 『鄧小平文選: 第2卷』(第2版)
(北京: 人民出版社, 1994), p. 153.

31) 鄭蘭蓀·劉鵬 主編, 『鄧小平的思想理論研究』(北京: 中國書籍出版社, 1988), pp.
85-86.

32) 楊繼繩, 『中國改革年代的政治鬪爭』, pp. 12-13.

33) 鄧小平, 「視察上海的談話」, 『鄧小平文選: 第3卷』(北京: 人民出版社, 1993), p.
367.

34) 鄧小平, 「在武昌, 深圳, 珠海, 上海等地的談話要點」, 『鄧小平文選: 第3卷』, p.
373.

35) 鄭蘭蓀·劉鵬, 『鄧小平的思想理論研究』, pp. 170-188; 金羽 主編, 『鄧小平的思
想研究』(北京: 人民出版社, 1991), pp. 140-154.

36) 鄭蘭蓀·劉鵬, 『鄧小平的思想理論研究』, pp. 79-103; 金羽, 『鄧小平的思想研
究』, pp. 99-110.

37) 鄧小平, 「在武昌, 深圳, 珠海, 上海等地的談話要點」, pp. 370, 373.

38) 鄧小平, 「堅持四項基本原則」, 『鄧小平文選: 第2卷』(第2版)(北京: 人民出版社,
1994), pp. 158-184.

39) Merle Goldman, *Sowing the Seeds of Democracy in China: Political Reform in the Deng Xiaoping Era*
(Cambridge, Massachusetts: Harvard University Press, 1994), pp. 275-282.

40) 蕭冬連, 『歷史的轉軌』, pp. 65-67.

41) 권영빈 편역, 『중국의 사하로프 방어지는 말한다』(서울: 지식산업사, 1989).

42) 胡耀邦, 「思想政治工作要積極地抓」, 『胡耀邦文選』, p. 220; 胡耀邦, 「關於思想
政治工作問題」, 『胡耀邦文選』, p. 405.

43) 楊繼繩, 『中國改革年代的政治鬪爭』, pp. 134-135.

44) 蕭冬連, 『歷史的轉軌』, p. 82.

45) 楊繼繩, 『中國改革年代的政治鬪爭』, pp. 312-315, 350-351, 483-486.

46) 楊繼繩, 『中國改革年代的政治鬪爭』, pp. 298-300, 324-326.

47) 中共中央文獻研究室 編, 『三中全會以來的重大決策』(北京: 中央文獻出版社,

1994), pp. 93-94.

48) 자오쯔양,『국가의 죄수』, p. 404.

49) 자오쯔양,『국가의 죄수』, p. 402.

50) 자오쯔양,『국가의 죄수』, p. 405.

51) 趙紫陽,「沿著有中國特色的社會主義道路前進」, 中共中央文獻研究室,『十三大以來重要文獻選編(上)』(北京: 人民出版社, 1991), pp. 4-61; 吳國光,『趙紫陽與政治改革』(臺北: 遠景, 1997).

52) 자오쯔양,『국가의 죄수』, pp. 410-415; Guoguang Wu and Helen Lansdowne (eds.), *Zhao Ziyang and China's Political Future* (London: Routledge, 2008); 張博樹 主編,『趙紫陽的道路』(香港: 晨鐘書局, 2011).

53) 자오쯔양,『국가의 죄수』, pp. 380-381.

54) 鄧小平,「黨和國家領導制度的改革」,『鄧小平文選: 第2卷』, pp. 320-343.

55) 劉傑·徐綠山,『鄧小平和陳雲在十一屆三中全會前後』, p. 264.

56) 자오쯔양,『국가의 죄수』, p. 325.

57) 楊繼繩,『中國改革年代的政治鬪爭』, p. 19; 高皐,『三頭馬車時代』(第二版)(New York: 明鏡出版社, 2009), pp. 341-342.

58) 楊繼繩,『中國改革年代的政治鬪爭』, pp. 19-22.

59) Richard Baum, *Burying Mao: Chinese Politics in the Age of Deng Xiaoping* (Princeton: Princeton University Press, 1994)의 p. 7과 pp. 397-398에서 재인용.

60) Lowell Dittmer, "Patterns of Elite Strife and Succession in Chinese Politics," *China Quarterly* No. 123 (September 1990), pp. 405-430; Lowell Dittmer, "Patterns of Leadership in Reform Era," A. W. Rosenbaum (ed.), *State and Society in China: The Consequence of Reform* (Boulder: Westview Press, 1992), pp. 46-47; Lowell Dittmer, *China Under Reform* (Boulder: Westview Press, 1994), pp. 202-204; Lowell Dittmer and Yu-shan Wu, "The Modernization of Factionalism in Chinese Politics," *World Politics,* Vol. 47, No. 4 (July 1995), pp. 467-495.

61) Baum, *Burying Mao*, pp. 7-9.

62) 조영남·안치영·구자선,『중국의 민주주의: 공산당의 당내 민주 연구』(파주:

파벌과 투쟁

나남, 2011), pp. 93-94; Alice L. Miller, "Institutionalization and the Changing Dynamics of Chinese Leadership Politics," Cheng Li (ed.), *China's Changing Political Landscape: Prospects for Democracy* (Washington D.C.: Brookings Institution, 2008), pp. 61-79.

2 젊은 간부 육성과 공산당 정리(1982~1983년)

1) 陳鳳樓, 『中國共産黨幹部工作史綱(1921-2002)』(北京: 黨建讀物出版社, 2003), p. 220.

2) 陳雲, 「提拔培養中青年幹部是當務之急」, 『陳雲文選: 第3卷』(北京: 人民出版社, 1995), p. 292.

3) 陳雲, 「成千上萬地提拔中青年幹部」, 『陳雲文選: 第3卷』, p. 298.

4) 이홍영 저, 강경성 역, 『중국의 정치 엘리트: 혁명간부 세대로부터 기술관료 세대로』(서울: 나남, 1997), p. 227.

5) 陳鳳樓, 『中國共産黨幹部工作史綱(1921-2002)』, p. 223; 蕭冬連, 『歷史的轉軌: 從撥亂反正到改革開放(1979-1981)』(香港: 香港中文大學, 2008), pp. 348-349.

6) 鄧小平, 「思想路線政治路線的實現 要靠組織路線來保證」, 『鄧小平文選: 第2卷』(第2版)(北京: 人民出版社, 1994), p. 192.

7) 陳雲, 「提拔培養中青年幹部是當務之急」, pp. 293-294.

8) 蕭冬連, 『歷史的轉軌』, pp. 352-353; 伍國友, 『中華人民共和國史 1977-1991』(北京: 人民出版社, 2010), pp. 385-387.

9) 陳鳳樓, 『中國共産黨幹部工作史綱(1921-2002)』, p. 233.

10) 中共中央文獻研究室 編, 『鄧小平年譜 1975-1997(上)』(北京: 中央文獻出版社, 2004), p. 609.

11) 蕭冬連, 『歷史的轉軌』, pp. 349-350.

12) 陳鳳樓, 『中國共産黨幹部工作史綱(1921-2002)』, p. 244.

13) 寇健文, 『中共菁英政治的演變: 制度化與權力轉移 1978-2010』(臺北: 五南圖書出版社, 2011), pp. 145-148.

14) 陳鳳樓, 『中國共産黨幹部工作史綱(1921-2002)』, pp. 244-245.

15) 陳鳳樓, 『中國共産黨幹部工作史綱(1921-2002)』, pp. 245-246.

16) 陳鳳樓, 『中國共産黨幹部工作史綱(1921-2002)』, p. 226.

17) 陳鳳樓, 『中國共産黨幹部工作史綱(1921-2002)』, pp. 247-248; 안지영, 「중국의 정치엘리트 충원메카니즘과 그 특징」, 《아시아문화연구》 제21집(2011년 3월), p. 16; 이홍영 저, 강경성 역, 『중국의 정치 엘리트: 혁명간부 세대로부터 기술관료 세대로』, p. 267.

18) 중국에서는 정식 선거로 선출된 대표가 참석하는 모임을 '대회(大會, congress)'라고 부른다. 중앙 의회인 전국인민대표대회(National People's Congress / NPC)와 공산당의 전국대표대회(National Congress)가 대표적이다. 반면 각 지역과 기관(조직·단체)이 파견한 대표들이 참석하는 모임을 '회의(會議, conference)'라고 부른다. 중국 인민정치협상회의(Chinese People's Political Consultative Conference / CPPCC)가 대표적이다. 1985년 9월에 개최된 이 모임을 공산당 전국대표'회의'라고 부르는 이유는 이 회의에 참여한 대표가 정식 선거를 통해 선출된 대표가 아니었기 때문이다. 참고로 회의 대표는 992명(실제 출석은 933명)이었는데, 이들은 중앙위원(후보 포함) 343명, 중앙고문 위원 161명, 중앙기위 위원 127명, 각 성의 주요 책임자 35명, 당원 대표 326명이었다. 胡耀邦, 「團結奮鬥, 在展宏圖」, 『胡耀邦文選』(北京: 人民出版社, 2015), p. 622.

19) 寇健文, 『中共菁英政治的演變』, p. 148; 楊繼繩, 『中國改革年代的政治鬪爭』(Hong Kong: Excellent Culture Press, 2004), p. 298; 伍國友, 『中華人民共和國史 1977-1991』, pp. 387-388.

20) 寇健文, 『中共菁英政治的演變』, pp. 148-149.

21) 寇健文, 『中共菁英政治的演變』, p. 149.

22) 안치영, 「중국의 정치엘리트 충원 메카니즘과 그 특징」, pp. 11-14; 陳鳳樓, 『中國共産黨幹部工作史綱(1921-2002)』, pp. 237-239; 陳麗鳳, 『中國共産黨領導體制的歷史考察: 1921-2006』(上海: 上海人民出版社, 2007), pp. 314-317; 中共中央文獻研究室 編, 『三中全會以來的重大決策』(北京: 中央文獻出版社, 1994),

pp. 53-60.

23) 高皋, 『三頭馬車時代』(第二版)(New York: 明鏡出版社, 2009), p. 241.

24) 陳鳳樓, 『中國共産黨幹部工作史綱(1921-2002)』, p. 227.

25) 寇健文, 『中共菁英政治的演變』, p. 153.

26) 陳鳳樓, 『中國共産黨幹部工作史綱(1921-2002)』, p. 248.

27) 이홍영 저, 강경성 역, 『중국의 정치 엘리트』, p. 271.

28) 「中共中央關於整黨的決定」, 中共中央文獻研究室 編, 『十二大以來重要文獻選編(上)』(北京: 人民出版社, 1986), pp. 397-398.

29) 中共中央文獻研究室 編, 『鄧小平年譜 1975-1997(下)』(北京: 中央文獻出版社, 2004), pp. 929-930. 934.

30) 陳雲, 「成千上萬地提拔中青年幹部」, p. 301.

31) 陳雲, 「在黨的第十二次全國代表大會上的發言」, 『陳雲文選: 第3卷』, p. 316; 陳雲, 「在黨的十二屆二中全會上的發言」, 『陳雲文選: 第3卷』, pp. 330-331.

32) 胡耀邦, 「整黨要抓什麽」, 『胡耀邦文選』, pp. 539-543.

33) 「中共中央關於整黨的決定」, pp. 400-404.

34) 湯應武, 『1976年以來的中國』(北京: 經濟日報出版社, 1997), pp. 256-257.

35) 湯應武, 『1976年以來的中國』, pp. 257-258; 伍國友, 『中華人民共和國史 1977-1991』, pp. 381-382.

36) 伍國友, 『中華人民共和國史 1977-1991』, pp. 382-384; 中共中央文獻研究室, 『三中全會以來的重大決策』, p. 49.

37) 이홍영 저, 강경성 역, 『중국의 정치 엘리트』, p. 313.

38) 백승욱, 『문화대혁명: 중국 현대사의 트라우마』(파주: 살림, 2007), pp. 9-11.

39) 蔡文彬, 「親歷趙紫陽道路的起點」, 張博樹 主編, 『趙紫陽的道路』(香港: 晨鐘書局, 2011), pp. 64-76.

40) 조영남, 『중국의 꿈: 시진핑 리더십과 중국의 미래』(서울: 민음사, 2013), pp. 162-163.

41) 조영남, 「2013년 중국 정치의 현황과 향후 전망」, 국립외교원 중국연구센터, 『2013 중국정세보고』(서울: 국립외교원, 2014), pp. 3-6.

42) 陳雲, 「執政黨的黨風問題是有關黨的生死存亡的問題」, 『陳雲文選: 第3卷』, p. 273.

43) 陳雲, 「必須糾正忽視精神文明建設的琅象」, 『陳雲文選: 第3卷』, pp. 355-356.

44) 湯應武, 『1976年以來的中國』, pp. 254-255.

45) 伍國友, 『中華人民共和國史 1977-1991』, pp. 383-393; 湯應武, 『1976年以來的中國』, pp. 259-262.

3 인도주의와 '정신오염 제거'(1981~1984년)

1) 錢理群, 「不能遺忘的思想: 1980年中國校園民主運動述評」, 『當代中國研究』2008年 1期, p. 3.

2) 陳雲, 「經濟形勢與經驗教訓」, 『陳雲文選: 第3卷』(北京: 人民出版社, 1995), p. 277.

3) 鄧小平, 「貫徹調整方針, 保證安定團結」, 『鄧小平文選: 第2卷』(第2版)(北京: 人民出版社, 1994), pp. 358-359.

4) 楊繼繩, 『中國改革年代的政治鬪爭』(Hong Kong: Excellent Culture Press, 2004), p. 253.

5) 中共中央文獻研究室 編, 『鄧小平年譜 1975-1997(下)』(北京: 中央文獻出版社, 2004), pp. 736, 740.

6) 蕭冬連, 『歷史的轉軌: 從撥亂反正到改革開放(1979-1981)』(香港: 香港中文大學, 2008), p. 427.

7) 鄧小平, 「關於思想戰線上的問題的談話」, 『鄧小平文選』, p. 391.

8) 胡耀邦, 「關於思想戰線上的問題的幾點意見」, 『胡耀邦文選』(北京: 人民出版社, 2015), pp. 288-299.

9) 蕭冬連, 『歷史的轉軌』, pp. 427-439; 楊繼繩, 『中國改革年代的政治鬪爭』, pp. 253-256.

10) 胡績偉, 『從華國鋒下臺到胡耀邦下臺』(香港: 明鏡出版社, 1997), pp. 191-192.

11) 胡績偉, 『從華國鋒下臺到胡耀邦下臺』, pp. 192-193.

12) 胡績偉, 『從華國鋒下臺到胡耀邦下臺』, pp. 194-223.

13) 胡績偉, 『從華國鋒下臺到胡耀邦下臺』, pp. 21-23, 302.

14) 何與懷, 「一位痛苦的淸醒者: 紀念王若水」, 〈共識網〉 2012年 6月 19日 (http://
www.21ccom.net) (검색일: 2013년 10월 7일).

15) 蕭冬連, 『歷史的轉軌』, pp. 451-452.

16) 何與懷, 「一位痛苦的淸醒者: 紀念王若水」; 蕭冬連, 『歷史的轉軌』, p. 453.

17) 何與懷, 「一位痛苦的淸醒者: 紀念王若水」.

18) 何與懷, 「一位痛苦的淸醒者: 紀念王若水」.

19) 何與懷, 「一位痛苦的淸醒者: 紀念王若水」.

20) 毛澤東, 「在延安文藝座談會上的講話」, 『毛澤東選集: 第3卷』 (北京: 人民出版社,
1971), p. 827.

21) 毛澤東, 「在延安文藝座談會上的講話」, pp. 827-828.

22) 張顯揚, 「王若水在人道主義與異化問題爭論中」, 『炎黃春秋』 2008年 5期, pp.
45-48.

23) 胡喬木, 「關於人道主義和異化問題」, 『胡喬木選集: 第2卷』 (北京: 人民出版社,
1993), pp. 581-636.

24) 何與懷, 「一位痛苦的淸醒者: 紀念王若水」.

25) 楊繼繩, 『中國改革年代的政治鬪爭』, pp. 257-263.

26) 中共中央文獻研究室, 『鄧小平年譜 1975-1997(下)』, p. 928-931.

27) 何與懷, 「一位痛苦的淸醒者: 紀念王若水」.

28) 鄧小平, 「黨在組織戰線和思想戰線上的迫切任務」, 『鄧小平文選: 第3卷』 (第2版)
(北京: 人民出版社, 1994), pp. 39-40.

29) 鄧小平, 「黨在組織戰線和思想戰線上的迫切任務」, pp. 41-42.

30) 鄧小平, 「黨在組織戰線和思想戰線上的迫切任務」, p. 45.

31) 中共中央文獻研究室 編, 『三中全會以來的重大決策』 (北京: 中央文獻出版社,
1994), pp. 91-93.

32) 楊繼繩, 『鄧小平時代: 中國改革開放紀事』 (北京: 中央編譯出版社, 1998), pp.

33) 楊繼繩,『鄧小平時代』, p. 485; 楊繼繩,『中國改革年代的政治鬪爭』, p. 272.

34) 何與懷,「一位痛苦的淸醒者: 紀念王若水」; 楊繼繩,『鄧小平時代』, p. 486; 楊繼繩,『中國改革年代的政治鬪爭』, pp. 282-283.

35) 楊繼繩,『中國改革年代的政治鬪爭』, p. 282; 李銳,「耀邦去世前的談話」,『當代中國硏究』2001年 4期 (http://www.modernchinastudies.org).

36) 胡績偉,『從華國鋒下臺到胡耀邦下臺』, p. 265.

37) 鄧力群,『鄧力群自述: 十二個春秋(1975-1987)』(香港: 大風出版社, 2006), p. 310.

38) 楊繼繩,『中國改革年代的政治鬪爭』, pp. 176-179.

39) 楊繼繩,『中國改革年代的政治鬪爭』, pp. 172-173.

40) 楊繼繩,『中國改革年代的政治鬪爭』, pp. 173-174.

41) 楊繼繩,『中國改革年代的政治鬪爭』, pp. 175-176.

42) 楊繼繩,『中國改革年代的政治鬪爭』, p. 289.

43) 楊繼繩,『中國改革年代的政治鬪爭』, p. 290.

44) 楊繼繩,『中國改革年代的政治鬪爭』, pp. 291-292.

45) 楊繼繩,『中國改革年代的政治鬪爭』, pp. 292-293.

46) 李銳,「耀邦去世前的談話」.

47) 楊繼繩,『中國改革年代的政治鬪爭』, p. 293.

48) 자오쯔양 저, 바오푸 정리, 장윤미·이종화 역,『국가의 죄수: 자오쯔양 중국공산당 총서기 최후의 비밀 회고록』(서울: 에버리치홀딩스, 2010), pp. 284-287.

49) 鄧力群,『鄧力群自述』, pp. 261-262.

50) 자오쯔양,『국가의 죄수』, pp. 186-189.

51) 中共中央文獻硏究室,『鄧小平年譜 1975-1997(下)』, p. 895-896.

52) 자오쯔양,『국가의 죄수』, pp. 189-190.

53) 鄧力群,『鄧力群自述』, p. 261.

54) 鄧力群,『鄧力群自述』, p. 262.

파벌과 투쟁

4 정치개혁 논쟁과 '부르주아 자유화 반대'(1985~1986년)

1) 吳國光, 『趙紫陽與政治改革』(臺北: 遠景, 1997), pp. 20-21.

2) 湯應武, 『1976年以來的中國』(北京: 經濟日報出版社, 1997), pp 213-215; 高皐, 『三頭馬車時代』(第二版)(New York: 明鏡出版社, 2009), pp. 246-247.

3) 吳國光, 『趙紫陽與政治改革』, p. 74.

4) 吳國光, 『趙紫陽與政治改革』, pp. 114-115.

5) 吳國光, 『趙紫陽與政治改革』, p. 73.

6) 湯應武, 『1976年以來的中國』, p. 213.

7) 鄧小平, 「關於政治體制改革問題」, 『鄧小平文選: 第3卷』(第2版)(北京: 人民出版社, 1994), pp. 176-180.

8) 楊繼繩, 『中國改革年代的政治鬪爭』(Hong Kong: Excellent Culture Press, 2004), pp. 301-303.

9) 鄧小平, 「在全體人民中樹立法制觀念」, 『鄧小平文選: 第3卷』, p. 164.

10) 자오쯔양 저, 바오푸 정리, 장윤미·이종화 역, 『국가의 죄수: 자오쯔양 중국공산당 총서기 최후의 비밀 회고록』(서울: 에버리치홀딩스, 2010), pp. 377, 379.

11) 자오쯔양, 『국가의 죄수』, pp. 380-381.

12) 吳國光, 『趙紫陽與政治改革』, pp. 22-23.

13) 吳國光, 『趙紫陽與政治改革』, pp. 24-25.

14) 자오쯔양, 『국가의 죄수』, p. 268.

15) 吳國光, 『趙紫陽與政治改革』, p. 48.

16) 鄧小平, 「關於政治體制改革問題」, 『鄧小平文選: 第3卷』, p. 177.

17) 鄧小平, 「關於政治體制改革問題」, p. 179-180.

18) 吳國光, 『趙紫陽與政治改革』, pp. 90, 173-174, 318-319.

19) 吳國光, 『趙紫陽與政治改革』, pp. 122, 150, 162.

20) 吳國光, 『趙紫陽與政治改革』, p. 123.

21) 吳國光, 『趙紫陽與政治改革』, p. 210.

22) 吳國光, 『趙紫陽與政治改革』, pp. 29-32,123, 213-218.

23) 조영남, 『용과 춤을 추자: 한국의 눈으로 중국 읽기』(서울: 민음사, 2012), pp.
247-278; Young Nam Cho, "Democracy with Chinese Characteristics? A Critical
Review from a Developmental State Perspective," *Issues & Studies,* Vol. 45, No. 4
(December 2009), pp. 71-106.

24) 楊繼繩, 『中國改革年代的政治鬪爭』, p. 304.

25) 楊繼繩, 『中國改革年代的政治鬪爭』, p. 304.

26) 楊繼繩, 『中國改革年代的政治鬪爭』, p. 301.

27) 楊繼繩, 『中國改革年代的政治鬪爭』, p. 301.

28) 서진영, 「중국의 개혁정치와 신권위주의」, 《계간중국연구》 겨울호(1993),
pp. 134-157; Mark P. Petracca and Mong Xiong, "The Concept of Chinese Neo-
Authoritarianism: An Exploration and Democratic Critique," *Asian Survey* Vol. 30, No.
11 (November 19990), pp. 1099-1117; Barry Sautman, "Sirens of the Strongman:
Neo-Authoritarianism in Recent Chinese Political Theory," *China Quarterly* 129 (March
1992), pp. 72-102.

29) Merle Goldman, *Sowing the Seeds of Democracy in China: Political Reform in the Deng Xiaoping Era*
(Cambridge, Massachusetts: Harvard University Press, 1994), p. 275.

30) Goldman, *Sowing the Seeds of Democracy in China,* p. 276. 일부 학자는 자오쯔양이 신권
위주의를 수용했다는 근거는 없다고 주장한다. 吳國光, 「趙紫陽和中國的非共産
主義政治轉型」, 張博樹 主編, 『趙紫陽的道路』(香港: 晨鐘書局, 2011), p 275. p.
244.

31) 辛子陵, 「趙紫陽對民主社會主義的理論貢獻」, 張博樹, 『趙紫陽的道路』, p 275.

32) Samuel P. Huntington, *Political Order in Changing Societies* (New Haven: Yale University
Press, 1968).

33) 서진영, 「중국의 개혁정치와 신권위주의」, p. 142.

34) 민주주의론자들은 주로 후야오방과 관련 있는 지식인들이라고 한다. Goldman,
Sowing the Seeds of Democracy in China, pp. 275-282.

35) 서진영, 「중국의 개혁정치와 신권위주의」, pp. 149-150.

36) 吳國光, 『趙紫陽與政治改革』, pp. 172-175.

파벌과 투쟁

37) 楊繼繩,『中國改革年代的政治鬪爭』, pp. 304-305, 318.

38) 권영빈 편역,『중국의 사하로프 방여지는 말한다』(서울: 지식산업사, 1989).

39) 급진적 지식인의 주장은 공산당 내부 문건, 즉「몇 가지 연설들의 비교」,「몇 가지 이론적 쟁점에 대한 자료」에 채록되었다. James Tong, "Editor's Introduction," *Chinese Law and Government*, Vol. 21, No. 1 (Spring 1988).

40) Tong, "Editor's Introduction," p. 65, 90-91.

41) Tong, "Editor's Introduction," pp. 67-99.

42) 권영빈,『중국의 사하로프 방여지는 말한다』, pp. 13-14.

43) Tong, "Editor's Introduction," p. 70.

44) Tong, "Editor's Introduction," p. 85.

45) 권영빈,『중국의 사하로프 방여지는 말한다』, p. 229.

46) Tong, "Editor's Introduction," p. 82.

47) Tong, "Editor's Introduction," p. 60.

48) 권영빈,『중국의 사하로프 방여지는 말한다』, p. 108.

49) Tong, "Editor's Introduction," pp. 74-77.

50) 권영빈,『중국의 사하로프 방여지는 말한다』, p. 21, 145, 224.

51) Tong, "Editor's Introduction," p. 78.

52) 楊繼繩,『中國改革年代的政治鬪爭』, pp. 312-314.

53) 楊繼繩,『中國改革年代的政治鬪爭』, pp. 314-315.

54) 楊繼繩,『中國改革年代的政治鬪爭』, pp. 314-315.

55) 楊繼繩,『中國改革年代的政治鬪爭』, p. 315

56) 楊繼繩,『中國改革年代的政治鬪爭』, pp. 315-316.

57) 楊繼繩,『中國改革年代的政治鬪爭』, p. 316.

58) 中共中央文獻研究室 編,『三中全會以來的重大決策』(北京: 中央文獻出版社, 1994), pp. 93-94.

59) 鄧小平,「在黨的十二屆六中全會上的講話」,『鄧小平文選: 第3卷』, pp. 181-182.

5 학생운동과 후야오방의 퇴진(1986~1987년)

1) 楊繼繩, 『中國改革年代的政治鬪爭』(Hong Kong: Excellent Culture Press, 2004), p. 319.

2) 楊繼繩, 『中國改革年代的政治鬪爭』, p. 320.

3) 楊繼繩, 『中國改革年代的政治鬪爭』, pp. 320-323.

4) 楊繼繩, 『中國改革年代的政治鬪爭』, pp. 322-323.

5) 楊繼繩, 『中國改革年代的政治鬪爭』, p. 323.

6) 楊繼繩, 『中國改革年代的政治鬪爭』, p. 328.

7) 鄧小平, 「旗幟鮮明地反對資産階級自由化」, 『鄧小平文選: 第3卷』(第2版)(北京: 人民出版社, 1994), pp. 194-196. 참고로 이 글의 원래 제목은 「현재의 학생운동 문제에 대한 몇 개의 담화 요점」이었는데, 『덩샤오핑 문선』의 편집 과정에서 제 목을 변경했다고 한다.

8) 楊繼繩, 『中國改革年代的政治鬪爭』, p. 324-326.

9) 楊繼繩, 『中國改革年代的政治鬪爭』, p. 325.

10) 楊繼繩, 『中國改革年代的政治鬪爭』, pp. 325-326.

11) 楊繼繩, 『中國改革年代的政治鬪爭』, p. 329.

12) 楊繼繩, 『中國改革年代的政治鬪爭』, p. 336.

13) 吳國光, 『趙紫陽與政治改革』(臺北: 遠景, 1997), p. 219.

14) 吳國光, 『趙紫陽與政治改革』, pp. 219-220.

15) 吳國光, 『趙紫陽與政治改革』, pp. 227-229.

16) 吳國光, 『趙紫陽與政治改革』, pp. 224-225.

17) 자오쯔양 저, 바오푸 정리, 장윤미·이종화 역, 『국가의 죄수: 자오쯔양 중국공산당 총서기 최후의 비밀 회고록』(서울: 에버리치홀딩스, 2010), pp. 261-269.

18) 자오쯔양, 『국가의 죄수』, pp. 272-274.

19) 楊繼繩, 『中國改革年代的政治鬪爭』, p. 329.

20) 中共中央文獻硏究室 編, 『鄧小平年譜 1975-1997(下)』(北京: 中央文獻出版社, 2004), p. 1165.

21) 자오쯔양,『국가의 죄수』, pp. 275-276.

22) 李銳,「耀邦去世前的談話」,『當代中國研究』2001年 4期 (http://www. modernchinastudies.org).

23) 楊繼繩,『中國改革年代的政治鬪爭』, p. 329.

24) 李銳,「耀邦去世前的談話」; 高皐,『三頭馬車時代』(第二版)(New York: 明鏡出版社, 2009), pp. 208-209.

25) 자오쯔양,『국가의 죄수』, p. 276; 楊繼繩,『中國改革年代的政治鬪爭』, p. 330

26) 자오쯔양,『국가의 죄수』, pp. 276-277.

27) 楊繼繩,『中國改革年代的政治鬪爭』, p. 330.

28) 李銳,「耀邦去世前的談話」.

29) 楊繼繩,『中國改革年代的政治鬪爭』, p. 330.

30) 楊繼繩,『中國改革年代的政治鬪爭』, pp. 330-331.

31) 鄧力群,『鄧力群自述: 十二個春秋(1975-1987)』(香港: 大風出版社, 2006), pp. 415-443.

32)「中共中央政治局擴大會議公報」, 中共中央文獻研究室 編,『十二大以來重要文獻選編(下)』(北京: 人民出版社, 1988), p. 1221.

33) 李銳,「耀邦去世前的談話」.

34) 李銳,「耀邦去世前的談話」.

35) 李銳,「耀邦去世前的談話」.

36) 李銳,「耀邦去世前的談話」.

37) 자오쯔양,『국가의 죄수』, pp. 258-264; 楊繼繩,『中國改革年代的政治鬪爭』, pp. 337-338.

38) 胡績偉,『從華國鋒下臺到胡耀邦下臺』(香港: 明鏡出版社, 1997), pp. 362-364; 자오쯔양,『국가의 죄수』, pp. 265-267; 楊繼繩,『中國改革年代的政治鬪爭』, p. 338.

39) 자오쯔양,『국가의 죄수』, pp. 265-269; 楊繼繩,『中國改革年代的政治鬪爭』, pp. 338-339.

40) 楊繼繩,『中國改革年代的政治鬪爭』, pp. 339-340.

41) 李鋭,「耀邦去世前的談話」; 楊繼繩,『中國改革年代的政治鬪爭』, pp. 339-340.

42) 자오쯔양,『국가의 죄수』, pp. 283-284.

43) 楊繼繩,『中國改革年代的政治鬪爭』, pp. 341-344.

44) 李鋭,「耀邦去世前的談話」.

45) 胡績偉,『從華國鋒下臺到胡耀邦下臺』, pp. 349-350.

46) 吳江,『十年的路: 和胡耀邦相處的日子』(香港: 鏡報文化企業有限公司, 1995); 阮銘,『鄧小平帝國』(臺北: 時報文化公司, 1992). 楊繼繩,『中國改革年代的政治鬪爭』, pp. 344-345에서 재인용.

47) 자오쯔양,『국가의 죄수』, pp. 279-280.

48) 楊繼繩,『中國改革年代的政治鬪爭』, pp. 345-348.

49) 鮑彤,「我看胡趙關係」, 張博樹 主編,『趙紫陽的道路』(香港: 晨鐘書局, 2011), p. 381.

50) 蔡文彬,「晩年趙紫陽: 我的觀察」, 張博樹,『趙紫陽的道路』, pp. 113-114.

51) 鄧力群,『鄧力群自述: 十二個春秋(1975-1987)』, p. 445.

52) 楊繼繩,『中國改革年代的政治鬪爭』, p. 349.

53) 蔡文彬,「晩年趙紫陽: 我的觀察」, p. 115.

6 비운의 '정치개혁 청사진': 공산당 13차 당대회(1987년)

1) 鄧小平,「關於召開黨的十三大的幾次談話」, 中共中央文獻研究室 編,『十三大以來重要文獻選編(上)』(北京: 人民出版社, 1991), p. 1.

2) 廖蓋隆·莊浮明 主編,『中華人民共和國編年史 1949-2009』(北京: 人民出版社, 2010) pp. 504-506.

3) 자오쯔양 저, 바오푸 정리, 장윤미·이종화 역,『국가의 죄수: 자오쯔양 중국공산당 총서기 최후의 비밀 회고록』(서울: 에버리치홀딩스, 2010), p. 288.

4) 楊繼繩,『中國改革年代的政治鬪爭』(Hong Kong: Excellent Culture Press, 2004), pp. 354-355.

5) 楊繼繩,『中國改革年代的政治鬪爭』, pp. 355-356.

6) 楊繼繩,『中國改革年代的政治鬪爭』, p. 356.

7) 高皐,『三頭馬車時代』(第二版)(New York: 明鏡出版社, 2009), p. 221; 楊繼繩,
『中國改革年代的政治鬪爭』, pp. 356-357.

8) 자오쯔양,『국가의 죄수』, pp. 289-291.

9)「中共中央關於當前反對資産階級自由化若干問題的通知」, 中共中央文獻研究室
編,『十二大以來重要文獻選編(下)』(北京: 人民出版社, 1988), pp. 1251-1259;
楊繼繩,『中國改革年代的政治鬪爭』, pp. 357-358.

10) 자오쯔양,『국가의 죄수』, p. 293; 楊繼繩,『中國改革年代的政治鬪爭』, pp. 359-
360.

11) 자오쯔양,『국가의 죄수』, pp. 304-307.

12) 趙紫陽,「在宣傳理論新聞黨校幹部會議上的講話」, 中共中央文獻研究室,『十二
大以來重要文獻選編(下)』, p. 1397-1398.

13) 趙紫陽,「在宣傳理論新聞黨校幹部會議上的講話」, pp. 1404-1405.

14) 자오쯔양,『국가의 죄수』, pp. 308-311.

15) 자오쯔양,『국가의 죄수』, p. 312.

16) 자오쯔양,『국가의 죄수』, pp. 311-314.

17) 鄧力群,『鄧力群自述: 十二個春秋(1975-1987)』(香港: 大風出版社, 2006), pp.
462-467.

18) 자오쯔양,『국가의 죄수』, p. 325.

19) 자오쯔양,『국가의 죄수』, pp. 324-325.

20) 자오쯔양,『국가의 죄수』, p. 325.

21) Zhang Liang (compiled), Andrew J. Nathan and Perry Link (eds.), *The Tiananmen
Papers* (New York: Public Affairs, 2001), p. xxix.

22) Zhang (compiled), Nathan and Link (eds.), *The Tiananmen Papers*, p. xxix.

23) 高皐,『三頭馬車時代』, p. 257.

24) 자오쯔양,『국가의 죄수』, pp. 325-326.

25) 자오쯔양,『국가의 죄수』, p. 327.

26) 자오쯔양, 『국가의 죄수』, pp. 327-328.

27) 楊繼繩, 『中國改革年代的政治鬪爭』, p. 366.

28) 楊繼繩, 『中國改革年代的政治鬪爭』, p. 367; 高皐, 『三頭馬車時代』, pp. 253-257.

29) 楊繼繩, 『中國改革年代的政治鬪爭』, p. 367.

30) 鄧力群, 『鄧力群自述』, p. 469.

31) 자오쯔양, 『국가의 죄수』, p. 314.

32) 楊繼繩, 『中國改革年代的政治鬪爭』, pp. 364-366.

33) 楊繼繩, 『中國改革年代的政治鬪爭』, p. 366.

34) 楊繼繩, 『中國改革年代的政治鬪爭』, p. 366.

35) 자오쯔양, 『국가의 죄수』, p. 314.

36) 寇健文, 『中共菁英政治的演變: 制度化與權力轉移 1978-2010』(臺北: 五南圖書出版社, 2011). p. 158.

37) 伍國友, 『中華人民共和國史 1977-1991』(北京: 人民出版社, 2010), pp. 358-374.

38) 陳雪薇 主編, 『十一屆三中全會以來重大事件和決策調查』(北京: 中共中央黨校出版社, 1998), pp. 401-406.

39) 陳雪薇, 『十一屆三中全會以來重大事件和決策調查』, pp. 401-406.

40) 辛子陵, 「趙紫陽對民主社會主義的理論貢獻」, 張博樹 主編, 『趙紫陽的道路』(香港: 晨鐘書局, 2011), p. 273.

41) 자오쯔양, 『국가의 죄수』, p. 317.

42) 趙紫陽, 「沿著有中國特色的社會主義道路前進」, 中共中央文獻硏究室, 『十三大以來重要文獻選編(上)』, p. 9.

43) 趙紫陽, 「沿著有中國特色的社會主義道路前進」, pp. 12-13.

44) 趙紫陽, 「沿著有中國特色的社會主義道路前進」, p. 15; 자오쯔양, 『국가의 죄수』, pp. 320-322; 楊繼繩, 『中國改革年代的政治鬪爭』, pp. 363-364.

45) 자오쯔양, 『국가의 죄수』, pp. 321-322.

46) 趙紫陽, 「沿著有中國特色的社會主義道路前進」, p. 16.

파벌과 투쟁

47) 陳雪薇,『十一屆三中全會以來重大事件和決策調查』, pp. 415-420.

48) 조영남,『중국의 꿈: 시진핑 리더십과 중국의 미래』(서울: 민음사, 2013), pp. 19-24.

49) 趙紫陽,「沿著有中國特色的社會主義道路前進」, p. 24.

50) 자오쯔양,『국가의 죄수』, p. 233.

51) 中共中央文獻硏究室 編,『鄧小平年譜 1975-1997(下)』(北京: 中央文獻出版社, 2004), p. 1223.

52) 자오쯔양,『국가의 죄수』, pp. 233-234.

53) 胡耀邦,「全面開創社會主義現代化建設的新局面」, 中共中央文獻硏究室 編, 『十二大以來重要文獻選編(上)』(北京: 人民出版社, 1986), pp. 18-25.

54) 趙紫陽,「沿著有中國特色的社會主義道路前進」, pp. 26-27.

55) 楊繼繩,『中國改革年代的政治鬪爭』, pp. 200-201.

56) 趙紫陽,「沿著有中國特色的社會主義道路前進」, p. 34.

57) 陳麗風,『中國共產黨領導體制的歷史考察』(上海: 上海人民出版社, 2007), p. 300; 中共中央黨史硏究室,『中國共產黨新時期簡史』(北京: 中共黨史出版社, 2009), p. 32.

58) 趙紫陽,「沿著有中國特色的社會主義道路前進」, pp. 34-35.

59) 趙紫陽,「沿著有中國特色的社會主義道路前進」, p. 35.

60) 陳麗鳳,『中國共產黨領導體制的歷史考察』, p. 324.

61) 趙紫陽,「沿著有中國特色的社會主義道路前進」, pp. 36-37.

62) 趙紫陽,「沿著有中國特色的社會主義道路前進」, pp. 43-44.

63) 吳國光,『趙紫陽與政治改革』(臺北: 遠景, 1997), p. 486.

64) 王聖誦·王兆剛 等,『基層民主制度硏究』(北京: 人民出版社, 2012), pp. 289-308; 房寧,『民主的中國經驗』(北京: 中國社會科學出版社, 2013), pp. 163-183.

65) 자오쯔양,『국가의 죄수』, p. 386.

66) 張恆山·李林·劉永艷·封麗霞,『法治與黨的執政方式硏究』(北京: 法律出版社, 2004), p. 175.

67) 王長江 主編,『黨內民主制度創新: 一個基層黨姜班子公推直選的案例硏究』

(北京: 中共編譯出版社, 2007), pp. 259-272.

68) 上海社會科學院民主政治研究中心, 『中國政治發展進程2004年』(上海: 時事出版社, 2004), pp. 69-70.

69) 黃衛平·汪永成 主編, 『當代中國政治研究報告 IV』(北京: 社會科學文獻出版社, 2005), pp. 63-67.

70) 江澤民, 「為把黨建設成更加堅強的工人階級先鋒隊而鬪爭」(1989. 12), 江澤民, 『論黨的建設』(北京: 中央文獻出版社, 2001), pp. 1-20.

71) 郭定平, 『政黨與政府』(杭州: 浙江人民出版社, 1998), p. 273; 王勁松, 『中華人民共和國政府與政治』(北京: 中共中央黨校出版社, 1995), p. 351.

72) David Shambaugh, *China's Communist Party: Atrophy and Adaption* (Washington, D.C.: Woodrow Wilson Center Press, 2008), pp. 41-86.

73) 陳麗鳳, 『中國共産黨領導體制的歷史考察』, p. 385.

74) 吳國光, 『趙紫陽與政治改革』, pp. 478-480.

75) 자오쯔양, 『국가의 죄수』, p. 387.

76) 趙紫陽, 「沿著有中國特色的社會主義道路前進」, pp. 38-44.

77) 趙紫陽, 「沿著有中國特色的社會主義道路前進」, pp. 44-47.

78) 趙紫陽, 「沿著有中國特色的社會主義道路前進」, pp. 50-51.

79) 趙子平, 「中共十六大以來黨內民主制度建設獨四方面進展」, 〈中國選舉與治理〉, http://www.chinaelections.org.

80) 「中國共産黨章程部分條文修正案」, 中共中央文獻研究室, 『十三大以來重要文獻選編(上)』, pp. 62-65.

81) 吳國光, 『趙紫陽與政治改革』, pp. 420-421.

82) 中共中央文獻研究室, 『鄧小平年譜 1975-1997(下)』, p. 1213.

83) 吳國光, 『趙紫陽與政治改革』, pp. 480-482.

84) 吳稼祥, 「六四: 權力舞臺的大玩家」, 陳小雅 主編, 『沉重的回首: 1989失安門運動十五週年紀念文集』(香港: 開放雜誌社, 2004), p. 156.

과벌과 투쟁

7 국가기구의 정비와 발전

1) 蔡定劍 主編, 『中國憲法精釋』(北京: 中國民主法制出版社, 1996), p. 113.

2) 胡耀邦, 「全面開創社會主義現代化的新局面」(1982), 全國人大常委會辦公廳研究室 編, 『人民代表大會文獻選編』(北京: 中國民主法制出版社, 1992), pp. 144-145.

3) 江澤民, 「關於堅持和完善人大制度」(1990), 全國人大常委會辦公廳研究室, 『人民代表大會文獻選編』, p. 205.

4) 「中國共産黨中央委員會關於建國以來黨的若干歷史問題的決議」(1981), 全國人大常委會辦公廳研究室, 『人民代表大會文獻選編』, p. 143.

5) 趙紫陽, 「沿着中國特色的社會主義大路前進」(1987), 中共中央研究室 編, 『十三大以來重要文獻選編(上)』(北京:人民出版社, 1991), p. 47.

6) 江澤民, 「關於堅持和完善人大制度」, p. 205.

7) 「中共中央關於全黨必須堅決維護社會主義法制的建設」(1986), 全國人大常委會辦公廳研究室, 『人民代表大會文獻選編』, p. 164; 袁瑞良, 『人民代表大會制度形成發展史』(北京: 人民出版社, 1994), pp. 530~531; 顧昻然, 『社會主義法制建設和立法工作』(北京: 中國政法大學出版社, 1989), p. 6.

8) 〈中華人民共和國憲法〉(1982) 제57조, 袁瑞良, 『人民代表大會制度形成發展史』, p. 613.

9) 〈中華人民共和國憲法〉 제57조, 袁瑞良, 『人民代表大會制度形成發展史』, p. 613; 〈中華人民共和國全國人大和地方各級人大選擧法〉(1982) 제2조, 國人大常委會, 『人民代表大會文獻選編』, p. 42.

10) 顧昻然, 『新中國立法槪述』(北京: 法律出版社, 1995), pp. 26-28.

11) 劉政, 「關于社會主義經濟條件下的法制建設」, 全國人大常委會辦公廳研究室 編, 『人民代表大會成立40周年紀念文集』(北京: 中國民主法制出版社, 1995), p. 103.

12) Tao-tai Hsia, Wendy I. Zeldin, "Recent Legal Developments in the People's Republic of China," *Harvard International Law Journal*, Vol. 28, No. 2 (Spring 1987), p. 256.

13) 浦興租 外, 『中華人民共和國政治制度』(香港: 三聯書店, 1995). p. 424; 張明澍, 『中華人民共和國政治制度槪要』(銀川: 寧夏人民出版社, 1993), p. 351

14) Harry Harding, *Organizing China: The Problem of Bureaucracy* 1949~1976 (Stanford: Stanford University Press, 1981), p. 124.

15) 肖蔚雲, 『我國現行憲法的誕生』(北京: 北京大學出版社, 1986), pp. 34~36; 蔡定劍, 『中國憲法精釋』, pp. 51-52.

16) 「中共中央關於堅持和完善中國共産黨領導的多黨合作和政治協商制度的意見」 (1989), 中共中央文獻硏究室 編, 『十三大以來重要文獻選編(中)』(北京: 人民出版社, 1991), pp. 821-830.

17) Harding, *Organizing China*, pp. 3-7, 18.

18) Harding, *Organizing China*, pp. 1-31, 329-359; Stephen K. Ma, *Administrative Reform in Post-Mao China: Efficiency or Ethics* (Lanham: University Press of America, 1996), pp. 21-48.

19) 彭冲, 「全國人大常委會工作報告」(1989), 全國人大常委會辦公廳硏究室 編, 『中華人民共和國全國人大文獻資料彙編(1949-1990)』(北京: 中國民主法制出版社, 1990), p. 553.

20) 「7屆全國人大常委會要點」(1988), 全國人大常委會辦公廳硏究室, 『全國人大文獻資料彙編』, p. 346; 彭冲, 「全國人大常委會工作報告」(1992), 『中華人民共和國全國人大常委會公報』1992년 제3호(1992. 6), pp. 8-9.

21) 肖蔚雲, 『我國現行憲法的誕生』, p. 59; 彭眞, 『論新時期的社會主義民主與法制建設』(北京: 中央文獻出版社, 1989), p. 111; 蔡定劍, 『中國人大制度』(北京: 社會科學文獻出版社, 1993), pp. 206-207; 韓培梅, 「論加强全國人大常委會的建設」, 『法學雜誌』1983년 제2기, pp. 31-32.

22) 〈中華人民共和國憲法〉 제57조와 제58조, 『中華人民共和國憲法』(北京: 法律出版社, 1997), pp. 19-22.

23) 蔡定劍, 『中國人大制度』, p. 219; 王勁松, 『中華人民共和國政府與政治』(北京: 中共中央黨校出版社, 1995), pp. 59-60.

24) 肖蔚雲, 『我國現行憲法的誕生』, pp. 59~60; 彭冲, 「關於健全人大機關工作和機

파벌과 투쟁

構的報告」(1987), 全國人大常委會辦公廳硏究室, 『全國人大文獻資料彙編』, p. 470.

25) 「全國人大常委會委員長會議紀要」(1983), 全國人大常委會辦公廳硏究室, 『全國人大文獻資料彙編』, p. 452.

26) 蔡定劍, 『中國人大制度』, pp. 62-63.

27) 〈中華人民共和國全國人大和地方各級人大代表選擧法〉 제30조, 崇連山 主編, 『選擧工作實用全書』(北京: 中國民主法制出版社, 1997), p. 418

28) 鄧小平, 「黨和國家領導制度的改革」, 『鄧小平文選: 第2卷』(北京: 人民出版社, 1994), pp. 320-343.

29) 鄧小平, 「精簡機構是一場革命」, 『鄧小平文選: 第2卷』, pp. 396-401.

30) 劉智峰 主編, 『第七次革命: 1998-2003中國政府機構改革問題報告』(北京: 中國社會科學出版社, 2003), p. 79.

31) 烏傑 主編, 『中國政府與機構改革(上)』(北京: 國家行政學院出版社, 1998), p. 364; 劉智峰, 『第七次革命』, p. 79.

32) 烏傑, 『中國政府與機構改革(上)』, pp. 382-384.

33) 劉智峰, 『第七次革命』, p. 80.

34) 烏傑, 『中國政府與機構改革(上)』, p. 385.

35) 烏傑, 『中國政府與機構改革(上)』, p. 398.

36) 烏傑, 『中國政府與機構改革(上)』, pp. 389-390; pp. 80-81.

37) 烏傑, 『中國政府與機構改革(上)』, p. 390; 劉智峰, 『第七次革命』, p. 81.

38) 烏傑, 『中國政府與機構改革(上)』, pp. 401-402.

39) 劉智峰, 『第七次革命』, pp. 81, 92-93; 張文壽 主編, 『中國行政管理體制改革: 硏究與急考』(北京: 當代中國出版社, 1994), pp. 81, 100.

40) 烏傑, 『中國政府與機構改革(上)』, pp. 432-464; 謝慶奎, 「機構改革陷入惡怯循環的五個成因」, 劉智峰, 『第七次革命』, pp. 90-99; 辛向陽, 「中國政府機構改革中存在的誤區」, 劉智峰, 『第七次革命』, pp. 117-124.

41) 조영남, 『중국의 법치와 정치개혁』(파주: 창비, 2012), pp. 154-191.

42) 瓶寶斌 外, 『當代中國行政改革』(北京: 社會科學文獻出版社, 2012), pp. 63-92.

43) 程燎原, 『從法制到法治』(北京: 法律出版社, 1999), pp. 5-6.

44) 中國社會科學院法學硏究所 編, 『中國法治30年: 1978-2008』(北京: 社會科學文
獻出版社, 2008), p. 62.

45) 李少云, 「中國法治歷史進程的回顧與展望」, 李林·王家福 主編, 『依法治國十年
回顧與展望』(北京: 中國法制出版社, 2007), p. 76.

46) 「中國共産黨第十一届中央委員會第三次全體會議公報」, 中共中央文獻研究室
編, 『三中全會以來重要文獻選編』(上)(北京: 人民出版社, 1982), p. 10; Edward J.
Epstein, "Law and Legitimation in Post-Mao China," Pitman B. Potter (ed.), *Domestic
Law Reforms in Post-Mao China* (Armonk: M.E. Sharpe, 1994), pp. 19-55.

47) 韓延龍, 『中國人民共和國法制通史』(下)(北京: 中共中央黨校出版社, 1998), pp.
764-775; 楊一凡·陳寒楓 主編, 『中華人民共和國法制史』(哈爾濱: 黑龍江人民出
版社, 1997), pp. 787-796.

48) 謝海定, 「中國司法改革的回顧與前瞻」, 張明傑 主編, 『司法改革』(北京: 中國社
會科學文獻出版社, 2005), pp. 3-21; 熊秋紅, 「中國司法改革30年」, 中國社會科
學院法學研究所 編, 『中國法治30年: 1978-2008』, pp. 198-199; 蔣惠嶺, 「司法改
革與司法公正」, 蔡定劍·王晨光 主編, 『中國走向法制30年: 1978-2008』(北京: 中
國社會科學文獻出版社, 2008), p. 135; 褚紅軍, 「改革開放以來司法改革的回望與
反思」, 公丕祥 主編, 『回顧與展望: 人民法院司法改革研究』(北京: 人民法院出版
社, 2009), pp. 41-42.

49) 李徽·樂振華, 「人民法院改革之回顧與前瞻」, 人民司法編輯部 編, 『中國司法改
革十個熱點問題』(北京: 人民法院出版社, 2003), pp. 824-853; 公丕祥, 「當代中
國司法改革的時代進程」, 公丕祥, 『回顧與展望』, pp. 20-38; 褚紅軍, 「改革開放以
來司法改革的回望與反思」, 公丕祥, 『回顧與展望』, pp. 39-53; 夏錦文, 「司法改革
三十年: 成就問題與出路」, 公丕祥, 『回顧與展望』, pp. 54-63.

50) 江蘇省南京市中級法院, 「關於我國司法改革的宏觀急考」, 公丕祥, 『回顧與展
望』, pp. 74-96.

51) 祝銘山, 「關於〈人民法院五年改革綱要〉的説明」, 最高人民法院研究室 編, 『人民
法院五年改革綱要』(北京: 人民法院出版社, 2000), p. 72; 江蘇省南京市中級人民

法院,「關於我國司法改革的宏觀急考」, 公丕祥, 『回顧與展望』, p. 74.

52) 조영남, 『중국 의회정치의 발전: 지방인민대표대회의 등장·역할·선거』(서울: 폴리테이아, 2006), pp. 38-39.

53) 조영남, 『중국 의회정치의 발전』, pp. 39-40.

54) 조영남, 『중국의 법원개혁』(서울: 서울대출판문화원, 2012), pp. 61-97.

55) 조영남, 『중국의 법치와 정치개혁』(파주: 창비, 2012), pp. 153-191.

8 촌민위원회와 법률보급운동

1) 陳浙閩 主編, 『村民自治的理論與實踐』(天津: 天津人民出版社, 2000) p. 352.

2) 朱景文 主編, 『中國法律發展報告: 數據庫和指標體系』(北京: 中國人民大學出版社, 2007), pp. 582-583; 呂敏·楊藝文·蔣立山, 「中國農村地區的法治現狀與前景分析」, 黃之英 編, 『中國法治之路』(北京: 北京大學出版社, 2000), pp. 340-358; 蔣立山, 『法律現代化: 中國法治道路問題硏究』(北京: 中國法律出版社, 2006), pp. 242-275.

3) 蔡誠, 「學習章丘依法治村經驗, 加快農村改革和建設, 促進九億農民奔小康」(1992. 8), 司法部 宣傳司 編, 『依法治國的生動實踐: 普法依法治理十五年(下)』(北京: 法律出版社, 2001), pp. 1177-1180.

4) 조영남, 『중국 정치개혁과 전국인대: 개혁기 구조와 역할의 변화』(서울: 나남, 2000), pp. 80-94.

5) Pitman B. Potter, *From Leninist Discipline to Socialist Legalism: Peng Zhen on Law and Political Authority in the PRC* (Stanford: Stanford University Press, 2003); 程燎原, 『從法制到法治』(北京: 法律出版社, 1999), pp. 5-6.

6) 梁開金·賀雪峰, 『村級組織制度安排與創新』(北京: 紅旗出版社, 1999), p. 63.

7) 陳浙閩, 『村民自治的理論與實踐』, pp. 77-90; 徐勇, 『中國農村村民自治』(武漢: 華中師範大學出版社, 1997), pp. 26-27; 詹成付, 『鄕村政治若干問題硏究』(西安: 西北大學出版社, 2004), p. 147; 劉丹, 『鄕村民主之路: 中國農村基層直接民主的發展及其法制化』(長沙: 湖南人民出版社, 2001), pp. 57-58.

8)「中共中央批轉〈全國農村工作會議紀要〉」, 中共中央文獻研究室 編, 『三中全會以來重要文獻選編(下)』(北京: 人民出版社, 1982), pp. 993.

9) 陳浙閩, 『村民自治的理論與實踐』, pp. 35-36.

10) 陳浙閩, 『村民自治的理論與實踐』, p. 36.

11) 陳浙閩, 『村民自治的理論與實踐』, pp. 36-37.

12) 劉丹, 『鄉村民主之路』, pp. 358-359.

13) 陳浙閩, 『村民自治的理論與實踐』, pp. 37-38.

14) 彭眞,「新時期的政法工作」, 『彭眞文選 1941-1990』(北京: 人民出版社, 1995), p. 430.

15) 陳浙閩, 『村民自治的理論與實踐』, p. 38.

16) 徐勇, 『中國農村村民自治』, p. 29.

17) 陳浙閩, 『村民自治的理論與實踐』, pp. 103-104; Jean C. Oi, "Economic Development, Stability and Democratic Village Self-governance," Maurice Brosseau, Suzanne Pepper, and Tsang Shu-ki (eds.), *China Review 1996* (Hong Kong: Chinese University Press, 1996), pp. 126-127.

18) 陳浙閩, 『村民自治的理論與實踐』, p. 38.

19) 陳浙閩, 『村民自治的理論與實踐』, p. 40.

20) 李猛·王冠傑·何君安, 『新中國選擧制度發展歷程』(北京: 世界知識出版社, 2013), pp. 196-202; 徐勇, 『中國農村村民自治』, pp. 33-34; 詹成付, 『鄉村政治若干問題硏究』, pp. 148-150.

21) 詹成付, 『鄉村政治若干問題硏究』, pp. 150-151.

22) 陳浙閩, 『村民自治的理論與實踐』, pp. 40-41.

23) 陳浙閩, 『村民自治的理論與實踐』, pp. 45-51.

24) 陳浙閩, 『村民自治的理論與實踐』, p. 61.

25) 陳浙閩, 『村民自治的理論與實踐』, p. 62.

26) 陳浙閩, 『村民自治的理論與實踐』, pp. 63-64.

27) 彭眞,「通過群衆自治實行基層直接民主」, 『彭眞文選: 1941-1990』, pp. 606-611.

28) 李猛·王冠傑·何君安,『新中國選擧制度發展歷程』, p. 205.

29) 李猛·王冠傑·何君安,『新中國選擧制度發展歷程』, pp. 204-205.

30) 詹成付,『鄕村政治若干問題硏究』, p. 51.

31) 詹成付,『鄕村政治若干問題硏究』, p. 51.

32) 徐勇,『中國農村 村民自治』, pp. 33-34; Daniel Kelliher, "The Chinese Debate over Village Self-Government," *China Journal*, No. 37 (January 1997), pp. 78-82.

33) 劉丹,『鄕村民主之路』, p. 60.

34) 劉丹,『鄕村民主之路』, pp. 60-61; Kevin O'Brien and Lianjiang Li, "Accommodating 'Democracy' in a One-Party State: Introducing Village Election in China," *China Quarterly*, No. 162 (June 2000), p. 478.

35) 李猛·王冠傑·何君安,『新中國選擧制度發展歷程』, pp. 205-206; 詹成付,『鄕村政治若干問題硏究』, pp. 151-152.

36) 徐勇,『中國農村村民自治』, pp. 37-38.

37) 陳浙閩,『村民自治的理論與實踐』, p. 56; O'Brien and Li, "Accommodating 'Democracy' in a One-Party State," p. 478.

38) 陳浙閩,『村民自治的理論與實踐』, pp. 55-60; 李猛·王冠傑·何君安,『新中國選擧制度發展歷程』, p. 207; 劉丹,『鄕村民主之路』, pp. 359-360; 詹成付,『鄕村政治若干問題硏究』, p. 152.

39) 陳浙閩,『村民自治的理論與實踐』, pp. 51-52.

40) 陳浙閩,『村民自治的理論與實踐』, pp. 53-54.

41) 李猛·王冠傑·何君安,『新中國選擧制度發展歷程』, pp. 209-210, 236-237.

42) 史衛民·潘小娟 等著,『中國基層民主政治建設發展報告』(北京: 中國社會科學出版社, 2008), p. 348.

43) O'Brien and Li, "Accommodating 'Democracy' in a One-Party State," p. 486.

44) Robert A. Pastor and Qingshan Tan, "The Meaning of China's Village Elections," *China Quarterly*, No. 162 (June 2000), pp. 506-508.

45) 陳浙閩,『村民自治的理論與實踐』, pp. 71-72; 詹成付,『鄕村政治若干問題硏究』, p. 153.

46) 司法部, 『依法治國的生動實踐(下)』, p. 2098; 鄒瑜, 「爲爭取用5年左右的時間在全體公民中基本普及法律常識而奮鬪」(1985. 6), 司法部, 『依法治國的生動實踐(下)』, pp. 1049-1055; 「鄧力群同志在全國法制宣傳敎育工作會議上的講話」(1985. 6), 司法部, 『依法治國的生動實踐(下)』, pp. 1040-1045.

47) 全國人民代表大會常務委員會, 「關於進一步加强法制宣傳敎育的決議」(2011. 4), 〈中國人大網〉, 2011年 4月 22日, http://www.npc.gov.cn(검색일: 2011. 7. 13); 中央宣傳部·司法部, 「關於在公民中開展法制宣傳敎育的第六個五年規劃」, 〈新華網〉, 2011年 7月 27日, http://news.xinhuanet.com(검색일: 2011. 7. 28).

48) 程燎原, 『從法制到法治』(北京: 法律出版社, 1999), pp. 3-4; 人民代表大會制度研究所 編, 『與人大代表談依法治國方略』(北京: 人民出版社, 2004), p. 73.

49) Neil J. Diamant, Stanley B. Lubman, and Kevin J. O'Brien, "Law and Society in the People's Republic of China," Neil J. Diamant, Stanley B. Lubman, and Kevin J. O'Brien (eds.), *Engaging the Law in China: State, Society, and Possibilities for Justice* (Stanford: Stanford University Press, 2005), pp. 3, 7; Mary E. Gallagher, "'Use the Law as Your Weapon!' Institutional Change and Legal Mobilization in China," *Diamant, Lubman, and O'Brien, Engaging the Law in China,* pp. 74-77.

50) 「中國共産黨第十一屆中央委員會第三次全體會議公報」, 中共中央文獻硏究室 編, 『三中全會以來重要文獻選編(上)』(北京: 人民出版社, 1982), p. 10; Edward J. Epstein, "Law and Legitimation in Post-Mao China," Pitman B. Potter (ed.), *Domestic Law Reforms in Post-Mao China* (Armonk: M.E. Sharpe, 1994), pp. 19-20.

51) 河北省 社會科學基金項目課題組, 「對我國普法實踐的幾點理論思考」, 『光明日報』 2011年 1月 9日, http://www.qstheory.cn(검색일: 2011. 1. 15).

52) 鄒瑜, 「爲爭取用5年左右的時間」, 司法部, 『依法治國的生動實踐(下)』, pp. 1049-1055.

53) 王維澄, 「以黨的十三大精神爲綫引導 扎扎實實地在全國農村普及法律常識」(1988. 5), 司法部, 『依法治國的生動實踐(下)』, pp. 1118-1122.

54) 中共中央·國務院, 「'關於向全體公民基本普及法律常識的五年規劃'的通知」(1985. 11), 司法部, 『依法治國的生動實踐(上)』, p. 35; 中央宣傳部·司法部, 「關

파벌과 투쟁

於向全體公民基本普及法律常識的五年規劃」(1985. 11), 司法部, 『依法治國的生動實踐(上)』, p. 36.

55)「觀念上正在進行的一場變革: 本溪市依法治市調查報告」(1986. 9), 司法部, 『依法治國的生動實踐(下)』, pp. 1957-1961.

56) 司法部, 『依法治國的生動實踐(下)』, pp. 1957-1961.

57) 全國普及辦, 「全國普法依法治理工作基本情況」, 司法部, 『依法治國的生動實踐(下)』, pp. 1589-1596.

58) 全國普及辦, 「全國普法依法治理工作基本情況」, pp. 1589-1596.

59) 鄒瑜, 「認眞貫徹十二屆六中全會決議 緊密聯係實際 扎扎實實地將普及法律常識工作引向深入」(1986.12), 司法部, 『依法治國的生動實踐(下)』, pp. 1059-1067.

60) 全國普法辦, 「全國普法依法治理工作基本情況」, pp. 1589-1596.

61) 彭眞, 『論新時期的社會主義民主與法制建設』, pp. 78-79.

62) 中共中央, 「關於進一步加强青少年教育預防青少年違法犯罪的通知」(1985. 10), 司法部, 『依法治國的生動實踐(上)』, pp. 38-41.

63) 中央宣傳部 · 司法部, 「關於向全體公民基本普及法律常識的五年規劃」(1985. 11), 司法部, 『依法治國的生動實踐(上)』, pp. 35-37.

64) 張福森, 「第四個五年普法工作三年來情況的報告」(2004. 4), http://www.21mishu.com (검색일: 2011. 2. 20); 吳愛英, 「國務院關於五五普法工作情況的報告」(2011. 4), 〈中國人大網〉2011년 4월 21일, http://www.npc.gov.cn/npc (검색일: 2011. 4. 22).

65) O'Brien and Li, "Accommodating 'Democracy' in a One-Party State," p. 469.

66) 조영남, 『후진타오 시대의 중국 정치』(파주: 나남, 2006), p. 46; O'Brien and Li, "Accommodating 'Democracy' in a One-Party State," pp. 465-489; Bjorn Alpermann, "The Post-Election Administration of Chinese Village," *China Journal*, No. 46 (January 2001), pp. 45-68.

67) Lily L. Tsai, "The Struggle for Village Public Goods Provision: Informal Institutions of Accountability in Rural China," Elizabeth J. Perry and Merle Goldman (eds.), *Grassroots Political Reform in Contemporary China* (Cambridge, Massachusetts: Harvard University Press, 2006), pp. 117-148; Lily L. Tsai, *Accountability Without Democracy:*

Solidarity Groups and Public Goods Provision in Rural China (Cambridge, Massachusetts: Harvard University Press, 2007).

68) 조영남, 『중국의 법률보급운동』(서울: 서울대출판문화원, 2012), pp. 4-5. Randall Peerenboom, "Varieties of Rule of Law: An Introduction and Provisional Conclusion," Randall Peerenboom (ed.), *Asian Discourses of Rule of Law: Theories and Implementation of Rule of Law in Twelve Asian Countries, France and the U.S.* (London and New York: Routledge, 2004), p. 39; H. P. Lee, "Competing Conceptions of Rule of Law in Malaysia," Peerenboom, *Asian Discourses of Rule of Law*, pp. 225-249; Li-Ann Thio, "Rule of Law within a Non-Liberal 'Communitarian' Democracy: The Singapore Experience," Peerenboom, *Asian Discourses of Rule of Law*, pp. 183-224.

69) 조영남, 『중국의 법률보급운동』, p. 116.

70) 조영남, 『중국의 법률보급운동』, pp. 122-123.

71) 조영남, 『중국의 법률보급운동』, pp. 128-130.

72) 조영남, 『중국의 법률보급운동』, pp. 132-137.

73) 조영남, 『중국의 법률보급운동』, pp. 137-140.

파벌과 투쟁

──────────── 덩샤오핑 시대의 중국 2

1판 1쇄 펴냄 2016년 9월 25일
1판 3쇄 펴냄 2018년 6월 29일

지은이   조영남
발행인   박근섭, 박상준
편집인   양희정
펴낸곳   (주)민음사

출판등록   1966. 5. 19. (제16-490호)
주소   서울시 강남구 도산대로1길 62
           강남출판문화센터 5층 (06027)
대표전화   515-2000 | 팩시밀리 515-2007

www.minumsa.com

ISBN 978-89-374-3339-9 (94340)
     978-89-374-3337-5 (세트)